Peer Instruction

O autor

Eric Mazur é o Balkanski Professor de Física e Física Aplicada da Harvard University. Cientista e pesquisador internacionalmente reconhecido, lidera um programa robusto de pesquisa em física óptica e supervisiona um dos maiores grupos de pesquisa do Departamento de Física de Harvard. Fundou várias empresas e desempenha um papel ativo na indústria. Recebeu inúmeros prêmios, incluindo o Esther Hoffman Beller, da Optical Society of America, e a Medalha Millikan, da American Association of Physics Teachers. Em 2014, tornou-se o destinatário inaugural do prêmio Minerva para Avanços na Educação Superior. É autor ou coautor de 297 publicações científicas, 36 patentes e vários livros, incluindo *Principles and Practice of Physics* (Pearson, 2014), livro que apresenta uma abordagem inovadora para o ensino introdutório de física baseada em cálculo. Mazur é um palestrante bastante requisitado nas áreas de óptica e da educação.

M476p   Mazur, Eric.
      Peer instruction : a revolução da aprendizagem ativa /
   Eric Mazur ; tradução: Anatólio Laschuk. – Porto Alegre :
   Penso, 2015.
      xx, 252 p. : il. ; 23 cm.

      ISBN 978-85-8429-062-8

      1. Método de ensino - Física. 2. Peer instruction. 3.
   Aprendizagem ativa. I. Título.

                                    CDU 37.022:53

Catalogação na publicação: Poliana Sanchez de Araujo – CRB 10/2094

eric MAZUR

Harvard University

Peer Instruction

A REVOLUÇÃO DA APRENDIZAGEM ATIVA

Tradução:
Anatólio Laschuk
Mestre em Ciência da Computação pela UFRGS
Professor aposentado pelo Departamento de Engenharia Elétrica da UFRGS

penso

2015

Obra originalmente publicada sob o título
Peer Instruction: A User's Manual, 1st Edition.
ISBN 9780135654415

Gerente editorial: *Arysinha Jacques Affonso*

Colaboraram nesta edição:

Editora: *Maria Eduarda Fett Tabajara*

Capa: *Márcio Monticelli*

Imagem da capa: *Purestock/Thinkstock*

Leitura final: *Frank Holbach Duarte*

Editoração: *Techbooks*

Reservados todos os direitos de publicação, em língua portuguesa, à
PENSO EDITORA LTDA., uma empresa do GRUPO A EDUCAÇÃO S.A.
Av. Jerônimo de Ornelas, 670 – Santana
90040-340 – Porto Alegre – RS
Fone: (51) 3027-7000   Fax: (51) 3027-7070

Unidade São Paulo
Av. Embaixador Macedo Soares, 10.735 – Pavilhão 5 – Cond. Espace Center
Vila Anastácio – 05095-035 – São Paulo – SP
Fone: (11) 3665-1100   Fax: (11) 3667-1333

SAC 0800 703-3444 – www.grupoa.com.br

IMPRESSO NO BRASIL
PRINTED IN BRAZIL
Impresso sob demanda na Meta Brasil a pedido de Grupo A Educação.

Aos meus alunos, que me ensinaram a ensinar.

Apresentação à edição brasileira por Eric Mazur

É com muita satisfação que vejo o livro *Peer Instruction: A User's Manual* traduzido para o português. Durante os aproximadamente vinte anos que se passaram desde a publicação da versão em inglês deste livro, a *Peer Instruction* foi muito adotada e adaptada em uma série de disciplinas, desde as ciências naturais até as ciências humanas e sociais, em universidades e escolas de ensino médio e fundamental de diversos países. O livro foi traduzido para o chinês, coreano, francês, espanhol, tcheco e turco, e há mais traduções em andamento.

Com a *Peer Instruction*, salas de aula em todo o mundo foram transformadas. Essa pedagogia originou o que hoje se denomina Sala de Aula Invertida (*Flipped Classroom*). Além disso, deu origem a diversas tecnologias que suportam a sua implementação – desde sistemas pessoais de resposta (*clickers*) até ferramentas de consulta baseadas em dispositivos móveis. Ainda mais significativo, uma simples consulta ao Google Acadêmico em busca da expressão *Peer Instruction* mostra milhares de artigos que surgiram sobre o tema. Em muitos deles, há dados que mostram ganhos elevados e reproduzíveis nos resultados de aprendizagem obtidos com a *Peer Instruction*, em comparação com o método tradicional de aula expositiva. À luz dessa esmagadora evidência, cada vez mais professores estão adotando esse método de ensino em suas classes.

Tive a oportunidade de dar palestras sobre a *Peer Instruction* no Brasil e em Portugal, tendo o prazer de me encontrar com numerosos professores brasileiros e portugueses que atualmente estão implementando a *Peer Instruction*. Espero que este livro ajude a tornar o método acessível a um número ainda maior de professores. Como você descobrirá, a passagem do formato baseado em aula expositiva para o da *Peer Instruction* não requer muito esforço, e, após fazer a transição, tenho certeza de que você nunca mais voltará atrás! Não há nada mais prazeroso do que ver o envolvimento e a satisfação dos seus alunos quando você começa a ensinar fazendo perguntas em vez de ficar apenas falando.

Apresentação por Charles W. Misner

A equação $F = ma$ é fácil de memorizar, difícil de usar e mais difícil ainda de compreender. Para a maioria dos estudantes, o maior valor de uma disciplina introdutória de física não está em aprender, digamos, as leis da mecânica, mas em adquirir as aptidões utilizadas por um físico para manipulá-las. As habilidades importantes, aplicáveis a outras áreas, incluem simplificação, idealização, aproximação, representações figurativas, gráficas e matemáticas dos fenômenos e, mais genericamente, as modelagens matemática e conceitual. No entanto, entre os estudantes, a ideia de que a física é constituída só de matemática e equações é um mito tão arraigado que muitos deles se recusam a pensar se, em vez disso, encontram uma equação que pode ser decorada. Eric Mazur, em seu livro *Peer Instruction,* mostra como os professores podem desafiar os estudantes a pensar na física em vez de fazer malabarismos com as equações.

Esse passo é muito importante. Se os métodos da *Peer Instruction* fossem amplamente adotados, poderia haver uma melhora significativa em disciplinas importantes e com número elevado de alunos. É muito atraente a ideia de planejar aulas nas quais os estudantes estão ativos e interagindo muito. Após tomar conhecimento dos métodos descritos por Mazur e Thomas Moore, eu fiz uma tentativa nesse sentido. Os resultados foram encorajadores, mas limitados por minha capacidade (e tempo) para encontrar e produzir boas questões de discussão. Eu tenho a expectativa de utilizar com sucesso os *testes conceituais* para atrair o interesse dos estudantes, impedindo que "durmam" durante as aulas.

Uma grande vantagem do *Peer Instruction: a revolução da aprendizagem ativa* é a disponibilidade de materiais testados e adaptáveis que podem ser imediatamente utilizados no planejamento das aulas propostas. O arsenal completo de recursos e materiais necessários está disponível no site do Grupo A: **www.grupoa.com.br** (materiais em inglês). Por exemplo, os *testes conceituais,* cujo objetivo é provocar a discussão e a interação durante as aulas expositivas, não serão levados a sério pelos estudantes a não ser

---

*Charles W. Misner é físico e um dos autores de *Gravitation*, famosa publicação de 1973 sobre a teoria da gravidade de Einstein. Suas especialidades incluem relatividade geral e cosmologia, e seu trabalho constituiu a fundação para estudos sobre gravitação quântica e relatividade numérica.

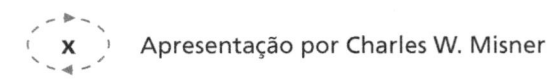

que questões conceituais apareçam nas provas. Consequentemente, este manual fornece uma grande coleção de perguntas que servem de exemplo e que podem ser utilizadas (com modificações, se necessário) em provas. Além disso, os estudantes não irão se preparar para as aulas interativas (fazendo leituras prévias) a não ser que haja algum "estímulo". Esse estímulo são os testes de leitura, que podem ser utilizados imediatamente ou adaptados. A uniformidade dos textos de introdução à física, que frequentemente é deplorada, torna-se vantajosa aqui, porque esses materiais podem ser utilizados com todos os principais livros.

Além de fornecer os materiais necessários, o Prof. Mazur também oferece uma exposição clara e detalhada dos métodos que ele utiliza nas aulas expositivas que contêm um número elevado de alunos. Como são poucas as escolas que podem se dar ao luxo de ensinar física introdutória com turmas pequenas de alunos, esses métodos eficazes podem revitalizar o ensino de ciências sem necessidade de uma reorganização institucional. A abordagem do Prof. Mazur é igualmente acessível ao cientista e pesquisador que também ensina e ao professor cuja identificação primária é com o ensino de ciência. Acredito que a publicação deste manual é um importante serviço prestado a todos os professores de física.

Apresentação por Sheila Tobias

Há dez anos, a comunidade de física vem lidando com o problema de ensinar física introdutória aos estudantes que ingressam nos cursos superiores. Esses alunos chegam com "ideias erradas" a respeito dos conceitos básicos da física. Tendo como fundamento as pesquisas em ciência cognitiva, muitos educadores proeminentes da área de física desenvolveram recursos como: novas abordagens, novas demonstrações, *software* interativos, pedagogias inovadoras e novos conteúdos. O objetivo é atingir um grupo maior de estudantes de graduação, tornando o ensino de física mais eficaz e o seu estudo mais atraente.

Atualmente, esses educadores estão tentando disseminar algumas dessas novas abordagens de ensino em nível de graduação. A sua implementação, entretanto, é um desafio. Frequentemente, até mesmo aqueles professores que dispõem de recursos para participar de encontros profissionais e desenvolver experimentos de pequena escala, baseados no que aprenderam, encontram restrições de natureza institucional que limitam a aplicação dessas novas ideias aos cursos tradicionais.

Com base em minha pesquisa e trabalho de campo, sinto que, embora haja um lugar de importância para revisões curriculares, *software* instrucionais e uma nova pedagogia enriquecedora, os professores não precisam de um currículo inteiramente novo ou complexo (e de custo elevado). Em vez disso, os professores necessitam de um auxílio que melhore o aprendizado e ao mesmo tempo propicie uma experiência melhor de ensino.

A abordagem do Prof. Eric Mazur é, na essência, um auxílio desse tipo. Sua *Peer Instruction* oferece uma forma extraordinária e interativa de ensinar física, enfatizando a compreensão, e não o que alguns de meus alunos que participam de experimentos denominam *a tirania da técnica*. A abordagem do Prof. Mazur envolve ativamente os estudantes no processo de ensino, tornando a física significativamente muito mais aces-

---

*Sheila Tobias é escritora, consultora e palestrante. É conhecida por sua extensa produção e pesquisa sobre problemas de gênero na educação, especialmente no ensino da ciência. Algumas de suas publicações incluem *Overcoming Math Anxiety, They're not Dumb, They're Different, Breaking the Science Barrier* e *Rethinking Science as a Career*.

sível a eles. Entretanto, como é possível implementar o ensino interativo em aulas com grande número de alunos e formação heterogênea?

Agora, pela primeira vez, neste manual de fácil leitura, encontra-se uma abordagem passo a passo para ensinar uma física que funciona. Com este livro, os professores de física poderão dispor de um guia para preparar aulas expositivas interativas cobrindo um ano de um curso introdutório de física. (Os professores de química e biologia também poderão encontrar muito material que lhes poderá ser útil.) Este manual está organizado em tópicos principais indexados, sendo possível ser consultado usando palavras-chaves e conceitos. Ele também contém testes de diagnóstico, testes de leitura e um conjunto completo de questões conceituais (*testes conceituais*) para serem discutidas em aula.

A abordagem adotada pelo Prof. Eric Mazur no *Peer Instruction* foi testada com sucesso em uma variedade de situações, a maioria das quais são bem diferentes das encontradas no *campus* da Harvard University, onde ela foi concebida. Na University of Massachusetts, Lowell, e na Apalachian State University, por exemplo, os professores de física encontraram formas de empregar ambos os *testes conceituais* e a *Peer Instruction*. Com base em minha experiência – e especialmente nesse ambiente de limitações econômicas –, os professores e seus dirigentes necessitam de algo que propicie melhoria no ensino, cuja implementação não exija investimentos substanciais de tempo e dinheiro, e que atenda à questão: "O que é que podemos fazer de imediato, hoje?".

A resposta é *Peer Instruction*, em conjunto com *testes conceituais*, testes de leitura e questões conceituais de exames. Servindo como modelo de material que pode ser utilizado, este livro desbrava novos territórios. O corpo docente – e mais particularmente os seus estudantes – ficarão gratos por essas ferramentas.

Prefácio

→

Eu amo ensinar. O que me atraiu na ciência não foi apenas o entusiasmo de fazer ciência, a beleza de descobrir novas verdades, mas também a satisfação de transferir esse entusiasmo e minha curiosidade a outras pessoas.

Leciono para a graduação na Harvard desde que me tornei seu professor em 1984. No início, pensei – como muitos outros fazem – que aquilo que é ensinado é aprendido. No entanto, com o tempo, dei-me conta de que nada poderia estar mais distante da realidade. Isso ficou claro quando analisei a forma como meus alunos estavam entendendo a mecânica newtoniana. Eles não estavam aprendendo, de jeito nenhum, o que queria que aprendessem. Eu poderia os ter responsabilizado por isso se já não estivesse muito preocupado com a frustração de tantos alunos com as disciplinas introdutórias de ciências. O que há na ciência que pode provocar tal frustração? Decidi mudar meu estilo de ensino e descobri que eu poderia melhorar muito e também ajudar bastante meus alunos a aprender física. Este manual trata disso.

Desenvolvi um estilo de ensino interativo que auxilia os estudantes a compreender melhor a física introdutória. A técnica, denominada *Peer Instruction*, faz os alunos participarem ativamente do processo de ensino. A abordagem é simples e, como muitos outros comprovaram, pode ser modificada para se adequar ao estilo de cada um de dar aulas. Essa técnica torna a física mais fácil de ser ensinada e mais acessível aos estudantes.

Este manual contém um guia passo a passo que você poderá seguir para fazer o planejamento de suas aulas expositivas, baseando-se na *Peer Instruction* e utilizando os materiais de aula que você já utiliza. Além disso, ele também contém um conjunto completo de material já testado em aula e pronto para ser aplicado:

- Dois testes de diagnóstico para avaliar como seus alunos estão compreendendo a mecânica.
- Folhas avulsas de teste para avaliar as expectativas dos alunos em relação à disciplina e apontar concepções erradas.
- 44 *testes de leitura*, organizados por assunto e preparados para serem aplicados no início de cada aula a fim de motivar os alunos a lerem os materiais indicados antes da aula.

- 243 *testes conceituais*, constituídos de questões de múltipla escolha, para utilizar durante as aulas e aumentar a participação dos alunos. Serve também para avaliar a sua compreensão.

- 109 *questões conceituais de exame*, organizadas por tópico principal e preparadas para reforçar a filosofia básica da *Peer Instruction*.

Você poderá utilizar esse material para implementar o método da *Peer Instruction* em um curso de introdução à física com duração de um ano. Todos eles estão disponíveis (em inglês) para o professor no *site* do Grupo A: **www.grupoa.com.br**. Para acessá-los, basta buscar pela página do livro, clicar em "Material para o Professor" e cadastrar-se. Esses recursos são o resultado de um trabalho em contínua atualização e desenvolvimento. Complementando o material deste livro, um conjunto de recursos adicionais em atualização constante está disponível no *site* do Projeto Galileo (http://galileo.harvard.edu). O *site* do Projeto Galileo disponibiliza um fórum para a comunidade de professores que está implementando a *Peer Instruction* em suas disciplinas. Ao longo dos anos, o *site* cresceu e agora inclui outros recursos como o *Just in Time Teaching*, formando um conjunto de ferramentas (*toolkit*) de aprendizado interativo. A participação do leitor será muito apreciada por todos os usuários. Também serão bem recebidos todos os seus comentários, sugestões e correções para este manual. Por favor, sinta-se à vontade para me enviar um *e-mail* por meio de mazur@physics.harvard.edu.

Muitos contribuíram para o desenvolvimento do método. A ideia de usar questões durante a aula expositiva foi sugerida pela primeira vez por Dudley Herschbach do Departamento de Química da Harvard University. Debra Alpert se juntou a nós como pós-doutoranda em 1991, auxiliando muito nesta pesquisa e desempenhando um papel ativo no desenvolvimento do material colocado à disposição como recursos. Sou muito grato a Anne Hoover, que distribuiu centenas de cópias de uma versão preliminar deste manual, permitindo que muitas pessoas introduzissem o método em suas próprias instituições. Sou grato a todos. Gostaria também de agradecer aos meus colegas Michael Aziz, William Paul e Robert M. Westervelt da Harvard pela sua boa vontade em realizar experimentos comigo e por suas contribuições com os materiais oferecidos como recursos. Todos devemos muito aos estudantes da disciplina Física 11 da Harvard, que eram parte integral dos experimentos iniciais e que nos ensinaram a ensiná-los. Gostaria de agradecer a Albert Altman por seu entusiasmo infalível e pela energia com que implementou o método na University of Massachusetts, em Lowell, e a Charles Misner pela excelente sugestão de incluir materiais como recursos neste manual. Agradecimentos especiais a David Hestenes, Ibrahim Halloun, Eugene Mosca, Richard Hake, ao falecido Malcolm Wells e a Gregg Swackhamer por terem desenvolvido o *inventário sobre o conceito de força* (FCI) e o *teste de linha de base para mecânica* (MBT) e por terem dado permissão para incluí-los neste livro.

Sou muito grato aos seguintes revisores do manuscrito de *Peer Instruction: a revolução da aprendizagem ativa* e seus inúmeros *insights* e comentários pragmáticos: Albert Altman, University of Massachusetts, Lowell; Arnold Arons, University of Washington; Bruce B. Birkett II, University of California, Berkeley; Paul Draper, University of Texas, Arlineton; Robert J. Endorf, University of Cincinnati; Thomas Furtak, Colorado School of Mines; Ian R. Gatland, Georgia Institute of

Technology; J. David Gavenda, University of Texas, Austin; Kenneth A. Hardy, Florida International University; Greg Hassold, GMI Engineering and Management Institute; Peter Heller, Brandeis University; Laurent Hodges, Iowa State University; Mark W. Holtz, Texas Tech University; Zafir A. Ismail, Daemen College; Arthur Z. Kovacs, Rochester Institute of Technology; Dale D. Long, Virginia Polytechnic Institute; John D. McCulien, University of Arizona; James McGuire, Tulane University; Charles W. Misner, University of Maryland, College Park; George W. Parker, North Carolina State University; Claude Penchina, University of Massachusetts, Amherst; Joseph Priest, Miami University; Joel R. Primack, University of California, Santa Cruz; Lawrence B. Rees, Brigham Young University; Carl A. Rotter, West Virginia University; Leonard Scarfone, University of Vermont; Leo J. Schowalter, Rensselaer Polytechnic Institute; H. L. Scott, Oklahoma State University; Shahid A. Shaheen, Florida State University; Roger L. Stockbauer, Louisiana State University; William G. Sturrus, Youngstown State University; Robert S. Weidman, Michigan Technological University.

Por fim, gostaria de agradecer a Tim Bozik da editora Prentice Hall por encorajar-me a publicar este manual e a Irene Nunes, que editou o manuscrito com meticulosa atenção e contribuiu com muitos comentários valiosos. Também agradeço a Alison Reeves, Alison Aquino, Carol Trueheart, Ray Mullaney, Eric Hulsizer e Jeff Henn, que trabalharam arduamente para transformar o manuscrito em livro.

Concord, MA

Este trabalho foi parcialmente apoiado pela Pew Charitable Trusts e pela National Science Foundation sob os contratos USE-9156037 e DUE-9254027.

This project was supported, in part, by the
National Science Foundation
Opinions expressed are those of the authors and not necessarily those of the Foundation

PEW
SCIENCE PROGRAM
IN UNDERGRADUATE EDUCATION

Sumário

PARTE I

Visão geral

1
Introdução

Frequentemente a disciplina de introdução à física é uma das maiores barreiras na trajetória acadêmica de um estudante. Para a maioria, a introdução à física deixa um sentimento permanente de frustração. É só eu dizer que sou físico para começar a ouvir resmungos sobre a física, tal como é dada no ensino médio ou na graduação. Esse sentimento de frustração em relação à disciplina encontra-se generalizado entre estudantes que, mesmo sendo de outros cursos, são obrigados a cursar as disciplinas de física para poderem se graduar. Muitas vezes, até mesmo os estudantes de física se sentem insatisfeitos com as disciplinas introdutórias de física, e uma grande fração deles, que inicialmente estava interessada em física, termina se graduando em áreas diferentes. Por que isso acontece? Podemos fazer algo a respeito? Ou devemos ignorar esse fenômeno e dedicar-nos a ensinar o estudante que pretende seguir uma carreira científica?

Abrindo os olhos

Desde os tempos de Maxwell, a frustração dos estudantes com a física introdutória tem sido alvo de comentários. Recentemente, foi dada uma ampla publicidade a essa questão pela pesquisadora Sheila Tobias, que fez um levantamento envolvendo inúmeros estudantes das áreas das ciências humanas e das ciências sociais com o objetivo de analisar os cursos introdutórios de ciências.[1] Esse levantamento resultou em um livro que pinta um quadro desanimador do ensino introdutório de ciências. Pode ser tentador ignorar as queixas dos estudantes que não estão se graduando em física justificando que advêm de estudantes que *a priori* não estão interessados em física. Entretanto, a maioria desses estudantes não se queixa de outras disciplinas obrigatórias e que não fazem parte da área em que estão se graduando. No ensino de ciências, conforme as palavras de Tobias, espera-se que a próxima geração de profissionais chegue ao topo, mas o sistema é injustificavelmente competitivo, seletivo e intimidante, tendo sido elaborado para selecionar apenas os melhores.

---

[1] Sheila Tobias, *They're Not Dumb, They're Different: Stalking the Second Tier*, Tucson, AZ: Research Corporation (1990).

O modo de ensinar física na década de 1990 não era muito diferente do modo como era ensinada – a um público menor e mais especializado – na década de 1890; no entanto, o público mudou muito. A física se tornou um bloco construtivo de muitas outras áreas, e a matrícula em disciplinas de física cresceu muito, de modo que a maioria dos alunos matriculados não se gradua em física. Tal mudança na clientela causou uma alteração significativa na atitude dos estudantes em relação a essas disciplinas e tornou o ensino de física introdutória um desafio considerável. Embora os métodos convencionais de ensino de física tenham produzido muitos cientistas e engenheiros bem-sucedidos, um número grande demais de estudantes não se motiva por esses métodos de ensino. O que há, então, de errado com esses métodos?

Desde 1984, eu tenho ensinado uma disciplina de introdução à física nos cursos de graduação em ciência e engenharia da Harvard University. Até 1990, eu ensinava de forma convencional, com aulas expositivas acompanhadas de demonstrações. De modo geral, eu estava satisfeito com a minha forma de ensinar – meus alunos se davam bem com os problemas que eu considerava difíceis, e as avaliações que eu recebia deles eram bem positivas. Até onde eu sabia, não havia muitos problemas na *minha* classe.

Entretanto, em 1990, eu me deparei com uma série de artigos de Halloun e Hestenes[2] que realmente abriram meus olhos. Como já se sabe, os estudantes entram em sua primeira disciplina de física tendo fortes crenças e intuições a respeito dos fenômenos físicos. Essas noções se derivam da experiência pessoal e de interpretações livres do material apresentado na disciplina de introdução à física. Halloun e Hestenes mostraram que o ensino faz pouco para mudar essas crenças que se baseiam no "senso comum" deles.

Por exemplo, após dois meses de ensino de física, todos os estudantes podem recitar a terceira lei de Newton, e a maioria deles pode aplicá-la a problemas numéricos. Uma pequena sondagem, no entanto, mostra rapidamente que muitos estudantes não compreendem a lei. Halloun e Hestenes fornecem muitos exemplos em que se pede aos estudantes para compararem as forças exercidas por diversos objetos entre si. Quando se pede, por exemplo, para comparar as forças em uma colisão entre um caminhão pesado e um carro leve, muitos estudantes acreditam com convicção que o caminhão exerce uma força maior. Quando li isso, a minha primeira reação foi: "Não com os *meus* alunos...!". Intrigado, decidi testar a compreensão conceitual de meus próprios alunos e dos que estavam fazendo graduação em física em Harvard.

O primeiro alerta veio quando eu apliquei o teste de Halloun e Hestenes à minha classe e um estudante perguntou "Professor Mazur, como devo responder a essas questões? De acordo com que o senhor ensinou ou conforme o meu jeito de *pensar* a respeito dessas coisas?". Apesar desse alerta, os resultados do teste foram um choque: os estudantes obtiveram uma avaliação um pouco melhor no teste de Halloun e Hestenes do que obtiveram no exame de metade de semestre da disciplina. Isso ocorreu apesar de o teste de Halloun e Hestenes ser *simples*, enquanto o material coberto no exame de metade de semestre (dinâmica das rotações, momentos de inércia) ser muito mais difícil – ou pelo menos é o que eu pensava.

---

[2] Ibrahim Abou Halloun e David Hestenes, *Am. J. Phys*, 53, (1985), 1043; *ibid*. 53, (1985), 1056; *ibid*. 55, (1987), 455; David Hestenes, *Am. J. Phys*, 55, (1987), 440.

Memorização *versus* compreensão

Para entender essas observações aparentemente contraditórias, eu decidi colocar, nos exames seguintes, tanto questões qualitativas simples quanto problemas quantitativos mais difíceis sobre o mesmo conceito físico. Um exemplo de algumas dessas questões envolvendo circuitos de corrente contínua (CC) é mostrado na Figura 1.1. Essas questões foram dadas como sendo o primeiro e último problemas de um exame de metade de semestre na primavera de 1991 de uma turma de ensino convencional (as outras três questões do exame, que estavam entre essas duas, tratavam de outros assuntos e foram omitidas aqui).

---

1. Um circuito em série consiste em três lâmpadas de filamento idênticas conectadas a uma bateria, como está mostrado aqui. Quando a chave *S* é fechada, os valores das seguintes grandezas aumentam, diminuem ou permanecem os mesmos?

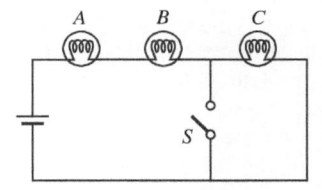

(*a*) As intensidades das lâmpadas *A* e *B*
(*b*) A intensidade da lâmpada *C*
(*c*) A corrente fornecida pela bateria
(*d*) A queda de tensão sobre cada lâmpada
(*e*) A potência dissipada no circuito

5. Para o circuito mostrado, calcule (*a*) a corrente no resistor de 2 ohms e (*b*) a diferença de potencial entre os pontos *P* e *Q*.

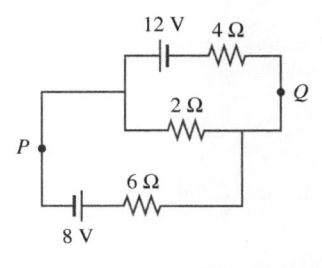

FIGURA 1.1   Questões conceitual (em cima) e convencional (embaixo) sobre circuitos de corrente contínua. Essas questões foram dadas em um exame escrito em 1991.

Observe que a questão 1 é puramente conceitual e requer apenas um conhecimento dos fundamentos de circuitos simples. A questão 5 testa a capacidade dos estudantes para lidar com os mesmos conceitos, apresentados agora em forma numérica convencional. Ela exige criar e resolver um sistema de duas equações usando as leis de Kirchhoff. Para muitos físicos, a questão 1 é fácil e a questão 2, mais difícil. Entretanto, como o resultado da Figura 1.2 mostra, os alunos de uma turma de ensino convencional não concordariam.

A análise das respostas revela a razão do pico elevado (de valor 2) para a questão conceitual: mais de 40% dos estudantes acreditavam que o fechamento da chave não alteraria a corrente que circula através da bateria, mas que a corrente se dividiria em duas no nó de cima e voltaria a se juntar no nó de baixo! Apesar dessa concepção seriamente errônea, muitos ainda conseguiam manipular e resolver corretamente o problema matemático.

A Figura 1.3 mostra a ausência de correlação entre escores nos problemas conceitual e convencional da Figura 1.1. Embora 52% dos escores estejam na faixa larga diagonal, indicando que esses estudantes obtiveram aproximadamente os mesmos escores em ambas as questões (±3 pontos), 39% dos estudantes se saíram bem pior na questão conceitual. (Observe que alguns estudantes obtiveram escore zero na questão conceitual e 10 na convencional!) Inversamente, bem menos estudantes (9%) se saíram pior na questão convencional. Essa tendência foi confirmada em muitos outros testes envolvendo pares de problemas conceitual e convencional durante o restante do semestre: os estudantes tendem a se dar bem melhor quando resolvem problemas de livros convencionais do que quando estão resolvendo problemas conceituais sobre o mesmo tópico.

Esse exemplo simples expõe diversas dificuldades do ensino de ciências. Primeiro, é possível que os estudantes se deem bem em problemas convencionais, memorizando algoritmos sem compreender a física subjacente. Segundo, como resultado, é bem possível que um professor, mesmo com muita experiência, possa estar completamente enganado, pensando que seu trabalho de ensinar foi eficiente. Os estudantes estão sujeitos à mesma ideia errônea: eles acreditam que realmente aprenderam a dominar o material ensinado, frustrando-se bastante quando descobrem que suas receitas de resolver problemas não funcionam com problemas diferentes.

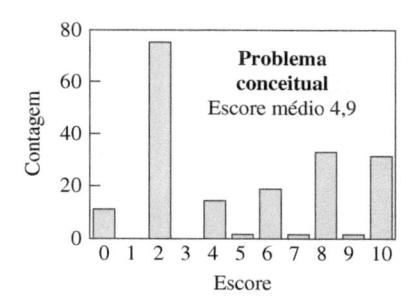 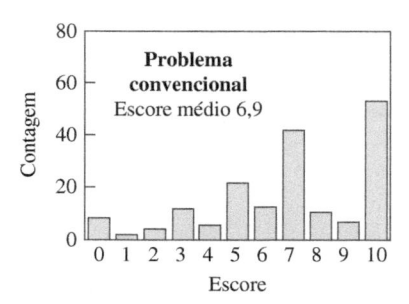

FIGURA 1.2 Escores do teste relativo aos problemas mostrados na Figura 1.1. No problema conceitual, cada parte valia um máximo de 2 pontos.

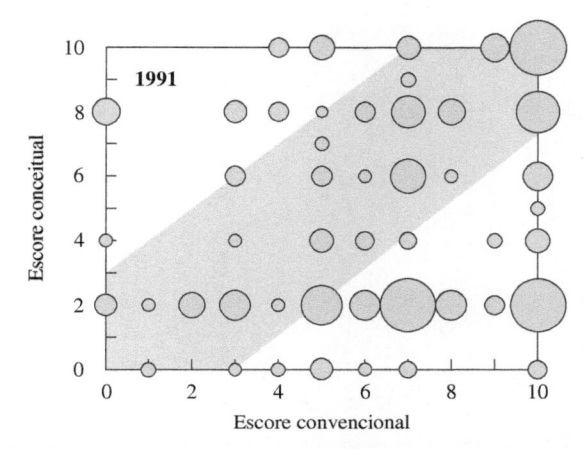

FIGURA 1.3   Correlação entre os escores dos problemas conceitual e convencional da Figura 1.2. O raio de cada ponto de dados é uma medida do número de estudantes representado pelo ponto.

Naturalmente, muitos alunos da minha classe estavam concentrados em aprender "receitas" ou "estratégias de resolução de problemas", como são denominadas nos livros, sem levar em consideração os conceitos subjacentes. Simplesmente tome os dados, insira-os nas fórmulas e calcule! De repente, vi como muitas peças do quebra-cabeça se encaixaram:

- As solicitações recorrentes dos alunos para que eu resolvesse mais e mais problemas e desse menos aulas expositivas – não é isso que se espera quando os alunos são avaliados com base em suas habilidades de resolver problemas?

- As bobagens inexplicáveis que eu vi nas provas de alunos aparentemente brilhantes – as estratégias de resolução de problemas funcionam com alguns problemas, mas certamente não com todos.

- A frustração dos alunos com a física – como a física pode ser enfadonha quando se reduz a uma coleção de receitas mecânicas que nem sempre funcionam?

2
A *Peer Instruction*

Um dos problemas do ensino tradicional é a apresentação do conteúdo. Com frequência, é tirado diretamente dos livros ou das notas de aula do professor, dando aos estudantes pouco incentivo para assistir às aulas. O problema é a apresentação tradicional do conteúdo, que consiste quase sempre em um monólogo diante de uma plateia passiva. Somente professores excepcionais são capazes de manter os estudantes atentos durante toda uma aula expositiva. Mais difícil ainda é dar oportunidades adequadas para que os estudantes pensem de forma crítica, usando os argumentos que estão sendo desenvolvidos. Consequentemente, as aulas expositivas simplesmente reforçam os sentimentos dos estudantes de que o passo mais importante para dominar o conteúdo ensinado está na resolução de problemas. O resultado é uma rápida escalada na qual os estudantes solicitam mais e mais exemplos de problemas (para que possam aprender a resolvê-los melhor), o que, por sua vez, volta a reforçar seus sentimentos de que a chave do sucesso é a resolução de problemas.

Por que aula expositiva?

Na primeira vez que dei aula de introdução à física, dediquei muito tempo para preparar as notas de aula que costumava distribuir aos alunos no final de cada aula expositiva. As notas de aula se tornaram populares porque eram concisas e davam uma boa visão geral, muito mais detalhada, da informação que estava no livro adotado pela disciplina.

Na metade do semestre, dois estudantes me pediram para entregar essas notas antes das aulas para que eles não precisassem copiar tanto e pudessem prestar mais atenção à minha aula. Eu concordei com satisfação e, na próxima vez que dei a mesma disciplina, eu decidi distribuir todas as notas de aula de uma vez só no começo do semestre. Entretanto, o resultado foi inesperado. No final do semestre, diversos estudantes reclamaram em seus questionários de avaliação da disciplina que as minhas aulas eram uma cópia das notas de aula!

Ah, a ingratidão! No início eu fiquei perturbado por essa falta de consideração, mas desde então o meu posicionamento mudou. Os estudantes estavam certos: eu estava realmente ensinando como estava nas notas de aula. Uma pesquisa me mostrou que meus alunos teriam pouco benefício adicional assistindo às minhas aulas se antes lessem minhas notas de aula. Se eu não estivesse dando aula sobre física, mas, digamos, sobre Shakespeare, eu certamente não ficaria lendo as peças durante as aulas para os estudantes. Em vez disso, eu pediria aos estudantes que lessem as peças antes de virem à aula e usaria o horário de aula para discuti-las, aprofundando a compreensão e apreciação das peças de Shakespeare.

Nos anos seguintes, após a experiência reveladora descrita no Capítulo 1, eu explorei novas formas de ensinar a física introdutória. Procurei modos de focar a atenção nos conceitos subjacentes sem sacrificar a capacidade dos estudantes de resolver problemas. O resultado é a *Peer Instruction*, um método eficiente que ensina os fundamentos conceituais da física introdutória e conduz os estudantes a um melhor desempenho na resolução de problemas convencionais. É interessante notar que eu descobri que essa abordagem também torna o ensino mais fácil e mais gratificante.

Para a *Peer Instruction* ser bem-sucedida, é necessário que o livro e as aulas expositivas desempenhem papéis diferentes dos que costumam exercer em uma disciplina convencional. Primeiro, as tarefas de leitura do livro, realizadas antes das aulas, introduzem o material. A seguir, as aulas expositivas elaboram o que foi lido, esclarecem as dificuldades potenciais, aprofundam a compreensão, criam confiança e fornecem exemplos adicionais. Finalmente, o livro serve de referência e guia de estudo.

O teste conceitual

Os objetivos básicos da *Peer Instruction* são: explorar a interação entre os estudantes durante as aulas expositivas e focar a atenção dos estudantes nos conceitos que servem de fundamento. Em vez de dar a aula com o nível de detalhamento apresentado no livro ou nas notas de aula, as aulas consistem em uma série de apresentações curtas sobre os pontos-chave, cada uma seguida de um *teste conceitual* – pequenas questões conceituais abrangendo o assunto que está sendo discutido. A princípio é dado um tempo para os estudantes formularem suas respostas e, em seguida, eles devem discuti-las entre si. Esse processo (*a*) força os estudantes a pensar com base nos argumentos que estão sendo desenvolvidos e (*b*) dá-lhes (o professor incluído) um modo de avaliar a sua compreensão do conceito.

Cada *teste conceitual* tem o seguinte formato genérico:

1. Proposição da questão	1 minuto
2. Tempo para os estudantes pensarem	1 minuto
3. Os estudantes anotam suas respostas individuais (opcional)	
4. Os estudantes convencem seus colegas (*Peer Instruction*)	1–2 minutos
5. Os estudantes anotam as respostas corrigidas (opcional)	
6. *Feedback* para o professor: registro das respostas	
7. Explicação da resposta correta	2+ minutos

Se a maioria dos estudantes escolher a resposta correta do *teste conceitual*, a aula prossegue para o próximo tópico. Se a porcentagem de respostas corretas for muito baixa (digamos, menos de 30%), eu ensino novamente o mesmo tópico com mais detalhes e mais devagar e faço uma nova avaliação com outro *teste conceitual*. Essa abordagem de repetir se necessário evita a formação de um abismo entre as expectativas do professor e a compreensão dos estudantes – um abismo que, uma vez formado, só aumentará com o tempo até que a aula fique inteiramente perdida.

Vamos considerar um exemplo específico: o princípio de Arquimedes. Primeiro, eu faço uma apresentação de 7–10 minutos sobre o assunto – enfatizando os conceitos e as ideias que fundamentam o princípio e evitando equações e deduções matemáticas. Essa pequena apresentação poderia incluir uma demonstração (o mergulhador cartesiano, ou ludião, por exemplo). Então, antes de prosseguir para o próximo tópico (princípio de Pascal, talvez), eu faço uma projeção mostrando a questão da Figura 2.1.

Eu leio a questão para os estudantes, assegurando-me de que não há mal-entendidos a seu respeito. A seguir, eu lhes digo que eles têm um minuto para escolher uma resposta – mais tempo faria com que começassem a usar as equações em vez de pensar. Como eu quero que cada estudante dê uma resposta individual, eu não permito que falem entre si. Eu me asseguro de que haja silêncio absoluto na sala de aula. Depois de um minuto, primeiramente peço que cada estudante anote sua resposta e então tente convencer o colega ao lado de que a resposta está correta. Eu sempre participo de algumas dessas discussões animadas que surgem nos grupos. Isso me permite avaliar os erros cometidos e ouvir como os estudantes que escolheram as respostas corretas explicam o seu raciocínio. Depois de dar um ou dois minutos aos estudantes para discutir a questão, eu peço que eles anotem a nova resposta. A seguir, eu volto a atenção ao *slide* projetado e peço que eles levantem as mãos para fazer um levantamento das respostas. Os resulta-

---

EMPUXO

Imagine segurar dois tijolos idênticos debaixo da água. O tijolo *A* está imediatamente abaixo da superfície da água, ao passo que o tijolo *B* está em uma profundidade maior. A força necessária para manter o tijolo *B* no lugar é

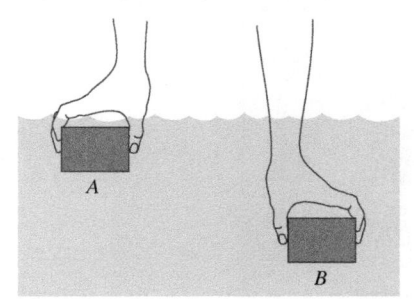

1. maior do que
2. igual a
3. menor do que

a força necessária para manter o tijolo *A* no lugar.

FIGURA 2.1 Questão de *teste conceitual* sobre o princípio de Arquimedes. No caso de um fluido incompressível como a água, a segunda opção é a correta.

dos da questão da Figura 2.1 estão mostrados na Figura 2.2. Naturalmente, durante a aula, eu não disponho dos resultados detalhados da Figura 2.2. Entretanto, depois da discussão para convencer o colega, é possível verificar que a maioria das respostas está correta simplesmente olhando as mãos levantadas. Quando isso acontece, dedico alguns minutos para a explicação da resposta correta e sigo para o próximo tópico.

Como resultado das discussões para convencer o colega, há um aumento sistemático tanto da porcentagem de respostas corretas quanto da confiança dos estudantes. Normalmente, a melhora é maior quando a porcentagem inicial de respostas corretas está em torno de 50%. Se essa porcentagem for muito mais elevada, haverá pouco espaço para melhora; se for muito menor, haverá poucos estudantes na classe para convencer os demais da resposta correta. Esse resultado está ilustrado na Figura 2.3, que mostra a melhora nas respostas corretas e o aumento de confiança para todas as questões dadas em um semestre. Observe que todos os pontos estão acima de uma reta de declividade igual a 1 (pontos abaixo dessa reta indicam que o número de respostas corretas diminuiu após a discussão). Eu considerei ótima uma porcentagem inicial de respostas corretas na faixa de 40 a 80%. Nos semestres seguintes, eu costumo modificar ou eliminar as questões que estão fora dessa faixa.

A Figura 2.4 mostra como os estudantes modificaram suas respostas após a discussão da questão sobre empuxo proposta na Figura 2.1. De fato, 29% modificaram corretamente sua resposta inicial incorreta, ao passo que apenas 3% alteraram a resposta de correta para incorreta. A Figura 2.3 demonstra que sempre há aumento, nunca diminuição, na porcentagem de respostas corretas. A razão é que é muito mais fácil mudar a mente de alguém que está errado do que mudar a mente de alguém que escolheu a resposta correta

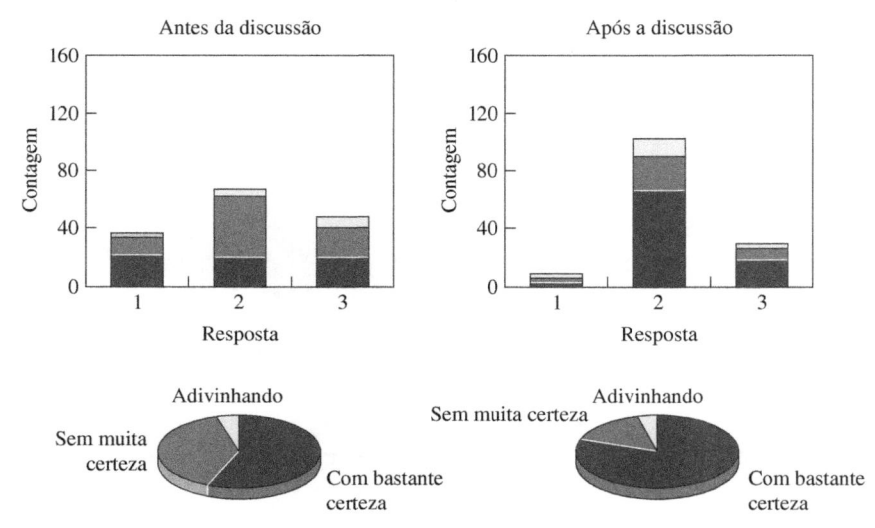

FIGURA 2.2 Análise das respostas da questão sobre empuxo da Figura 2.1. A resposta correta é a 2. Os gráficos de pizza mostram a distribuição geral dos níveis de confiança. Nos gráficos de barra, os sombreados cinzentos correspondem aos sombreados cinzentos dos gráficos de pizza.

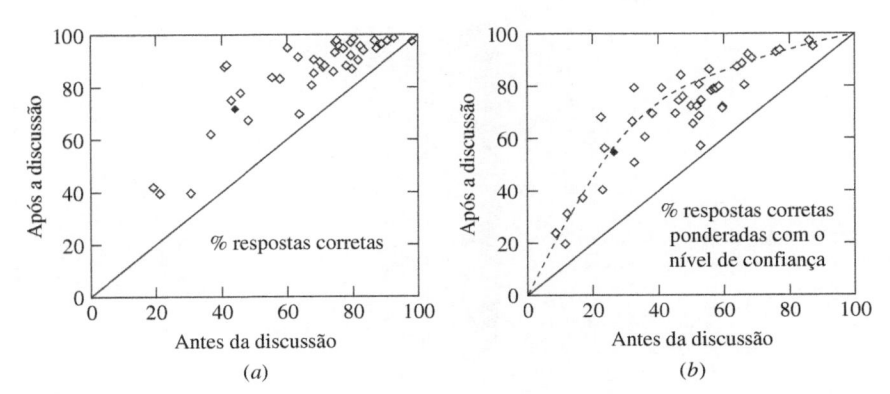

FIGURA 2.3   (a) A porcentagem de respostas corretas após a discussão *versus* a porcentagem antes da discussão e (b) a mesma informação após ser ponderada com o nível de confiança dos estudantes. Cada ponto de dado corresponde a uma única questão de *teste conceitual*. O ponto cheio corresponde à questão sobre empuxo da Figura 2.1.

pelas razões corretas. A melhora observada na confiança também não surpreende. Os estudantes que inicialmente estão corretos, mas não muito confiantes, tornam-se mais confiantes quando verificam que seus colegas escolheram a mesma resposta ou quando sua confiança é reforçada ao construírem um raciocínio que conduz à resposta correta.

Algumas vezes, parece que os estudantes são capazes de ensinar os conceitos uns aos outros de forma mais eficiente do que seus professores (veja a Figura 2.5). Uma explicação provável é que os estudantes, os que são capazes de entender o conceito que fundamenta a questão dada, acabaram de aprender a ideia e ainda estão cientes das dificuldades que tiveram que superar para compreender o conceito envolvido. Consequentemente, eles sabem exatamente o que enfatizar em sua explicação. De forma semelhante, muitos professores experientes sabem que a sua primeira aula em uma nova disciplina frequentemente é a sua melhor, marcada por uma clareza e uma leveza que em geral deixam de existir nas versões posteriores, mais polidas. A razão que está por trás disso é a mesma: à medida que o tempo passa e um professor permanece exposto ao mesmo material, parece que as dificuldades conceituais vão desaparecendo e, consequentemente, vão deixando de ser examinadas com cuidado.

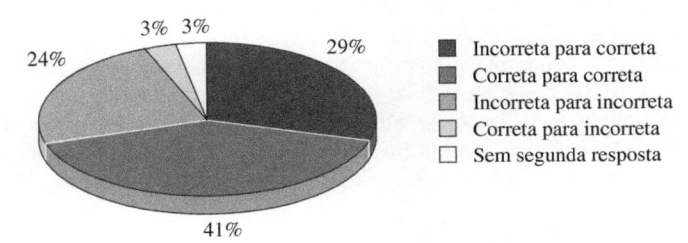

FIGURA 2.4   Gráfico de pizza mostrando como as respostas foram modificadas depois da "discussão para convencer seu colega" relativa à questão de empuxo da Figura 2.1.

FIGURA 2.5   A *Peer Instruction* em funcionamento: estudantes ensinando seus colegas em uma turma de introdução à física com muitos alunos. Nada torna as ideias mais claras do que explicá-las aos outros.

Nesse novo formato de aula expositiva, os *testes conceituais* abrangem cerca de um terço do tempo de cada aula. Isso deixa menos tempo para o professor fazer as suas apresentações expositivas. Assim, um professor tem duas opções: (*a*) discutir na aula apenas parte do material que é dado durante o semestre ou (*b*) reduzir o número de tópicos tratados no semestre. Em alguns casos, a opção (*b*) pode ser a escolha preferida, mas eu optei pela (*a*): na aula, eu não trato de todo o material que está disponível no livro e nas notas de aula (dadas no início da disciplina). Eu começo eliminando das minhas aulas os exemplos trabalhados e a maioria das deduções matemáticas. Para compensar a omissão desses detalhes mecânicos, eu peço para os estudantes lerem o livro e as minhas notas antes de virem para a aula. No caso de uma disciplina sobre ciência, isso pode ser surpreendente, mas os estudantes estão acostumados a receber tarefas de leitura em muitas outras disciplinas. Dessa maneira, ao longo do semestre, os estudantes têm contato com a mesma quantidade de material que é ensinada em uma disciplina convencional.

Antes de entrarmos nas partes específicas da *Peer Instruction*, deixe-me resumir alguns dos resultados notáveis que obtive. Esses resultados também foram verificados em outras instituições onde a *Peer Instruction* foi implementada.[1]

Resultados

As vantagens da *Peer Instruction* são numerosas. As "discussões para convencer o colega" quebram a inevitável monotonia das aulas expositivas passivas, e, mais importante, os estudantes não se limitam a simplesmente assimilar o material que lhes é apresentado; eles devem pensar por si mesmos e verbalizar seus pensamentos.

Desde 1990, para avaliar o aprendizado de meus alunos, tenho utilizado dois testes de diagnóstico: o *Force Concept Inventory* (*inventário sobre o conceito de força* – FCI) e o *Mechanics Baseline Test* (*teste de linha de base para mecânica* – MBT) (veja

---

[1] Veja Sheila Tobias, *Revitalizing Undergraduate Science Education: Why Some Things Work and Most Don't,* Tucson, AZ: Research Corporation, (1992).

os Capítulos 7 e 8).[2,3] Os resultados dessas avaliações são apresentados nas Figuras 2.6 e 2.7 e na Tabela 2.1. A Figura 2.6 mostra o ganho dramático obtido no desempenho dos estudantes no *inventário sobre o conceito de força* quando eu usei a *Peer Instruction* pela primeira vez em 1991. Como a Tabela 2.1 mostra, esse ganho voltou a ocorrer nos anos seguintes. Observe também como, no pós-teste da Figura 2.6, os escores se deslocaram bastante em direção aos valores máximos (29 de 29) e como apenas 4% dos estudantes permaneceram abaixo da linha de corte identificada por Hestenes como sendo o limiar de compreensão da mecânica newtoniana. Na abordagem convencional (Figura 2.7), o ganho foi apenas metade, concordando com o que foi obtido em outras instituições de ensino convencional.

As habilidades para resolver problemas são prejudicadas?

A melhora na compreensão conceitual é indiscutível, mas pode-se questionar a eficácia dessa nova abordagem no ensino das habilidades de resolver problemas que são exigidas nos exames convencionais. No final das contas, a reestruturação da aula expositiva e sua ênfase no material conceitual são obtidas à custa das horas de aula que são dedicadas à resolução de problemas. O desenvolvimento das habilidades de resolver problemas é deixado para as tarefas extraclasse e as sessões de discussão.

Uma resposta parcial a essa questão pode ser obtida examinando os escores do *teste de linha de base para mecânica*, que envolve a resolução de alguns problemas quantitativos. A Tabela 2.1 mostra que o escore médio desse teste aumentou de 67% para 72% no ano em que a *Peer Instruction* foi implementada pela primeira vez e subiu para 73% e 76% nos anos seguintes.

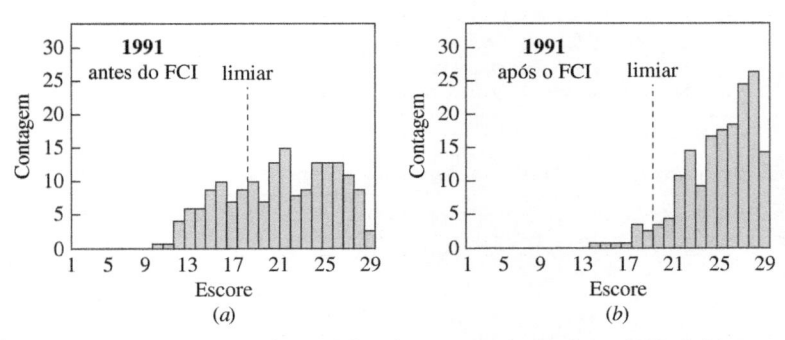

FIGURA 2.6   Os escores para o *inventário sobre o conceito de força* (FCI) obtidos em 1991 (a) no primeiro dia de aula e (b) após dois meses de aula com o método da *Peer Instruction*. O escore máximo do teste é 29. As médias das distribuições são 19,8 (de 29) para (a) e 24,6 para (b).

---

[2] D. Hestenes, M. Wells e G. Swackhamer, *Phys. Teach.* 30 (1992), 141.

[3] D. Hestenes, M. Wells e G. Swackhamer, *Phys. Teach.* 30 (1992), 159.

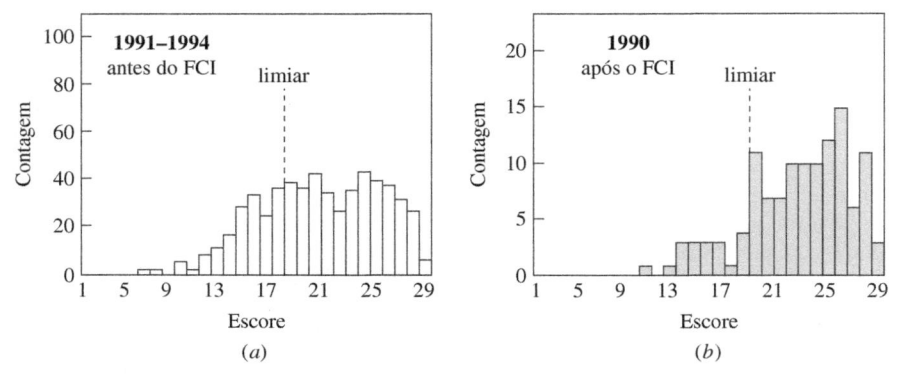

FIGURA 2.7 Os escores para o *inventário sobre o conceito de força* (FCI) obtidos (*b*) em 1990 após dois meses de aula convencional e, para comparação, (*a*) em 1991, 1992 e 1994, no primeiro dia de aula. As médias das distribuições são 19,8 de 29 pontos para (*a*) e 22,3 para (*b*).

Para comparar de forma não ambígua as habilidades de resolução de problemas em exames convencionais, com e sem *Peer Instruction*, eu apliquei os exames finais de 1985 à classe de 1991. A Figura 2.8 mostra a distribuição dos escores dos exames finais nesses dois anos. Tendo em vista a melhora no entendimento conceitual, eu já teria ficado satisfeito se as distribuições fossem as mesmas. Em vez disso, houve uma melhora marcante na média, além de uma elevação no valor mínimo dos escores. Aparentemente, e talvez sem ser surpreendente, uma melhor compreensão dos conceitos fundamentais levou a um melhor desempenho nos problemas convencionais.

TABELA 2.1 Escores médios para o *inventário sobre o conceito de força* (FCI) e o *teste de linha de base para mecânica* (MB) antes e após a implementação da *Peer Instruction*

		FCI					
Método de ensino	Ano	antes	após[a]	ganho[b]	G[c]	MB	N[d]
CONVENCIONAL	1990	(70%)[e]	78%	8%	0,25	67%	121
PEER INSTRUCTION	1991	71%	85%	14%	0,49	72%	177
	1993[f]	70%	86%	16%	0,55	73%	158
	1994	70%	88%	18%	0,59	76%	216
	1995[g]	67%	88%	21%	0,64	76%	181

[a] Dados obtidos no primeiro dia de aula.
[b] Dados obtidos após dois meses de aula.
[c] Fração do ganho máximo possível obtido.
[d] Número de pontos de dados.
[e] Sem pré-teste de FCI em 1990; médias de 1991–1995 mostradas.
[f] Em 1992 não foram aplicados testes.
[g] Dados de 1995 refletem o uso do manuscrito do livro que estava em preparação.

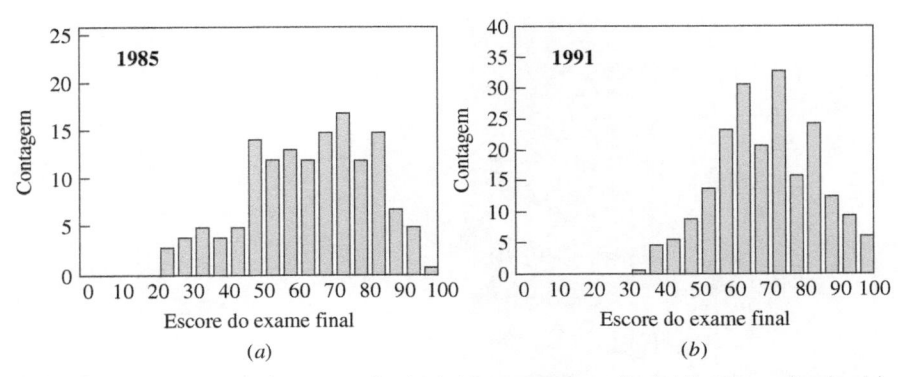

FIGURA 2.8   Os escores de exames finais obtidos em exames finais idênticos aplicados (*a*) em 1985 (disciplina convencional) e (*b*) em 1991 (*Peer Instruction*). As médias das distribuições são 62,7 de 100 para (*a*) e 69,4 para (*b*).

Feedback

Uma das grandes vantagens da *Peer Instruction* é que as respostas dos *testes conceituais* fornecem um *feedback* imediato sobre o nível de compreensão dos alunos. Dependendo da situação e do propósito, o levantamento das respostas pode ser obtido de diversas formas:

1. *Levantar a mão.* O método mais simples é pedir para cada estudante levantar a mão após responder a uma questão pela segunda vez. Isso permite perceber o nível de compreensão da classe e possibilita que o professor ajuste a velocidade com que está dando a aula. A desvantagem principal é uma perda de precisão, em parte porque alguns estudantes podem hesitar em erguer a mão e em parte porque é difícil fazer uma estimativa da distribuição. Uma boa solução é o uso de *flash-cards* – cada estudante tem um conjunto de seis ou mais cartões com inscrições de A a F para sinalizar a resposta a uma questão (veja a Figura 2.9).[4] Outras limitações são a falta de um registro (a menos que haja alguém fazendo esse registro) e a ausência de qualquer dado obtido antes da discussão para convencer o colega (levantar a mão antes da discussão poderia influenciar o resultado).

2. *Ler os formulários.* Como eu estou interessado em quantificar a eficiência da discussão para convencer o colega, tanto a curto quanto a médio prazos, utilizo formulários, que leio após a aula. Nesses formulários, os estudantes marcam as suas respostas e seu nível de confiança, tanto antes quanto após a discussão. Esse método gera uma grande quantidade de dados a respeito do comparecimento à aula, da compreensão, do progresso e da eficiência a curto prazo das aulas com *Peer Instruction*. As limitações desse método são: deve ser feito um trabalho de leitura dos dados após cada aula expositiva e há um atraso no *feedback* devido aos

---

[4] David E. Meltzer e Kandiah Manivannan, *Phys. Teach.* 34, (1996), 72.

FIGURA 2.9 Estudantes em uma aula de introdução à física na Southeastern Louisiana University usando *flashcards* – um sistema de respostas simples, de baixo custo e fácil implementação.

dados ficarem disponíveis somente após a leitura dos formulários. Por essa razão, além de ler os formulários, também peço que os alunos levantem a mão após responderem, pela segunda vez, a cada questão.

3. *Dispositivos portáteis.* Desde 1993, eu tenho usado um sistema interativo de respostas com computador denominado *Classtalk*, produzido pela firma *Better Education, Inc.*[5] O sistema permite que os estudantes forneçam suas respostas aos *testes conceituais* juntamente com seus níveis de confiança. Para isso, são utilizados diversos tipos de dispositivos, desde calculadoras gráficas até *laptops*. Esses dispositivos podem ser compartilhados por pequenos grupos de três ou quatro estudantes. As respostas são repassadas ao professor e exibidas na tela de um computador, podendo também ser projetadas em uma tela para os estudantes. A principal vantagem do sistema é que a análise dos resultados é mostrada imediatamente, e informações sobre cada estudante (como o nome e o lugar onde está sentado) ficam disponíveis para o professor. Isso permite que aulas com grande número de alunos tornem-se mais pessoais. O sistema também pode manipular questões numéricas e questões que não são de múltipla escolha – além disso, esses dispositivos aumentam a interação com os estudantes. Como desvantagens, o sistema requer um certo investimento de capital, além de tornar a aula expositiva mais complexa.

É importante observar que, na *Peer Instruction*, o sucesso *não depende* do método de *feedback* e, portanto, *não depende* de recursos financeiros ou tecnológicos.

---

[5] Better Education, Inc., 4824 George Washington Memorial Highway, Suite 103, Grafton, VA 23692. E-mail: info@bedu.com. *Site*: www.bedu.com.

Conclusão

Usando o formato de aula expositiva descrito aqui, é possível, com um esforço relativamente baixo e sem investimento de capital, melhorar muito o desempenho dos estudantes em disciplinas introdutórias de ciências – duplicando o nível de compreensão, tal como é medido pelo *inventário sobre o conceito de força*, e melhorando o desempenho em exames convencionais. Apesar do menor tempo dedicado à resolução de problemas, os resultados mostram de forma convincente que a compreensão dos conceitos aumenta o desempenho dos estudantes nos exames convencionais. Benefícios semelhantes foram obtidos em uma série de situações acadêmicas com grupos muito diferentes de estudantes.[6] Por fim, pesquisas envolvendo estudantes mostraram que sua satisfação – um importante indicador do seu sucesso – também aumenta.

---

[6] Sheila Tobias, *Revitalizing Undergraduate Science Education: Why Some Things Work and Most Don't*, Tucson, AZ: Research Corporation, (1992). Também: R.R. Hake, *AAPT Anouncer* 24 (2), (1994) 55; "Interactive-Engagement vs. Traditional Methods: A Six-Thousand-Student Survey of Mechanics Test Data for Introductory Physics Courses". pré-impressão, Junho, 1995.

3
Motivando os estudantes

É improvável que os estudantes aceitem passivamente uma mudança no formato das aulas expositivas. Eles estão acostumados a aulas expositivas tradicionais e terão dúvidas se o novo método poderá ajudá-los a obter melhor desempenho (isto é, obter uma nota melhor na disciplina). Como a colaboração plena dos estudantes é essencial para o sucesso do método da *Peer Instruction*, é importante motivar os estudantes assim que possível. A seguir, eu dou uma ideia do que fiz na minha classe para conquistá-los.

Dando o tom

Eu começo a primeira aula da disciplina anunciando aos estudantes que as aulas não serão dadas com base no livro ou nas minhas notas de aula. Eu argumento que seria uma perda de tempo se eu simplesmente repetisse o que está impresso no livro ou em minhas notas. Se eu fizesse isso, eu estaria supondo que eles não sabiam ler. Se um professor os tratasse dessa forma, eles poderiam se ofender!

Frequentemente, cito o que ocorreu com minhas notas de aula (ver página 9) e explico como utilizaremos o tempo nas aulas e como eles tirarão proveito disso. Explico que é muito pouco o que se aprende em uma aula expositiva passiva, enfatizando que um professor não consegue simplesmente jogar o conhecimento em suas mentes. Não importa o quão bom um professor é, pois é *aos estudantes* que cabe esse trabalho. Eu os desafio a tornarem-se pensadores críticos. Explico a diferença entre simplesmente inserir números nas equações e ser capaz de analisar uma situação não familiar.

Para reforçar esse ponto, eu comunico aos estudantes que eles poderão utilizar uma folha de fórmulas nos exames.[1] Essa folha desencoraja a memorização de equações e permite que os estudantes se concentrem no significado das equações.

No final da primeira aula expositiva, eu distribuo o questionário reproduzido na Figura 3.1. Mesmo após minha explicação introdutória de como darei as aulas, as respostas desse questionário mostram que uma fração considerável dos estudantes ainda espera que as aulas sejam dadas de forma tradicional.

---

[1] Eu costumo fornecer uma página cheia de equações sem identificá-las.

Questionário de introdução

1. O que você espera aprender nesta disciplina?

2. O que você espera fazer com os novos conhecimentos?

3. O que você espera que as aulas expositivas façam por você?

4. O que você espera que o livro faça por você?

5. Nesta disciplina, quantas horas você pensa que usará para aprender tudo que você precisa saber? Inclua tudo: aulas expositivas, tema de casa, etc.

_____ horas/semana

FIGURA 3.1 Questionário de introdução. Cortesia: Prof. James Sethian, Departamento de Matemática, University of California, Berkeley.

É muito importante assegurar que as expectativas dos alunos estejam de acordo com o que realmente acontecerá em aula. Na segunda aula, eu dou uma folha com os resultados do questionário (Capítulo 9) e uso até quinze minutos da aula expositiva para discutir os resultados com os estudantes. A longo prazo, esses quinze minutos mais do que compensam, porque, se os estudantes estiverem bem motivados, então provavelmente participarão ativamente do processo de aprendizagem.

Após cerca de quatro semanas de aula, eu distribuo o questionário da Figura 3.2. Não faço uma análise detalhada desse questionário, mas procuro duas coisas quando leio as respostas. Primeiro, há algo que eu posso fazer para melhorar a minha forma de ensinar ou ajudar os alunos? Segundo, ainda há expectativas que são incompatíveis com o que pretendo fazer? Na aula seguinte, dedico novamente algum tempo para examinar essas questões. Como consequência, os estudantes se tornam muito mais cooperativos e dispostos a mudar seus hábitos de estudo.

Outro ponto importante é assegurar que haja um clima de cooperação na sala de aula. As disciplinas de introdução às ciências geralmente têm a reputação de serem competitivas. Isso é prejudicial à *Peer Instruction* porque competição é incompatível com colaboração. Na minha opinião, a melhor maneira de desfazer esse clima é tendo uma forma de avaliação absoluta, em que as notas obtidas pelos colegas não interferem na nota de cada estudante. Após analisar as notas obtidas durante alguns anos, eu cons-

---

Questionário

1. De que você **mais gosta** nesta disciplina?

2. De que você **menos gosta** nesta disciplina?

3. Se você estivesse dando as aulas desta disciplina, o que **você** faria?

4. Se você pudesse mudar algo nesta disciplina, o que seria?

FIGURA 3.2   Segundo questionário, distribuído após quatro semanas de aula no semestre. Cortesia: Prof. James Sethian, Departamento de Matemática, University of California, Berkeley.

tatei que as médias tendem a variar muito pouco de ano para ano. Como consequência, eu uso planilhas que permitem aos estudantes acompanhar seu progresso e determinar sua nota final em uma escala absoluta.[2] Eu lhes digo que, embora a nota média da turma nos anos anteriores tenha flutuado em torno de um B−, não há razão para que essa média não seja um A − nenhum estudante terá sua nota rebaixada porque outros foram melhor.

O mesmo clima de cooperação é necessário nas discussões para convencer o colega. Para isso, eu digo que o desempenho dos estudantes nos *testes conceituais* não contará para a nota final. Eu quero que eles estejam completamente livres de qualquer pressão ou competição. Eles devem responder aos *testes conceituais*, mas, se quiserem, eles podem participar de forma anônima.

Os princípios anteriores dão o tom correto para a *Peer Instruction*. Nem todas as ideias se aplicam a todas as situações, e, por si só, esses princípios não são suficientes para garantir que a *Peer Instruction* funcione. Há dois pontos − leitura antes da aula e exames − que necessitam de atenção especial.

---

[2] O que eu não lhes digo é que a escala de avaliação que eu publico é um pouco mais exigente do que a que eu uso no final. Essa disparidade me permite certa flexibilidade e reduz de forma significativa o número de discussões que surgem após a publicação das notas finais.

Leitura antes da aula

Na primeira aula, distribuo um cronograma das tarefas de leitura do semestre. E eu sigo o cronograma rigidamente – mais do que antes de utilizar a *Peer Instruction*. Se certa aula termina antes do que estava previsto (um acontecimento raro), eu libero os estudantes para os alegrar; ninguém se sente infeliz. Se certa aula leva mais tempo do que o planejado (geralmente porque um *teste conceitual* revelou alguma dificuldade com o material), eu omito as partes menos importantes e conto com: (*a*) a leitura antes da aula feita pelos estudantes, (*b*) as sessões semanais de discussão e (*c*) os temas de casa que cobrem essas partes. Em alguns casos, posso usar parte da aula seguinte para reforçar alguns pontos importantes ou para aplicar um *teste conceitual* extra. De qualquer forma, sempre programo uma aula de revisão no meio do semestre para permitir que haja alguma folga nesse cronograma bastante rígido. Em resumo, a flexibilidade está no cronograma de cada aula, não no cronograma do semestre. Dessa forma, consigo abordar a mesma quantidade de conteúdo que abordava antes.

Portanto, um ponto-chave é conseguir que os estudantes façam parte do trabalho antes da aula expositiva. Para assegurar que façam suas tarefas de leitura antes da aula, implementei o *Just-in-Time Teaching,* uma técnica muito efetiva que complementa a *Peer Instruction* e que é o tema de um outro livro.[3] Antes de implementar o *Just-in-Time Teaching,* eu aplicava três ou quatro testes de leitura no começo de cada aula. Desses testes, os estudantes ganhavam um máximo de 10 pontos de bônus para ser utilizado no exame final, que valia 100 pontos. O bônus reduzia o peso do exame final. Por exemplo, se um estudante obtivesse 7 pontos de bônus nos testes de leitura e se o exame final valesse no máximo 40 pontos, seu escore final era multiplicado por 33/40 e os 7 pontos de bônus acrescentados. O efeito final dos bônus era pequeno. Entretanto, os estudantes usavam com satisfação a oportunidade para ganhar alguns pontos extras.

Os testes de leitura eram monitorados pelos próprios estudantes. Normalmente, eu permitia que eles fizessem o teste em um intervalo de tempo que ia de vinte minutos antes da aula até cinco minutos após o início da aula. Para desencorajar a colaboração entre alunos nesses testes, eu os avaliava de forma não rigorosa e fazia a normalização de todos os escores de modo que o escore médio fosse 6. Essa normalização assegurava que os estudantes impediriam que outros abusassem do sistema e que não se ajudassem.

Embora eu recomende fortemente o uso de *Just-in-Time Teaching* no lugar dos testes de leitura, eu incluí neste livro uma coleção completa de testes de leitura no Capítulo 10 para os professores que não têm condições de implementar o *Just-in-Time Teaching.* Eu apliquei esses testes de duas maneiras: eletronicamente (usando o *Classtalk*) e com formulários de papel. Os formulários podem ser lidos e avaliados usando um formulário-gabarito.

---

[3] G. Novak, A. Gavrin, W. Christian, E. Patterson, *Just-in-Time Teaching: Blending Active Learning with Web Technology* (Prentice Hall, Upper Saddle River, NJ, 1999).

Exames

Desde 1992, tenho incluído nos exames tanto questões dissertativas conceituais quanto problemas convencionais. Essa mescla é essencial, pois os exames refletem o modo de estudar de muitos estudantes. Nas palavras de John W. Moore, professor de química da University of Wisconsin-Madison: "Para os estudantes, o exame é um cão e a disciplina é a cauda". Portanto, exames com essa combinação são o melhor modo de fazê-los se darem conta da ênfase maior que é dada aos conceitos.

À primeira vista, pode parecer que as questões conceituais tornam o exame mais fácil. No entanto, como o exemplo sobre circuitos CC do Capítulo 1 mostrou, o verdadeiro é o oposto. Isso ocorre com os estudantes que se limitam a simplesmente encaixar números nas fórmulas (no meu caso, quando estou dando aulas expositivas de forma tradicional, isso representa metade dos estudantes). Somente estudantes que compreendem os fundamentos de física respondem imediatamente às questões conceituais.

É importante um equilíbrio adequado entre os problemas computacionais e os conceituais. Eu costumo aplicar um exame final e dois exames de metade de semestre. Em um exame de metade de semestre, quatro ou cinco entre sete questões são conceituais e, no exame final, seis entre doze. Cada problema tem o mesmo peso porque, se eu desse um peso menor aos problemas conceituais, estaria favorecendo aqueles que conseguem resolver problemas sem entender o que estão fazendo. No começo do semestre, eu distribuo diversos exames de revisão destacando os problemas conceituais. O efeito é uma mudança na atitude dos estudantes desde o início da disciplina.

4

Um guia passo a passo para preparar uma aula baseada na *Peer Instruction*

Neste capítulo, mostro o que fiz com meu próprio material para passar de um estilo convencional de dar aulas expositivas para o estilo da *Peer Instruction*. Eu continuo utilizando minhas antigas notas de aula e acredito firmemente que não é necessário reescrevê-las por completo. Portanto, espero que esta descrição sirva de guia para você adaptar seu próprio material para ser utilizado com a *Peer Instruction*.

Estrutura da aula expositiva

Cada tópico de uma aula leva no mínimo 15 minutos para ser tratado: 7-10 minutos de exposição e 5-8 para um *teste conceitual*. Portanto, uma hora de aula abrange quatro pontos-chave.

Para converter uma aula tradicional, eu primeiro decido quais são os pontos fundamentais que devem ser tratados. Durante a aula expositiva, deixo de dar as definições, as deduções e os exemplos que já estão no livro ou nas notas de aula. A seguir, após retirar esses itens da minha apresentação antiga, determino quais são os pontos-chave que eu quero incluir. No final, eu tenho um esboço do esqueleto da aula, como o mostrado na Figura 4.1.

> 1. Definição de pressão
> 2. Pressão em função da profundidade
> 3. Princípio de Arquimedes
> 4. Princípio de Pascal

FIGURA 4.1   Esboço de uma aula sobre hidrostática.

Testes conceituais

....

Após elaborar o esboço, eu escolho algumas questões conceituais para cada conceito--chave. A elaboração dessas questões, partindo do zero, talvez seja a parte que exija mais esforço para converter uma aula expositiva do formato tradicional para o de *Peer Instruction*. A importância dessa etapa não deve ser subestimada, pois o sucesso do método depende muito da qualidade e relevância dessas questões.

Embora não haja regras para a aplicação imediata dos *testes conceituais*, eles devem no mínimo satisfazer a alguns critérios básicos. Especificamente, eles

- devem focar um único conceito,
- não devem depender de equações para serem resolvidos,
- devem conter respostas adequadas de múltipla escolha,
- devem estar redigidos de forma não ambígua e
- não devem ser nem fáceis demais, nem difíceis demais.

Todos esses critérios afetam diretamente o *feedback* do professor. Se mais de um conceito estiver envolvido na questão, o professor terá dificuldade para interpretar os resultados e medir corretamente a compreensão. Se os estudantes puderem obter a resposta usando equações, a resposta não refletirá necessariamente seu entendimento. O ideal é que as opções incorretas de resposta reflitam as concepções errôneas mais comuns dos estudantes. Tendo esse critério em mente, poderemos formular respostas incorretas para cada *teste conceitual*. Entretanto, a melhor fonte para respostas alternativas (incorretas) deve ser os próprios estudantes. Podemos, por exemplo, preparar questões de *teste conceitual* a partir de exames antigos, que certamente terão uma série de respostas incorretas. Essa questão estará espelhando com precisão concepções erradas comuns dos estudantes.

Quando uma nova questão é elaborada, os dois últimos pontos acima são difíceis de avaliar, mesmo que a questão pareça inteiramente clara. Várias vezes me surpreendi vendo como questões que me pareciam completamente claras, podendo ser respondidas de imediato, eram mal interpretadas por muitos estudantes. É desnecessário dizer que, se uma questão for mal interpretada pelos estudantes, ela não fornecerá um *feedback* útil. Em relação ao nível de dificuldade, eu dou uma explicação na Figura 2.3. O local onde uma dada questão aparece nesse gráfico depende do nível e da preparação dos estudantes. Depende também da clareza do material que foi lido antes, da aula expositiva e da própria questão. De preferência, cada professor deveria fazer um gráfico similar para avaliar a eficácia de suas questões.

O Capítulo 11 contém questões de *testes conceituais* que abrangem a maioria dos tópicos de uma disciplina introdutória de física. As questões reproduzidas aqui são muito eficazes em minhas aulas. Boas fontes de inspiração para *testes conceituais* adicionais são as *perguntas* (não os problemas ou exercícios) de final de capítulo de muitos livros clássicos de introdução à física. Além disso, os periódicos *Physics Teacher* e *American Journal of Physics* publicam muitos artigos que podem ser úteis na formulação de novas questões. Por fim, os livros que enfatizam os conceitos fundamentais[1] costumam conter questões elaboradas para clarificar esses conceitos e ajudar os estudantes a compreendê-los mostrando concepções errôneas comuns a respeito deles.

Para facilitar a permuta de questões e dados, recentemente criei um servidor[2] de Internet onde os professores do mundo inteiro podem submeter e encontrar *testes conceituais*.

Demonstrações

As demonstrações das aulas expositivas podem ser usadas de modo eficaz em conjunto com os *testes conceituais*, um levando ao outro. Por exemplo, eu posso fazer uma demonstração e chegar a uma pergunta cuja resposta obrigará os estudantes a pensar sobre o que acabaram de observar. Trabalhando no sentido oposto, eu peço aos estudantes para pensar sobre uma questão em particular e faço uma demonstração para respondê-la. Eu descobri que essa combinação aumenta bastante o valor das demonstrações.

Demonstrações envolvendo circuitos de corrente contínua (CC) são um bom exemplo. Nas minhas aulas convencionais, eu costumava omitir a maioria das demonstrações porque os estudantes não pareciam entusiasmados diante de uma lâmpada que perdia o brilho quando uma chave era fechada em um circuito. No novo formato de aula expositiva, eu primeiro dou um *teste conceitual*, como o mostrado na Figura 4.2, e, quando todo mundo respondeu à questão pela segunda vez, faço uma demonstração para mostrar o que acontece. Quando a chave é fechada, é possível ouvir a vibração entusiasmada dos estudantes ao verem que sua resposta estava correta!

Aula expositiva

As aulas expositivas da *Peer Instruction* são muito menos rígidas do que as do método convencional. Na *Peer Instruction*, é necessária certa flexibilidade para responder aos resultados, às vezes inesperados, dos *testes conceituais*. Agora, eu tenho que improvisar mais seguidamente do que costumava fazer antes. Isso pode parecer perturbador no início, mas, na realidade, a necessidade dessa nova flexibilidade torna o ensino *mais fácil* do que antes. Durante os períodos de silêncio (quando os estudantes estão pensando), eu disponho de um intervalo – um minuto ou tanto para recuperar o fôlego e reformular meus pensamentos. Durante as discussões dos estudantes para convencer o colega ao lado, eu participo de algumas delas, como mencionado no Capítulo 2. Essa

---

[1] Veja, por exemplo: Arnold B. Arons, *A Guide to Introductory Physics Teaching,* New York: John Wiley & Sons. (1990); Paul G. Hewitt, *Conceptual Physics,* Boston: Scott Foresman, (1989); Jearl Walker, *The Flying Circus of Physics,* New York: John Wiley & Sons, (1977).

[2] Esse servidor de Internet está disponível em http://galileo.harvard.edu.

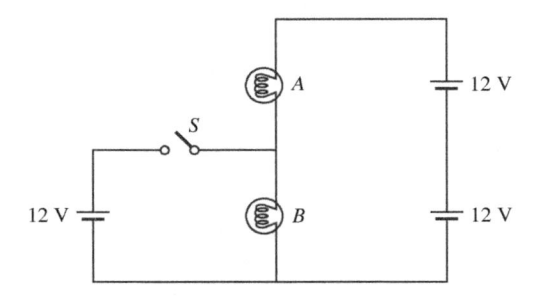

Com quatro lâmpadas idênticas (de filamento), quando a chave é fechada.

1. ambas as lâmpadas apagam.
2. o brilho da lâmpada *A* aumenta.
3. o brilho da lâmpada *A* diminui.
4. o brilho da lâmpada *B* aumenta.
5. o brilho da lâmpada *B* diminui.
6. uma combinação de 1–5.
7. nada muda.

FIGURA 4.2 *Teste conceitual* sobre circuitos CC. Com duas lâmpadas, as diferenças de potencial em cada uma é de 12 V. Dessa forma, nada acontece quando a chave é fechada. Estatísticas antes (e depois) da discussão: 1: 1% (0%), 2: 36% (42%), 3: 22% (7%), 4: 1% (3%), 5: 3% (2%), 6: 17% (7%), 7: 20% (39%).

participação é benéfica de duas formas. Primeiro, eu ouço os estudantes explicando as respostas com as suas próprias palavras. Embora minhas explicações possam ser o caminho mais direto entre a pergunta e a resposta, otimizado o uso de palavras e tempo, frequentemente as respostas dadas pelos estudantes são muito mais eficientes em convencer um cético, mesmo que não sejam tão diretas. Algumas vezes, os estudantes têm uma visão completamente diferente do problema. Nesse caso, costumo tomá-la emprestado. Na realidade, eles estão me ensinando a ensinar. Há algo que também é importante: quando ouço os estudantes raciocinando e chegando a uma resposta errada, eu sinto o que está se passando em suas cabeças. Esse envolvimento me ajuda a focalizar melhor os problemas que eles estão encontrando e a tratá-los diretamente durante minhas explicações nas aulas. Por fim, as interações pessoais durante as discussões ajudam a me manter em contato com a classe.

Esse novo formato de aula expositiva permite que os estudantes façam muito mais perguntas do que antes. Frequentemente, essas perguntas são profundas e vão direto ao ponto. Eu tento responder ao máximo dentro do que me é possível.

Exames

É provável que os estudantes ignorem qualquer mudança que seja feita no formato ou conteúdo de uma disciplina *a menos que essas mudanças tragam resultados nos exames*. Por essa razão, os exames que eu aplico agora contêm questões dissertativas sobre os conceitos e também problemas do tipo que é encontrado nos livros, como mencionei no Capítulo 3. Essa talvez seja a melhor maneira de fazer os estudantes tomarem consciência da maior ênfase que está sendo dada aos conceitos.

Enrico Fermi era bem conhecido por sua capacidade lendária de resolver problemas aparentemente insolúveis – mesmo em assuntos que lhe eram inteiramente desconhecidos (por exemplo, quantos afinadores de piano há em Chicago?). Esses "problemas de Fermi" não podem ser resolvidos usando apenas a dedução. Eles exigem suposições, modelos, estimativas de ordem de grandeza e muita autoconfiança. Em geral, quando estão se familiarizando com novos problemas, os físicos fazem estimativas numéricas aproximadas. Então, por que avaliar os estudantes usando problemas convencionais? Esses problemas contêm o mesmo número de incógnitas e dados, mas geralmente não exigem nada além de habilidades matemáticas. O que caracteriza um cientista bem--sucedido não é a capacidade de resolver uma integral, uma equação diferencial ou um sistema de equações, mas a capacidade de criar modelos e elaborar suposições fazendo estimativas de ordem de grandeza – exatamente as habilidades necessárias para resolver os "problemas de Fermi".

O problema dos problemas convencionais

Usarei um exemplo simples para ilustrar o que acredito ser um problema sério, assim como os exercícios dados nos livros comuns de física. Escolhi um exemplo de fora da área da física pela seguinte razão: a não ser que o leitor já tenha lidado com este exemplo, ele estará em igualdade de condições com um estudante que está se deparando pela primeira vez com um problema do tipo que é dado nos livros de física. Meu exemplo se baseia em uma situação com a qual me deparei recentemente: eu queria fazer compras em um *shopping* e conduzi meu carro até um estacionamento público próximo das lojas. Todos os lugares estavam ocupados. Querendo saber se a melhor estratégia seria ficar vagando pelo estacionamento ou permanecer parado em um lugar até que uma vaga fosse desocupada, eu decidi fazer uma estimativa do tempo que eu ficaria esperando se permanecesse parado. Usando algumas estimativas grosseiras, eu obtive um tempo de 3 minutos, e, de fato, uma vaga ficou disponível após aproximadamente 3 minutos.

Na Figura 4.3, essa situação está proposta na forma de um problema de Fermi clássico, exigindo que os estudantes (*a*) elaborem suposições, (*b*) façam estimativas, (*c*) desenvolvam um modelo e (*d*) usem o modelo para obter a resposta. Se uma questão como essa fosse dada em um exame, certamente causaria uma revolta entre os estudantes. Agora, vamos transformar essa questão em um problema típico de um livro de física. Para isso, vamos remover aos poucos cada uma das exigências (a)–(c).

Como normalmente uma suposição é a última coisa que os estudantes querem fazer, iniciaremos fazendo a suposição no lugar deles. Para isso, vamos acrescentar uma

Em uma tarde de sábado, próximo de um *shopping*, você entra em um estacionamento com vagas de tempo livre. Você fica circulando, mas não encontra uma vaga livre. Então decide ficar esperando em um canto do estacionamento de onde pode ver (e controlar) cerca de 20 vagas.

Quanto tempo você deverá esperar até que uma vaga fique livre?

FIGURA 4.3 Problema de Fermi. Esse problema exige que os estudantes elaborem suposições, façam estimativas, desenvolvam um modelo e usem o modelo para obter a resposta.

frase simples, como mostrado na Figura 4.4. Nessa forma, o problema ainda será insolúvel para todos, menos para os mais inteligentes. O problema apresenta uma situação desconhecida para a qual eles ainda não desenvolveram (ou viram) um modelo.

Agora, vamos simplificar ainda mais o problema. Diremos qual é o resultado que seria obtido se fosse feita uma média estatística envolvendo um grande número de eventos, como na Figura 4.5. Mesmo assim, a solução para o problema não progride porque a situação apresentada não é familiar e o modelo não foi dado a conhecer explicitamente.

Por fim, na Figura 4.6, eu transformei o problema em um problema típico de livro de física. À primeira vista, o texto não é muito diferente do que está na Figura 4.3, mas o importante é que, em algum lugar do livro, os estudantes já viram (e consequentemente prestaram atenção e memorizaram) a seguinte equação:

$$t_{espera} = \frac{1}{2}\frac{T_{compras}}{N_{vagas}}$$

Tudo que restou para os estudantes é encaixar números na equação e usar suas calculadoras! Em quatro passos, transformamos uma questão, que exigia uma combinação de habilidades importantes para se conseguir resolver problemas do tipo encontrado pelos cientistas, em algo que não requer praticamente nenhuma habilidade. Agora, os desafios originais de análise ficaram contidos na equação e no enunciado do problema. Todas as oportunidades para desenvolver raciocínio lógico e autoconfiança foram jogadas fora.

Em uma tarde de sábado, próximo de um *shopping*, você entra em um estacionamento com vagas de tempo livre. Você fica circulando, mas não encontra uma vaga livre. Então decide ficar esperando em um canto do estacionamento de onde pode ver (e controlar) cerca de 20 vagas. Em média, as pessoas gastam 2 horas fazendo compras.

Quanto tempo você deverá esperar até que uma vaga fique livre?

FIGURA 4.4 Problema da Figura 4.3 com texto alterado. Foi acrescentada a suposição de que as pessoas gastam 2 horas fazendo compras (uma estimativa grosseira, mas certamente aproximada).

Em uma tarde de sábado, próximo de um *shopping*, você entra em um estacionamento com vagas de tempo livre. Você fica circulando, mas não encontra uma vaga livre. Então decide ficar esperando em um canto do estacionamento de onde pode ver (e controlar) cerca de 20 vagas. Em média, as pessoas gastam 2 horas fazendo compras.

Supondo que as pessoas deixam o estacionamento a intervalos regulares de mesma duração, quanto tempo você deverá esperar até que uma vaga fique livre?

FIGURA 4.5   Problema da Figura 4.4 com texto alterado. Foi acrescentada a suposição de que as pessoas deixam o estacionamento a intervalos regulares de mesma duração.

Em uma tarde de sábado, próximo de um *shopping*, você entra em um estacionamento com vagas de tempo livre no qual é sabido que as pessoas levam, em média, duas horas fazendo compras. Você fica circulando, mas não encontra uma vaga livre. Então decide esperar em um canto do estacionamento de onde pode ver (e controlar) cerca de 20 vagas.

Quanto tempo você deverá esperar até que uma vaga fique livre?

FIGURA 4.6   O problema de Fermi da Figura 4.4 transformado em um problema típico de livro de física.

Devemos nos preocupar? Por quê?

A ideia principal contida nesse exemplo é: a maioria dos problemas encontrados nos livros avalia as habilidades matemáticas – não o pensamento analítico. Isso deve nos preocupar? Nas disciplinas introdutórias de ciência, mesmo que cientistas excelentes possam ser produzidos seguindo o método tradicional de ensino, acredito que a resposta é um "sim" enfático. Eu acredito firmemente que os estudantes que se saem bem nas ciências conseguem isso não devido ao sistema educacional atual, mas apesar dele. Quando um estudante em uma dada situação sabe apenas encaixar números em uma equação, não acho que seja suficiente resolver uma equação diferencial ou recitar uma lei física. Como está claro na questão do estacionamento, precisamos de uma visão mais profunda do que aquela encontrada em um problema típico de livro de física.

O Capítulo 12 contém muitas questões conceituais que foram testadas em exames. À primeira vista, algumas parecem simples, como o problema das lâmpadas do Capítulo 1. Se você estiver ensinando alguma disciplina introdutória de ciência, poderá incluir uma ou duas dessas questões em seus exames. Ao avaliá-las, eu acredito que será possível verificar qual é o entendimento real que seus estudantes alcançaram. Se os escores mostrarem uma correlação fraca entre os desempenhos dos estudantes nos problemas conceituais e convencionais, a *Peer Instruction* poderá ajudar a melhorar a situação. Para os problemas de circuitos CC da Figura 1.1, a Figura 4.7 mostra a comparação de escores que obtive em 1991 com os obtidos em 1995, quando usei a *Peer*

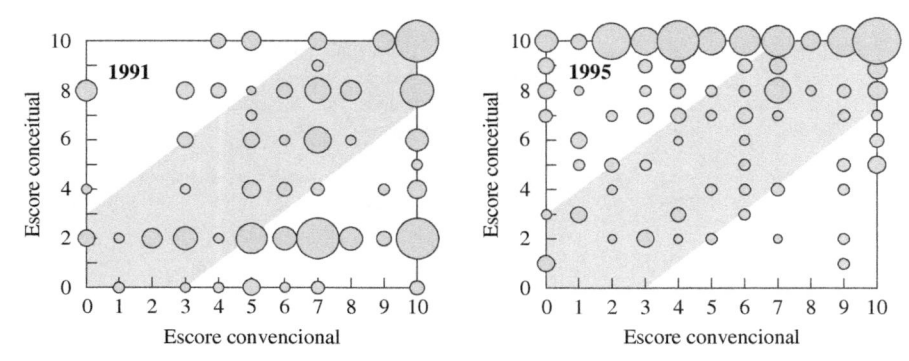

FIGURA 4.7 Correlação entre os escores dos problemas conceituais e convencionais da Figura 1.1. Em 1991, a disciplina foi dada de forma convencional. Em 1995, foi utilizado o método da *Peer Instruction*. Os escores médios em 1991 foram 4,9 e 6,9 (de 10) para os problemas conceituais e convencionais, respectivamente. Em 1995, os escores médios foram 8,4 e 6,0, respectivamente.

Instruction. Observe que, em 1995, o escore dos problemas convencionais manteve-se próximo do valor de 1991,[3] mas a *Peer Instruction* aumentou o escore médio dos problemas conceituais em 70%.

---

[3] A diminuição de 15% no escore dos problemas convencionais é maior do que eu acredito ser a precisão da avaliação (10%). Provavelmente, a diminuição ocorreu porque em 1995, antes do exame, os estudantes fizeram em casa apenas um problema comum sobre circuitos CC (mais problemas foram feitos após o exame), enquanto em 1991 os estudantes tinham feito em casa um trabalho mais detalhado sobre circuitos CC.

5
Aula-exemplo

Como exemplo da *Peer Instruction*, vamos considerar uma aula expositiva de 90 minutos sobre as leis de Newton. O resumo da aula é:

1. Primeira lei de Newton
2. Definições de força e massa
3. Segunda lei de Newton
4. Terceira lei de Newton

Antes da aula, os estudantes devem ler as notas de aula e as respectivas seções do livro. No começo da aula, eles respondem ao teste de leitura mostrado na Figura 5.1. Observe que esse teste de leitura verifica apenas se a leitura antes da aula foi feita ou não; ele não avalia a compreensão do conteúdo. Isso poderia penalizar (e portanto desencorajar) o estudante que tivesse feito a leitura, mas que ainda não tivesse conseguido dominar os conceitos baseando-se apenas nela.

Eu uso as mesmas notas de aula que utilizava quando ensinava esse conteúdo em aulas convencionais. Eu descrevo os conteúdos da mecânica clássica e introduzo a primeira lei de Newton escrevendo-a no quadro. Após introduzir a primeira lei, utilizo uma animação de computador para mostrar que, na realidade, trata-se de uma lei envolvendo sistemas de referência. A seguir, estabeleço solidamente a relação entre forças e acelerações, e projeto na tela o *teste conceitual* mostrado na Figura 5.2. Em geral, os estudantes se saem bem nessa questão. O objetivo principal é reforçar a confiança dos estudantes. De qualquer forma, não fico muito tempo nesse tópico, pois as outras duas leis costumam trazer dificuldades maiores.

1. Qual das seguintes leis não é de Newton?
   1. Para cada ação há uma reação igual de sentido oposto.
   2. $F = ma$.
   3. Todos objetos caem com a mesma aceleração.
   4. Na ausência de uma força líquida (resultante) externa, os objetos em repouso permanecem em repouso e os objetos em movimento uniforme permanecem em movimento uniforme.

2. A lei da inércia
   1. não fez parte da leitura antes da aula.
   2. expressa a tendência dos corpos a manter o seu estado de movimento.
   3. é a terceira lei de Newton.

3. "Impulso"
   1. não fez parte de leitura antes da aula.
   2. é um outro nome para força.
   3. é um outro nome para aceleração.

FIGURA 5.1   Teste de leitura da aula expositiva sobre dinâmica das partículas. As respostas corretas são 1-3, 2-2 e 3-1. Estatística das respostas: 1-1: 15%, 1-2: 2%, 1-3: 83%, 1-4: 0%, 2-1: 1%, 2-2: 98%, 2-3: 1%, 3-1: 82%, 3-2: 16%, 3-3: 2%. Essa estatística e as seguintes deste capítulo referem-se a um semestre típico em que a *Peer Instruction* foi utilizada.

A seguir, defino os conceitos de força e massa e formulo a segunda lei de Newton. Para assegurar que a relação entre força, aceleração e velocidade está clara, eu aplico a questão mostrada na Figura 5.3. A estatística na legenda mostra que a discussão para convencer o colega ao lado aumenta o número de respostas certas e a confiança dos estudantes. Se aproximadamente 20% dos estudantes dessem respostas erradas após a discussão, eu provavelmente usaria um tempo extra discutindo a resposta correta.

Um carro faz uma curva mantendo uma velocidade constante.

Há uma força resultante atuando sobre o carro quando ele faz a curva?

1. Não – a sua velocidade é constante.
2. Sim.
3. Depende do raio da curva e da velocidade do carro.

FIGURA 5.2   *Teste conceitual* para a primeira lei de Newton. A opção 2 é a correta. Estatística das respostas: 1: 3%, 2: 96%, 3: 1%.

Uma força constante é exercida em um carro que inicialmente está em repouso sobre um trilho de colchão de ar. O atrito entre o carro e o trilho é desprezível. A força atua durante um breve intervalo de tempo, resultando em uma determinada velocidade final.

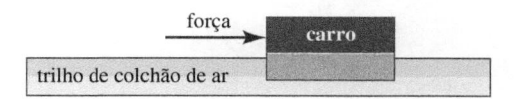

força → **carro**

trilho de colchão de ar

Para obter a mesma velocidade final aplicando uma força que tem apenas metade do valor da força aplicada inicialmente, essa segunda força deve ser aplicada ao carro durante um intervalo que é

1. quatro vezes mais longo do que o
2. duas vezes mais longo do que o
3. igual ao
4. metade do
5. um quarto do

intervalo da força inicial.

FIGURA 5.3   *Teste conceitual* sobre força. A opção correta é a 2. Estatística da resposta antes da (e após a) discussão: 1: 16% (5%), 2: 65% (83%), 3: 19% (12%). Confiança antes da (e após a) discussão: bem seguro: 50% (71%); não muito seguro: 43% (25%); adivinhando: 7% (4%).

Um ponto importante na explicação dessa questão é evitar (a todo custo!) o uso de equações. Minha argumentação verbal é conduzida como segue: a força causa a aceleração e essa aceleração diz o quanto aumenta a velocidade de um objeto durante um dado intervalo de tempo. Assim, se a força for a metade da força aplicada inicialmente, então a aceleração também será a metade. Portanto, a força precisa atuar durante um intervalo de tempo com o dobro de duração para dar ao carro o mesmo aumento de velocidade.

O próximo *teste conceitual* (Figura 5.4) elabora ainda mais a questão anterior. Observe como, dessa vez, as respostas dos estudantes melhoraram bastante antes da discussão para convencer o colega. Como 90% deram a resposta certa antes da discussão, sobra pouco espaço para melhoramentos. Além disso, a discussão aumenta de modo eficaz a confiança dos estudantes. A porcentagem de respostas corretas verificada após a discussão dá uma indicação clara de que não há necessidade de prolongar muito mais a discussão sobre essa questão.

Após esse *teste conceitual*, imediatamente aplico o teste mostrado na Figura 5.5. Para economizar tempo, eu não peço para os estudantes discutirem suas respostas.

Quando a porcentagem de respostas corretas for igual ou maior que 80%, passo para a terceira lei de Newton, enfatizando que as duas componentes do par de forças da terceira lei nunca atuam sobre o mesmo objeto. Para tornar esse ponto mais claro, eu discuto o exemplo de uma pessoa parada em um elevador. Mesmo que a força normal exercida pelo chão do elevador sobre a pessoa seja igual e oposta ao peso da pessoa quando o elevador está em repouso, essas duas forças não formam um par de ação e reação.

Durante um curto intervalo de tempo, uma força constante é exercida sobre um carro que inicialmente está parado sobre um trilho de colchão de ar. Essa força dá ao carro uma certa velocidade final.

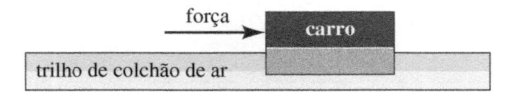

A seguir, durante o mesmo intervalo de tempo, essa mesma força é exercida sobre outro carro, inicialmente parado, que tem o dobro da massa do primeiro. A velocidade final do carro mais pesado é

1. um quarto da
2. quatro vezes a
3. metade da
4. o dobro da
5. igual à

velocidade do carro mais leve.

FIGURA 5.4 *Teste conceitual* sobre força. A opção correta é a 3. Estatística da resposta antes da (e após a) discussão: 1: 10% (1%), 3: 90% (99%). Confiança: antes da (e após a) discussão: bem seguro: 64% (95%); não muito seguro: 34% (4%); adivinhando: 2% (1%).

Durante um curto intervalo de tempo, uma força constante é exercida sobre um carro que inicialmente está parado sobre um trilho de colchão de ar. Essa força dá ao carro uma certa velocidade final.

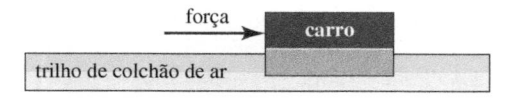

Suponha que repitamos o experimento. Entretanto, no instante em que começamos a aplicar a força, em vez de partir do repouso, o carro já está se deslocando no mesmo sentido da força. Depois de aplicarmos a mesma força durante o mesmo breve intervalo de tempo, o aumento na velocidade do carro será

1. igual a duas vezes sua velocidade inicial.
2. igual ao quadrado de sua velocidade inicial.
3. igual a quatro vezes sua velocidade inicial.
4. o mesmo de quando partiu do repouso.
5. não pode ser determinado com os dados fornecidos.

FIGURA 5.5 *Teste conceitual* sobre força. A opção correta é a 4. Estatística da resposta: 1: 10%, 2: 3%, 3: 5%, 4: 82%. Confiança: bem seguro: 63%; não muito seguro: 35%; adivinhando: 2%.

Uma locomotiva puxa uma série de vagões. Qual das seguintes análises da situação é a correta?

1. O trem se move para frente porque a locomotiva puxa para frente os vagões com uma força ligeiramente maior do que a força com que os vagões puxam a locomotiva para trás.

2. Como a ação é sempre igual à reação, a locomotiva não pode puxar os vagões – os vagões puxam para trás a locomotiva exatamente com a mesma força que a locomotiva puxa para frente os vagões. Portanto, não há movimento.

3. A locomotiva coloca os vagões em movimento, dando-lhes um puxão durante o qual a força sobre os vagões é momentaneamente maior do que a força exercida pelos vagões sobre a locomotiva.

4. A força da locomotiva sobre os vagões é igual à força que os vagões exercem sobre a locomotiva. No entanto, a força de atrito sobre a locomotiva é grande e seu sentido é para frente, ao passo que a força de atrito sobre os vagões é pequena e seu sentido é para trás.

5. A locomotiva poderá puxar os vagões para frente somente se ela pesar mais do que os vagões.

FIGURA 5.6   *Teste conceitual* sobre a terceira lei de Newton. A opção correta é a 4. Estatística da resposta antes da (e após a) discussão: 1: 14% (7%), 2: 2% (2%), 4: 74% (86%), 5: 9% (5%). Confiança antes da (e após a) discussão: bem seguro: 59% (71%); não muito seguro: 36% (26%); adivinhando: 5% (3%).

Quando o elevador está acelerando, essas forças deixam de ser iguais – essa diferença é responsável pela aceleração da pessoa. Eu faço diagramas de corpo livre para a pessoa e o elevador e mostro quais pares de força são pares relacionados com a terceira lei. Essa apresentação é seguida por uma demonstração na aula. Logo após, eu confronto os estudantes com a questão clássica da Figura 5.6. Apesar da dificuldade conceitual dessa questão, uma fração surpreendentemente grande da classe responde corretamente já na primeira vez. Essa questão sempre levanta um grande número de perguntas, deixando os estudantes realmente pensando, e após a aula eu costumo explicá-la mais algumas vezes.

Em seguida, retornando ao objetivo básico da mecânica clássica, eu mostro a dupla utilidade da segunda lei de Newton: dadas as forças que atuam em um objeto, podemos usar essa lei para determinar o movimento desse objeto. Por outro lado, observando o movimento de um objeto, podemos usar a lei para deduzir as forças exercidas sobre aquele objeto. Como exemplo, eu cito as forças normais, as forças sobre os corpos celestes e diversas outras forças.

Finalmente, volto-me à primeira lei das forças – a da gravitação. Passo algum tempo tornando clara a diferença entre inércia (a tendência de um objeto a manter seu estado de movimento) e a gravitação (a tendência de um objeto a atrair a matéria): um astronauta na Lua pode facilmente levantar um objeto enorme, mas, se chutá-lo, a dor nos dedos do pé seria a mesma que se estivesse na Terra.

A última questão que aplico (Figura 5.7) envolve a gravitação, mas, na realidade, o objetivo é testar como os estudantes estão compreendendo a aceleração. Essa questão oferece uma oportunidade de fazer uma conexão entre o conteúdo dado nas aulas anteriores (cinemática) e nesta. Dois terços dos estudantes dão a resposta correta, mas apenas um terço está confiante em sua resposta (sendo que o erro mais frequente é supor que, se a velocidade aumentar, então a aceleração também deverá aumentar).

Em uma montanha-russa, um carro desce os trilhos como mostrado na figura. Quando o carro ultrapassar o ponto mostrado, o que acontecerá com sua velocidade e aceleração no sentido do movimento? Ignore os efeitos do atrito.

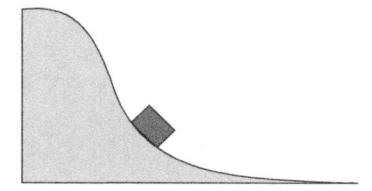

1. Ambas diminuem.
2. A velocidade diminui, mas a aceleração aumenta.
3. Ambas permanecem constantes.
4. A velocidade aumenta, mas a aceleração diminui.
5. Ambas aumentam.
6. Nenhuma acima.

FIGURA 5.7 *Teste conceitual* envolvendo gravitação, aceleração e velocidade em um declive. A opção 4 é a correta. Estatística das respostas: 1: 3%, 2: 4%, 3: 8%, 4: 70%, 5: 11%, 6: 4%. Confiança: bem seguro: 34%; não muito seguro: 57%; adivinhando: 9%.

6
Epílogo

Perguntas frequentes

Sempre que explico o método da *Peer Instruction* a outros professores, invariavelmente surgem muitas questões. Neste capítulo, respondo as perguntas mais frequentes.

Por que se preocupar?

A capacidade do estudante de resolver problemas tem sido o critério tradicional para avaliar se o ensino teve êxito. Essa forma pressupõe que não é possível resolver um problema a menos que os fundamentos estejam bem compreendidos. Entretanto, como o exemplo do Capítulo 1 claramente mostrou, há uma preocupante e elevada fração de estudantes que desenvolve estratégias para resolver problemas sem ter alcançado nem mesmo a mínima compreensão dos conceitos envolvidos. Assim, na realidade, a questão é: queremos que nossos estudantes compreendam os princípios fundamentais ou é suficiente que eles usem as fórmulas para resolver os problemas numéricos (mesmo que metade deles não entenda os princípios que embasam os problemas)? Eu sou claramente partidário de ensinar a compreensão dos fundamentos. Isso se deve particularmente à minha experiência e observação de que uma melhor compreensão dos princípios leva também a uma melhor capacidade de resolução dos problemas.

Não estaremos abordando menos conteúdo se os estudantes usarem parte do tempo conversando entre si durante as aulas?

Realmente, não é possível abordar todo o conteúdo que é dado nas aulas expositivas tradicionais. Para remediar essa situação, delego maior responsabilidade aos estudantes. Eles leem o material antes da aula e eu discuto apenas uma parte desse material durante a aula. Como resultado, continuo abordando todo o conteúdo dado normalmente em uma disciplina convencional.

Esse novo método não criaria um abismo entre os estudantes que apresentam desempenhos ótimo e regular?

Como os gráficos das Figuras 2.6 a 2.8 mostram, a diferença entre as faixas superior e inferior da distribuição é reduzida. Assim, acredito que podemos dizer com segurança que, além de elevar o desempenho geral da classe, a *Peer Instruction* estreita a distância entre os estudantes de desempenhos ótimo e regular.

A Peer Instruction pode funcionar com os estudantes da Universidade de Harvard, mas com os alunos da minha instituição ela não funcionará.

Se você não *exigir* que seus estudantes leiam, eles certamente não o farão, seja em Harvard, seja em qualquer outro lugar. Na maioria das disciplinas – e as das ciências são uma notável exceção –, é comum um ensino em que os estudantes devem fazer leituras antes das aulas. Não acredito que os estudantes de ciências sejam menos instruídos do que seus colegas da área de humanas. O grande problema – que pode ser remediado – é que atualmente nem os professores, nem os alunos esperam que tarefas de leitura sejam exigidas em uma disciplina de ciência. Espera-se que os livros sirvam para elucidar as partes obscuras das aulas e propor problemas práticos, mas não para introduzir novo conteúdo. Na minha opinião, o ensino de ciências requer uma mudança importante de atitude, uma que não pode ser feita de um dia para outro sem que haja algum incentivo. Um incentivo simples, que venho usando com muito sucesso, é o teste de leitura.

Não é correto dizer que os estudantes de instituições como a Universidade de Harvard estão mais articulados do que os de instituições menos prestigiosas e, portanto, mais bem preparados para o ensino interativo?

No mínimo 50 professores tentaram o método em diferentes situações acadêmicas envolvendo as mais diversas instituições, de grande e pequeno portes. Todos *relataram* que houve melhorias no desempenho e na compreensão dos estudantes.

Não creio que conseguiria usar a Peer Instruction. Eu não tenho o tipo de personalidade certa para fazer esse tipo de coisa.

No início, a possibilidade de encarar uma sala de aula cheia de confusão pode parecer assustadora. Seguidamente, os *testes conceituais* desencadeiam o surgimento de muitas perguntas. O andamento exato da aula é imprevisível, pois depende dos resultados dos *testes conceituais*. Entretanto, os que tentaram o método concordam: depois de começar, é impossível recuar para as aulas expositivas tradicionais. Primeiro, o método dá uma flexibilidade enorme. Segundo, as discussões entre (e com) os estudantes são extremamente estimulantes, independentemente da personalidade do professor.

Essa maneira de dar aula expositiva é o que denominamos "ensino"?

Em diversas línguas, o verbo para "ensinar" e "aprender" é o mesmo. Na realidade, frequentemente se espera que o que é ensinado seja aprendido. Infelizmente, na maioria das vezes não é isso o que ocorre. O objetivo da educação deve ser a construção de um ambiente onde os estudantes possam aprender. A *Peer Instruction* consegue isso com eficiência e uma relativa facilidade.

Quanto trabalho é necessário para fazer a mudança para o novo formato de aula expositiva?

O desenvolvimento de novos *testes conceituais*, de questões conceituais para exame e de testes de leitura exigem um esforço significativo. Entretanto, tendo preparado um bloco desses materiais, o ensino nesse novo formato exigirá menos preparação e esforço do que o de uma aula expositiva tradicional. Agora, uma parte do tempo da aula será usado nas discussões dos estudantes. Para ajudar outros professores que estão iniciando, eu estou incluindo nesse livro uma coleção completa de *testes conceituais* previamente testados na sala de aula. Incluo também testes de leitura e questões conceituais de exame (veja os Capítulos 10-12).

Recomendações

Após ajudar um número considerável de pessoas a adotar a *Peer Instruction*, recomendo que os cinco pontos seguintes recebam atenção especial.

1. *Convença você mesmo (e seus colegas).* A primeira coisa a fazer é convencer-se de que a mudança no formato de ensino faz sentido. Com essa finalidade, eu recomendo a aplicação de algum tipo de exame de avaliação, como as questões do *inventário sobre o conceito de força* (FCI) e o *teste de linha de base para mecânica* (MBT). O ideal é fazê-los duas vezes: uma vez em um semestre no qual é usado o método de ensino convencional e uma segunda vez em um semestre no qual é usada a *Peer Instruction*. O mesmo pode ser feito com algumas questões conceituais de exame. Os dados assim obtidos mostrarão o que foi alcançado da forma mais clara possível.

2. *Motive os estudantes.* Como mencionei no Capítulo 3, os estudantes resistem a mudanças. Alguns dirão "Por favor, ensine a física *verdadeira*", querendo dizer "Por favor, resolva mais problemas para nós", porque provavelmente isso é o que eles mais vêm fazendo até agora. É muito fácil sucumbir a esse pedido. Metade do trabalho consiste em motivar os estudantes. No início do semestre, eu invisto muito tempo e esforço dizendo-lhes o que farei durante as aulas expositivas e por que farei isso.

3. *Modifique os exames.* Uma das melhores maneiras para fazer os estudantes aceitarem um novo método de ensino é preparar exames que reflitam a filosofia e os objetivos da disciplina. Nos exames que eu dou, cerca de metade dos problemas é conceitual. Embora essas questões não sejam diferentes das que eu dou em aula, normalmente são maiores e nunca têm respostas de múltipla escolha. No Capítulo 12 eu dou diversos exemplos. Essas questões podem parecer simples, mas os estudantes costumam considerá-las mais difíceis do que as encontradas nos problemas convencionais. Eu dou a essas questões conceituais o mesmo peso que aos problemas tradicionais. O resultado é que, logo após o primeiro exame,

os estudantes começam a apreciar o valor dos testes dados durante as aulas. No meio do semestre, alguns estudantes costumam pedir para que eu dê mais tempo aos testes abolindo completamente as exposições teóricas.

4. *Altere o formato da aula expositiva.* Como não é possível continuar apresentando todo o material *e* dedicando tempo para as questões e as discussões durante a aula, eu sempre insisto com as pessoas que decidiram implementar a *Peer Instruction* que o façam de maneira integral. Provavelmente, qualquer meio-termo entre a aula expositiva tradicional e a aula interativa não produzirá nada senão queixas. Se você continuar a dar aula como antes, estará, na realidade, dizendo aos estudantes que eles não precisam se preocupar com as leituras antes da aula porque todo o material será tratado na aula de qualquer modo. Além disso, haverá tempo apenas para uma ou duas questões esporádicas durante a sua aula tradicional. Como consequência, o tempo extra necessário para responder a essas questões atrasará o cronograma. Isso leva a uma situação muito indesejável: além de fazer suas tarefas de leitura, os estudantes começarão a ver as questões de aula como um aborrecimento extra além da aula tradicional e não como um substituto dela. O segredo é se apoiar nos estudantes: se você exigir que eles leiam, eles lerão. As tarefas de leitura são, portanto, uma necessidade, pois os estudantes não levarão a sério as leituras antes das aulas a menos que lhes seja oferecida alguma recompensa. A longo prazo, mais do que compensa o custo adicional de elaborar as avaliações e fazer os cálculos das notas.

Uma outra tática que uso para os meus estudantes comparecerem preparados às aulas é dar uma lista no início do semestre com as tarefas de leitura. A seguir, reforço repetidamente que eles são responsáveis por todo o material que consta nessa lista, *mesmo que eu não aborde inteiramente na sala de aula todo esse material*. Para reforçar esse ponto, eu distribuo listas de problemas que envolvem os tópicos que não foram dados em aula. Além disso, nos exames eu não hesito em aplicar problemas sobre tais tópicos.

5. *Estimule a resolução de problemas.* Ofereça oportunidades adequadas para os estudantes desenvolverem as habilidades necessárias para resolver problemas. É possível fazer os estudantes se concentrarem exclusivamente em questões conceituais deixando de lado a resolução de problemas. Entretanto, isso seria um erro. Um professor que me ouviu falar sobre *Peer Instruction* adotou o método, mas abandonou completamente a resolução de problemas. O resultado foi que a classe se deu mal em um exame tradicional. Para aguçar as capacidades de resolver problemas, os estudantes dispõem das tarefas fora da sala de aula e das sessões de resolução de problemas. Na minha disciplina, as tarefas fora de aula valem 20% da nota final. Isso assegura que os estudantes levem a sério essas tarefas.

PARTE II

Recursos

7
Inventário sobre o conceito de força

N as páginas seguintes, encontra-se a revisão de 1995 do *inventário sobre o conceito de força (Force Concept Inventory – FCI)*. O FCI é um "teste" de múltipla escolha elaborado para avaliar a compreensão dos estudantes sobre os conceitos fundamentais da mecânica newtoniana. O FCI pode ser utilizado com diversos propósitos, mas o mais importante é a avaliação da eficácia do ensino. Para entender plenamente como ocorreu o desenvolvimento desse instrumento e como usá-lo, devem ser consultados, além dos artigos sobre o *Force Concept Inventory* (FCI),[1,2] também os seguintes: (1) os artigos sobre o *Mechanics Diagnostic Test*,[3,4] que é o antecessor do *inventário sobre o conceito de força* (FCI); (2) o artigo sobre o *Mechanics Baseline Test* (MBT),[5] que é recomendado como complemento do *inventário sobre o conceito de força* (FCI), servindo para avaliar as habilidades quantitativas necessárias à resolução de problemas e (3) a coleção de dados de Richard Hake[6] sobre a física nos Estados Unidos tal como é ensinada por muitos professores na universidade e no ensino médio seguindo os mais diversos métodos. O teste deve ser aplicado duas vezes, uma vez no primeiro dia de aula ("pré-teste") e outra vez na metade ou no final do semestre ("pós-teste").

---

[1] David Hestenes, Malcolm Wells e Gregg Swackhamer. "Force Concept Inventory", *Phys. Teach.*, 30 (3) (1992), 141–151. Revisto em 1995 por Ibrahim Halloun, Richard Hake, Eugene Mosca e David Hestenes.

[2] David Hestenes e Ibrahim Halloun, "Interpreting the Force Concept Inventory", *Phys. Teach.*, 33 (8), (1995), 502, 504–506.

[3] Ibrahim Halloun e David Hestenes, "The Initial Knowledge State of College Physics Students", *Am. J. Phys.*, 53 (11), (1985), 1043–1055.

[4] Ibrahim Halloun e David Hestenes. "Common Sense Concepts about Motion", *Am. J. Phys.*, 53 (11), (1985), 1056–1065.

[5] David Hestenes e Malcolm Wells, "A Mechanics Baseline Test", *Phys. Teach.*, 30 (3), (1992), 159–166.

[6] Richard Hake, "Survey of Test Data for Introductory Mechanics Courses", *AAPT Announcer*, 24 (2), (1994), 55; "Interactive-Engagement vs. Traditional Methods: A Six-Thousand-Student Survey of Mechanics Test Data for Introductory Physics Courses", junho, 1995.

Eu digo aos estudantes que o pré-teste é só para meu uso e informação – serve para determinar o nível de preparação anterior da classe, permitindo-me adequar o nível das minhas primeiras aulas (eu digo que o teste serve para determinar o nível de embasamento). Explico claramente que o teste não afetará a nota final. Para que o maior número possível de estudantes faça o teste, eu digo que ele é exigido como condição para se matricular na disciplina.

Geralmente, eu marco a data do pós-teste para ocorrer uma semana antes do exame de metade de semestre, e o seu anúncio é feito uma semana antes da data do teste. Eu lhes digo que o teste valerá algum crédito – contando como uma tarefa regular realizada fora de aula – e que é a melhor maneira de eles testarem o seu conhecimento para o exame. Até o momento da realização do teste, eles não sabem que o teste é o pré-teste aplicado novamente.

Nos Estados unidos, os escores médios estão entre 25% e 70% para o pré-teste e entre 40% e 85% para o pós-teste. Um escore de 87% é considerado "superior" e 60% é o limiar para compreender a mecânica newtoniana. Um parâmetro interessante de determinar é o valor do máximo ganho realizável, que é dado por[7]

$$G = \frac{S_{pós} - S_{pré}}{100 - S_{pré}}$$

em que o valor de G é fracionário e $S_{pré}$ e $S_{pós}$ são os escores porcentuais do pré-teste e pós-teste. Em classes de ensino tradicional, temos $G = 0,25$ e, em classes de ensino mais interativo, temos $0,36 < G < 0,68$.

O teste está disponível no *site* do Grupo A (arquivo FC7, em inglês). Você poderá imprimi-lo e utilizá-lo para avaliar a aprendizagem de seus alunos, desde que ele preserve a integridade do teste como instrumento de diagnóstico (é importante cuidar para que as questões e o gabarito não circulem entre os estudantes) que o teste não seja referido pelo nome inventário sobre o conceito de força (*Force Concept Inventory*) para impedir que a literatura original possa ser consultada pelos estudantes. Em vez disso, um nome mais genérico como "Teste de Diagnóstico" pode ser usado. Também é aconselhável não colocar peso demais no escore do pós-teste. Além desse uso, o teste não deve ser distribuído ou editado para outras finalidades. As respostas estão na página 60.

---

[7] R.R.Hake, "Survey of Test Data for Introductory Mechanics Courses", *AAPT Announcer,* 24 (2), (1994), 55; "Interactive-Engagement vs. Traditional Methods: A Six-Thousand-Student Survey of Mechanics Test Data for Introductory Physics Courses", preprint, junho, 1995.

Inventário sobre o conceito de força – FCI

1. Duas bolas de metal têm o mesmo tamanho, mas o peso de uma é o dobro da outra. As bolas são soltas simultaneamente do telhado de um prédio de um andar. Para chegar até o solo:
   1. o tempo da bola mais pesada é a metade do tempo da bola mais leve.
   2. o tempo da bola mais leve é a metade do tempo da bola mais pesada.
   3. o tempo é aproximadamente o mesmo para ambas as bolas.
   4. o tempo da bola mais pesada é bem menor, mas não necessariamente a metade.
   5. o tempo da bola mais leve é bem menor, mas não necessariamente a metade.

2. As duas bolas de metal do problema anterior rolam com a mesma velocidade sobre uma mesa horizontal. Nesse caso,
   1. ambas as bolas atingem o solo a aproximadamente uma mesma distância horizontal da base da mesa.
   2. a bola mais pesada atinge o solo aproximadamente na metade da distância horizontal que vai da base da mesa até o ponto onde a bola mais leve bateu no solo.
   3. a bola mais leve atinge o solo aproximadamente na metade da distância horizontal que vai da base da mesa até o ponto onde a bola mais pesada bateu no solo.
   4. a bola mais pesada atinge o solo bem mais próximo da base da mesa do que a bola mais leve, mas não necessariamente na metade da distância horizontal.
   5. a bola mais leve atinge o solo bem mais próximo da base da mesa do que a bola mais pesada, mas não necessariamente na metade da distância horizontal.

3. Uma pedra que é solta do telhado de um prédio de um andar em direção à superfície da Terra
   1. alcança a velocidade máxima logo após ser solta e então cai com velocidade constante.
   2. aumenta de velocidade à medida que cai porque a atração gravitacional aumenta consideravelmente quando a pedra se aproxima da terra.
   3. aumenta de velocidade devido à força de gravidade quase constante que atua sobre ela.
   4. cai devido à tendência natural de todos os objetos a parar sobre a superfície da Terra.
   5. cai devido ao efeito combinado da força de gravidade impulsionando-a para baixo e à força do ar também impulsionado-a para baixo.

4. Um caminhão grande colide de frente com um pequeno carro compacto. Durante a colisão,

   1. a força exercida pelo caminhão sobre o carro é maior do que a força exercida pelo carro sobre o caminhão.
   2. a força exercida pelo carro sobre o caminhão é maior do que a força exercida pelo caminhão sobre o carro.
   3. nenhum dos dois exerce força sobre o outro. O carro é esmagado simplesmente porque estava no trajeto do caminhão.
   4. o caminhão exerce força sobre o carro, mas o carro não exerce força sobre o caminhão.
   5. a força exercida pelo caminhão sobre o carro é a mesma que a força exercida pelo carro sobre o caminhão.

Use o enunciado e a figura abaixo para responder às próximas duas questões (5 e 6).

A figura abaixo mostra uma canaleta sem atrito com formato de segmento de círculo com centro em *O*. A canaleta foi fixada no tampo de uma mesa horizontal sem atrito. Você está olhando a mesa de cima. As forças exercidas pelo ar são desprezíveis. Uma bola é lançada com alta velocidade para dentro da canaleta em *P* saindo por *R*.

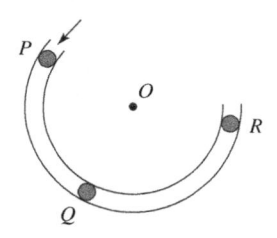

5. Considere as seguintes forças distintas:

   A. uma força de gravidade para baixo.
   B. uma força exercida pela canaleta apontando de *Q* para *O*.
   C. uma força no sentido do movimento.
   D. uma força apontando de *O* para *Q*.

   Qual(is) das forças acima está(ão) atuando sobre a bola quando ela está dentro da canaleta sem atrito na posição *Q*?

   1. apenas A.
   2. A e B.
   3. A e C.
   4. A, B e C.
   5. A, C e D.

6. Qual das trajetórias 1–5 abaixo a bola provavelmente seguirá após deixar a canaleta em *R* deslocando-se sem atrito sobre o tampo da mesa?

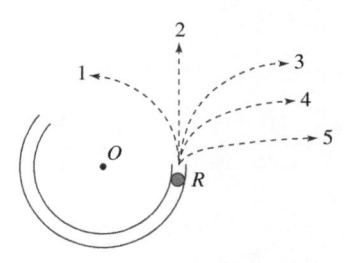

7. Uma bola de aço está presa a uma corda e é posta em movimento circular sobre um plano horizontal como mostra a figura abaixo.

No ponto *P*, a corda se rompe repentinamente junto à bola.

Se esses acontecimentos forem observados diretamente de cima, qual das trajetórias 1–5 abaixo a bola provavelmente seguirá após o rompimento da corda?

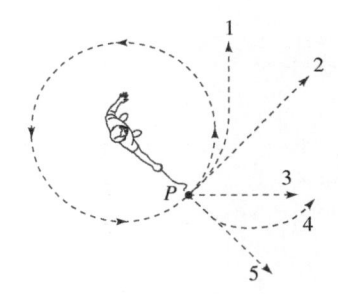

Use o enunciado e a figura abaixo para responder às próximas quatro questões (8–11).

A figura mostra um *puck* (disco de borracha utilizado para jogar hóquei no gelo). O disco está deslizando com velocidade constante v_o em linha reta desde o ponto *P* até o ponto *Q* sobre uma superfície horizontal sem atrito. As forças exercidas pelo ar são desprezíveis. Você está olhando o disco de cima. Quando o disco alcança o ponto *Q*, ele recebe uma tacada no plano horizontal com o sentido indicado pela seta. Se o disco não estivesse deslizando, tendo permanecido parado no ponto *P*, então a mesma tacada teria colocado o disco em movimento sobre o plano horizontal e sua velocidade seria v_k no sentido da tacada.

8. Qual das trajetórias 1–5 abaixo o disco provavelmente seguirá após receber a tacada?

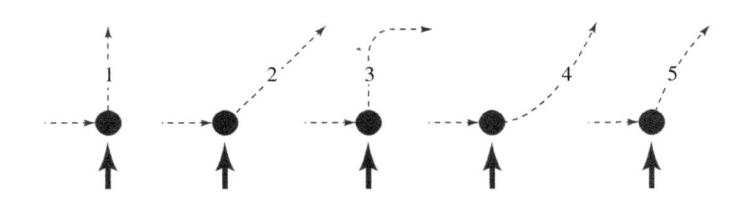

9. A velocidade do disco imediatamente após a tacada é

1. igual à velocidade v_o que ele tinha antes de receber a tacada.
2. igual à velocidade v_k que resulta da tacada e não depende da velocidade v_o.
3. igual à soma aritmética das velocidades v_o e v_k.
4. menor do que cada uma das velocidades v_o ou v_k.
5. maior do que cada uma das velocidades v_o ou v_k, mas menor do que a soma aritmética dessas duas velocidades.

10. Ao longo da trajetória sem atrito que você escolheu na questão 8, a velocidade do disco após receber a tacada

1. é constante.
2. aumenta continuamente.
3. diminui continuamente.
4. aumenta durante um curto intervalo de tempo e diminui em seguida.
5. é constante durante um curto intervalo de tempo e diminui em seguida.

11. Ao longo da trajetória sem atrito que você escolheu na questão 8, a(s) força(s) principal(is) que atua(m) sobre o disco após a tacada é(são)

1. uma força de gravidade para baixo.
2. uma força de gravidade para baixo e uma força horizontal no sentido do movimento.
3. uma força de gravidade para baixo, uma força para cima exercida pela superfície e uma força horizontal no sentido do movimento.
4. uma força de gravidade para baixo e uma força para cima exercida pela superfície.
5. nenhuma acima. (Não há força(s) atuando sobre o disco.)

12. Uma bola é disparada por um canhão de cima de um despenhadeiro como mostrado a seguir. Qual das trajetórias 1–5 a seguir a bola de canhão mais provavelmente seguirá?

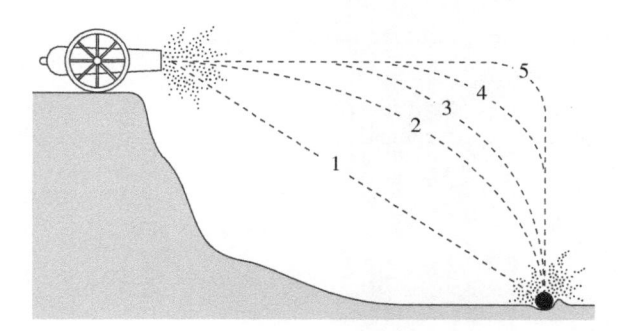

13. Um menino joga para cima uma bola de aço. Considere o movimento da bola apenas após ela ter deixado a mão do menino, mas antes que toque o solo. Assuma que as forças exercidas pelo ar são desprezíveis. Nessas condições, a(s) força(s) que atua(m) sobre a bola é(são)

1. uma força de gravidade para baixo e uma força para cima, cujo valor diminui de forma constante.

2. uma força para cima, cujo valor diminui de forma constante a partir do momento que a bola deixa a mão do menino até atingir a altura máxima. Na queda, há uma força de gravidade para baixo, cujo valor aumenta de forma constante à medida que a bola se aproxima da Terra.

3. uma força de gravidade para baixo, cujo valor é quase constante, e uma força para cima, cujo valor diminui de forma constante até atingir a altura máxima. Na queda, há apenas uma força para baixo quase constante de gravidade.

4. apenas uma força de gravidade para baixo quase constante.

5. nenhuma acima. A bola cai de volta ao solo devido à sua tendência natural de parar sobre a superfície da Terra.

14. Uma bola de boliche cai acidentalmente do compartimento de carga de um avião enquanto ele voa em sentido horizontal.

Uma pessoa está no solo observando o avião como na figura abaixo. Qual das trajetórias 1–5 a bola de boliche provavelmente seguirá após deixar o avião?

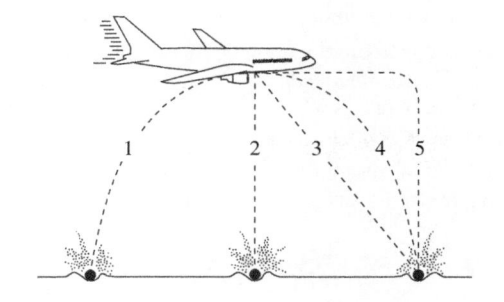

Use o enunciado e a figura abaixo para responder às próximas duas questões (15 e 16).

Um caminhão sofre uma pane em uma estrada. Para levá-lo de volta à cidade, ele é empurrado por um pequeno carro compacto, como mostrado na figura abaixo.

15. Quando o carro, que empurra o caminhão, está acelerando para chegar à velocidade com que vai se deslocar de volta à cidade,

1. o valor da força com que o carro empurra o caminhão é igual ao valor da força com que o caminhão empurra o carro para trás.

2. o valor da força com que o carro empurra o caminhão é menor do que o valor da força com que o caminhão empurra o carro para trás.

3. o valor da força com que o carro empurra o caminhão é maior do que o valor da força com que o caminhão empurra o carro para trás.

4. o motor do carro está funcionando de modo que o carro empurra o caminhão, mas o motor do caminhão está desligado de modo que o caminhão não pode empurrar o carro para trás. O caminhão é empurrado para frente simplesmente porque ele está no caminho do carro.

5. nem o carro nem o caminhão exercem força um sobre o outro. O caminhão é empurrado para frente simplesmente porque está no caminho do carro.

16. Após o carro chegar na velocidade constante com que o motorista deseja empurrar o caminhão de volta à cidade,

1. o valor da força com que o carro empurra o caminhão é igual ao valor da força com que o caminhão empurra o carro para trás.

2. o valor da força com que o carro empurra o caminhão é menor do que o valor da força com que o caminhão empurra o carro para trás.

3. o valor da força com que o carro empurra o caminhão é maior do que o valor da força com que o caminhão empurra o carro para trás.

4. o motor do carro está funcionando de modo que o carro empurra o caminhão, mas o motor do caminhão está desligado de modo que o caminhão não pode empurrar o carro para trás. O caminhão é empurrado para frente simplesmente porque está no caminho do carro.

5. nem o carro nem o caminhão exercem força um sobre o outro. O caminhão é empurrado para frente simplesmente porque está no caminho do carro.

17. Um elevador está sendo erguido com velocidade constante por meio de um cabo de aço, como mostrado na figura seguinte. Todos os efeitos do atrito podem ser desprezados. Nessa situação, as forças atuam de forma que

1. a força para cima no cabo é maior do que a força para baixo da gravidade.
2. a força para cima no cabo é igual à força para baixo da gravidade.
3. a força para cima no cabo é menor do que a força para baixo da gravidade.
4. a força para cima no cabo é maior do que a soma da força para baixo da gravidade mais uma força para baixo devido ao ar.
5. nenhuma acima. (O elevador sobe porque o cabo está sendo encurtado e não porque uma força para cima está sendo exercida sobre o elevador pelo cabo.)

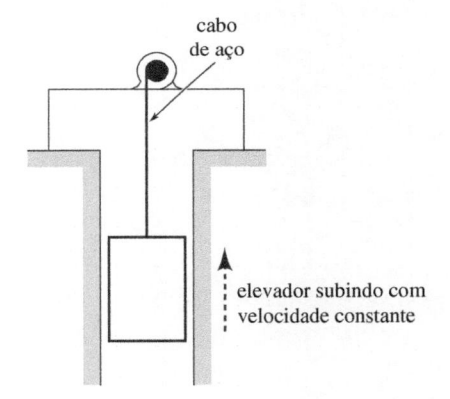

cabo de aço

elevador subindo com velocidade constante

18. A figura seguinte mostra um menino andando de balanço, tendo iniciado em um ponto mais elevado do que *P*. Considere as seguintes forças distintas:

A. uma força para baixo de gravidade.
B. uma força exercida pela corda atuando de *P* para *O*.
C. uma força no sentido do movimento do menino.
D. uma força atuando de *O* para *P*.

Qual(is) das forças acima atua(m) sobre o menino quando ele está na posição *P*?

1. Apenas A.
2. A e B.
3. A e C.
4. A, B e C.
5. A, C e D.

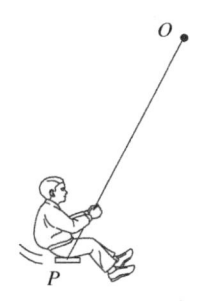

19. Na figura seguinte, os quadrados numerados representam as posições de dois blocos em sucessivos intervalos de 0,20 segundos. Os blocos se movem para a direita.

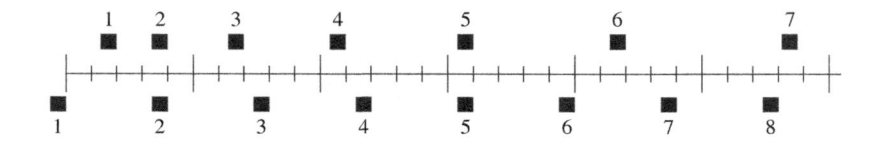

Há algum instante em que os blocos têm a mesma velocidade?

1. Não.
2. Sim, no instante 2.
3. Sim, no instante 5.
4. Sim, nos instantes 2 e 5.
5. Sim, em algum instante durante o intervalo entre 3 e 4.

20. Na figura seguinte, os quadrados numerados representam as posições de dois blocos em sucessivos intervalos de 0,20 segundos. Os blocos se movem para a direita.

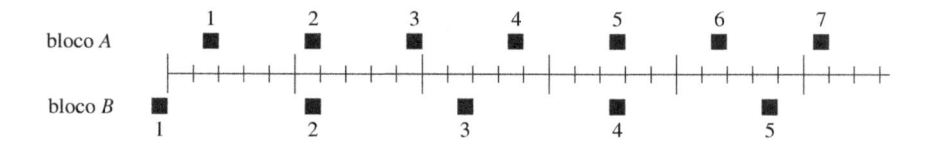

As acelerações dos blocos estão relacionadas como segue:

1. A aceleração de A é maior do que a aceleração de B.

2. A aceleração de *A* é igual à aceleração de *B*. Ambas as acelerações são maiores do que zero.

3. A aceleração de *B* é maior do que a aceleração de *A*.

4. A aceleração de *A* é igual à aceleração de *B*. Ambas as acelerações são zero.

5. Não há informação suficiente para responder à questão.

Use o enunciado e a figura abaixo para responder às próximas quatro questões (21 a 24).

No espaço exterior, uma espaçonave se desloca lateralmente, indo do ponto *P* ao ponto *Q*, como mostrado abaixo. A espaçonave não está sujeita a nenhuma força externa. A partir do ponto *Q*, o motor da espaçonave é acionado produzindo um empuxo constante (força sobre a espaçonave) perpendicularmente à linha *PQ*. O empuxo constante é mantido até que a espaçonave atinge um ponto *R* no espaço.

21. Qual das trajetórias 1–5 abaixo representa melhor o deslocamento da espaçonave entre os pontos *P* e *R*?

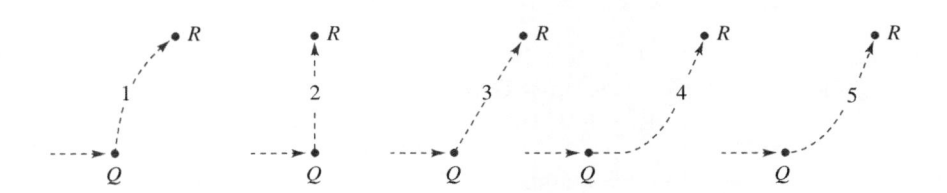

22. Enquanto a espaçonave está se deslocando do ponto *P* ao ponto *R*, sua velocidade

1. permanece constante.

2. aumenta continuamente.

3. diminui continuamente.

4. aumenta durante um breve intervalo de tempo e, após, fica constante.

5. fica constante durante um breve intervalo de tempo e, após, diminui.

23. No ponto *R*, o motor da espaçonave é desligado e o empuxo cai imediatamente a zero. Qual das trajetórias 1–5 a espaçonave seguirá depois de passar pelo ponto *R*?

24. Além do ponto *R*, a velocidade da espaçonave

    1. permanece constante.

    2. aumenta continuamente.

    3. diminui continuamente.

    4. aumenta durante um breve intervalo de tempo e, após, fica constante.

    5. fica constante durante um breve intervalo de tempo e, após, diminui.

25. Uma mulher exerce uma força horizontal constante sobre uma caixa grande. Como resultado, a caixa desloca-se sobre uma superfície horizontal com velocidade constante v_o.

    A força horizontal constante aplicada pela mulher

    1. tem o mesmo valor do que o peso da caixa.

    2. é maior do que o peso da caixa.

    3. tem o mesmo módulo que a força total que resiste ao deslocamento da caixa.

    4. é maior do que a força total que resiste ao deslocamento da caixa.

    5. é maior do que o peso da caixa ou a força total que resiste ao deslocamento da caixa.

26. Sobre a mesma superfície horizontal, quando a mulher da questão anterior dobra a força horizontal constante que ela exerce sobre a caixa para empurrá-la, a caixa se moverá

    1. com uma velocidade constante que é o dobro da velocidade v_o da questão anterior.

    2. com uma velocidade constante que é maior do que a velocidade v_o da questão anterior, mas não necessariamente o dobro.

    3. durante um curto intervalo de tempo, com uma velocidade constante que é maior do que a velocidade v_o da questão anterior e, após, com velocidade crescente.

    4. durante um curto intervalo de tempo, com velocidade crescente e, após, com velocidade constante.

    5. com uma velocidade que aumenta continuamente.

27. Se, repentinamente, a mulher da questão 25 deixa de aplicar a força horizontal sobre a caixa, a caixa

    1. para imediatamente.

2. continua se deslocando com velocidade constante por um breve intervalo de tempo e então diminui de velocidade até parar.

3. começa imediatamente a diminuir de velocidade até parar.

4. continua com velocidade constante.

5. aumenta a velocidade durante um breve intervalo de tempo e então diminui de velocidade até parar.

28. Na seguinte figura, o estudante *A* tem uma massa de 75 kg e a estudante *B* tem uma massa de 57 kg. Eles estão sentados, frente a frente, em cadeiras de escritório idênticas.

O estudante *A* coloca seus pés descalços sobre os joelhos da estudante *B*, como mostrado. Então, o estudante *A* repentinamente empurra seus pés para fora, movendo ambas as cadeiras.

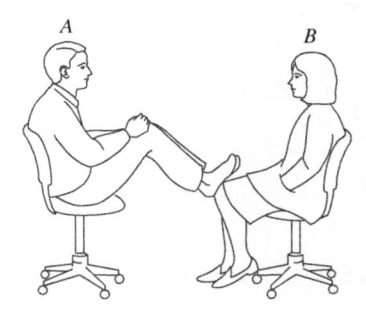

Durante o empurrão e enquanto os estudantes ainda estão se tocando,

1. ninguém exerce força sobre o outro.

2. o estudante *A* exerce força sobre a estudante *B*, mas a estudante *B* não exerce força sobre o estudante *A*.

3. cada estudante exerce força sobre o outro, mas *B* exerce a força maior.

4. cada estudante exerce força sobre o outro, mas *A* exerce a força maior.

5. cada estudante exerce a mesma força sobre o outro.

29. Uma cadeira de escritório vazia está parada sobre o chão. Considere as seguintes forças:

    A. uma força para baixo de gravidade.

    B. uma força para cima exercida pelo chão.

    C. uma força líquida (resultante) para baixo exercida pelo ar.

Qual(is) dessas forças está(ão) atuando sobre a cadeira de escritório?

1. Apenas A.

2. A e B.

3. A e C.

4. A, B e C.

5. Nenhuma das forças. (Como a cadeira está parada, não há forças atuando sobre ela.)

30. Apesar do vento muito forte, uma jogadora de tênis consegue rebater uma bola de tênis com a raquete de tal modo que a bola passa por cima da rede e cai na quadra do oponente.

Considere as seguintes forças:

    A. uma força para baixo de gravidade.

    B. uma força ao rebater a bola.

    C. uma força exercida pelo ar.

Qual(is) das forças acima está(ão) atuando sobre a bola de tênis após ela perder contato com a raquete, mas antes de tocar o solo?

1. A apenas.

2. A e B.

3. A e C.

4. B e C.

5. A, B e C.

Respostas do inventário sobre o conceito de força

Nota: O número da questão é seguido pela resposta correta.

1.	3	**11.**	4	**21.**	5
2.	1	**12.**	2	**22.**	2
3.	3	**13.**	4	**23.**	2
4.	5	**14.**	4	**24.**	1
5.	2	**15.**	1	**25.**	3
6.	2	**16.**	1	**26.**	5
7.	2	**17.**	2	**27.**	3
8.	2	**18.**	2	**28.**	5
9.	5	**19.**	5	**29.**	2
10.	1	**20.**	4	**30.**	3

8
Teste de linha de base para mecânica

Nas páginas seguintes, encontra-se o *teste de linha de base para mecânica (Mechanics Baseline Test – MBT)* desenvolvido por Hestenes e Wells.[1] Diferentemente do teste FCI, o MBT requer que o estudante faça uma quantidade moderada de cálculos. Nos Estados Unidos, o escore médio está entre 30% e 75% – geralmente cerca de 15% abaixo do escore médio do pós-teste do FCI.

Esse teste deve ser dado no final do semestre. Muitos professores aplicam-no como parte do exame final. Eu prefiro aplicá-lo uma semana antes do exame final, dizendo novamente aos estudantes que o teste contará como uma tarefa regular fora da sala de aula e que é a melhor maneira de eles testarem o seu conhecimento para o exame final.

O teste está disponível no *site* do Grupo A (arquivo MBT, em inglês). Você poderá imprimi-lo e utilizá-lo para avaliar a aprendizagem de seus alunos, desde que preserve a integridade do teste como instrumento de diagnóstico (é importante cuidar para que as questões e o gabarito não circulem entre os estudantes). Sugiro que o teste não seja referido pelo nome *teste de linha de base para mecânica* (MBT) (*Mechanics Baseline Test*) para impedir que a literatura original possa ser consultada pelos estudantes. Em vez disso, um nome mais genérico como "teste de diagnóstico" pode ser usado. Também é aconselhável não colocar peso demais no escore do pós-teste. Além desse uso, o teste não deve ser distribuído ou editado para outras finalidades. As respostas estão na página 72.

---

[1] David Hestenes e Malcolm Wells, "A Mechanics Baseline Test", *Phys. Teach.*, 30 (3), (1992), 159-166.

Teste de linha de base para mecânica

Consulte a figura abaixo para responder às primeiras duas questões (1 e 2).

Este diagrama representa uma fotografia *multiflash* (múltipla exposição) de um objeto se movendo sobre uma superfície horizontal. As posições indicadas no diagrama estão separadas por intervalos idênticos de tempo. O primeiro *flash* (primeira exposição) ocorreu no instante em que o objeto começou a se mover, e o último quando parou.

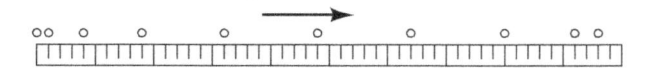

1. Qual dos gráficos 1–5 abaixo representa melhor a velocidade do objeto em função do tempo?

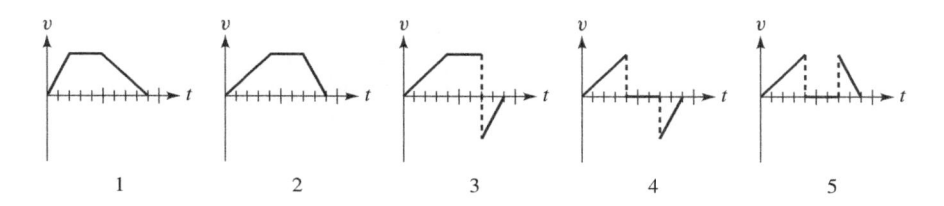

2. Qual dos gráficos 1–5 abaixo representa melhor a aceleração do objeto em função do tempo?

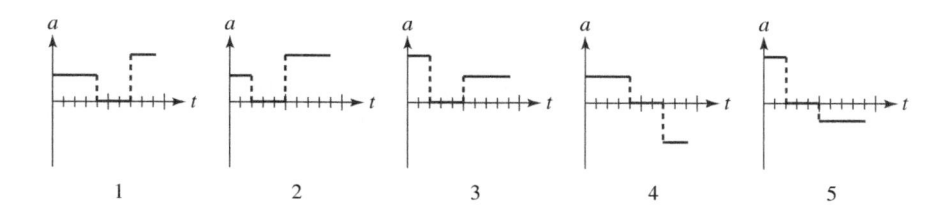

3. A velocidade de um objeto em função do tempo está mostrada no gráfico seguinte. Qual dos gráficos 1–5 representa melhor a relação força líquida (resultante) *versus* a aceleração em função do tempo do objeto?

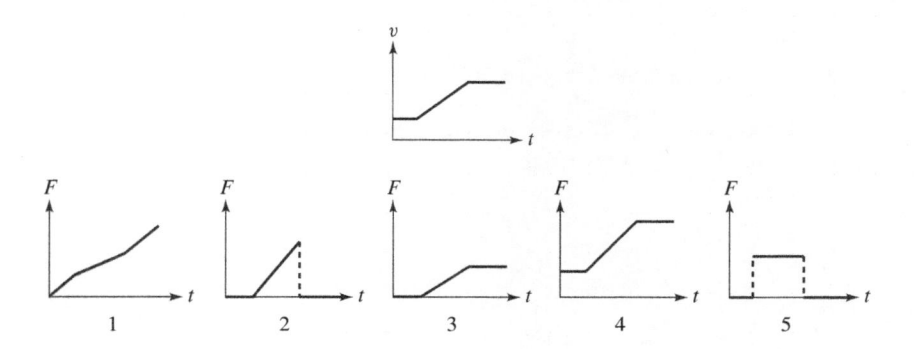

Consulte a figura seguinte para responder às próximas três questões (4 a 6).

Este diagrama mostra um bloco deslizando sobre uma rampa sem atrito. As oito setas numeradas no diagrama representam sentidos que servem de orientação para responder às questões 4–6.

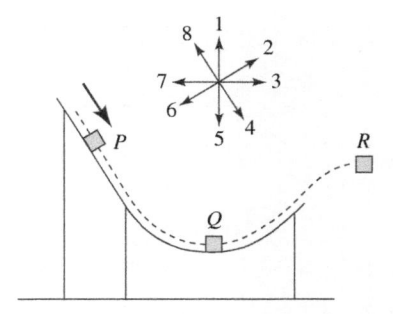

4. O sentido da aceleração no bloco, quando está na posição *P*, é melhor representado por qual seta no diagrama?

1. Seta 1.
2. Seta 2.
3. Seta 4.
4. Seta 5.
5. Nenhuma das setas, a aceleração é zero.

5. O sentido da aceleração no bloco, quando está na posição *Q*, é melhor representado por qual seta no diagrama?

1. Seta 1.
2. Seta 3.
3. Seta 5.

4. Seta 7.

5. Nenhuma das setas, a aceleração é zero.

6. O sentido da aceleração no bloco, na posição R (depois de deixar a rampa), é melhor representado por qual seta no diagrama?

1. Seta 2.

2. Seta 3.

3. Seta 5.

4. Seta 6.

5. Nenhuma das setas, a aceleração é zero.

7. Aplicando uma força F, uma pessoa puxa um bloco sobre uma superfície horizontal áspera com *velocidade constante*. As setas no diagrama abaixo indicam corretamente os sentidos, mas não necessariamente os módulos, das diversas forças que atuam sobre o bloco. Qual das seguintes opções, envolvendo relações entre os valores das forças W, k, N e F é *verdadeira*?

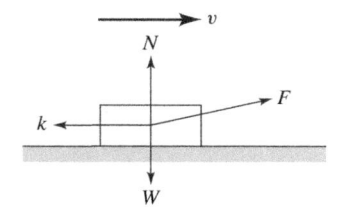

1. $F = k$ e $N = W$.

2. $F = k$ e $N > W$.

3. $F > k$ e $N < W$.

4. $F < k$ e $N = W$.

5. Nenhuma das opções acima.

8. O diagrama abaixo mostra um pequeno cilindro de metal que está sobre uma plataforma rotativa, girando com velocidade constante. Qual dos conjuntos de vetores 1–5 a seguir melhor descreve a velocidade, a aceleração e a força líquida (resultante) que atuam sobre o cilindro no ponto indicado no diagrama?

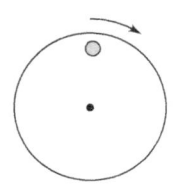

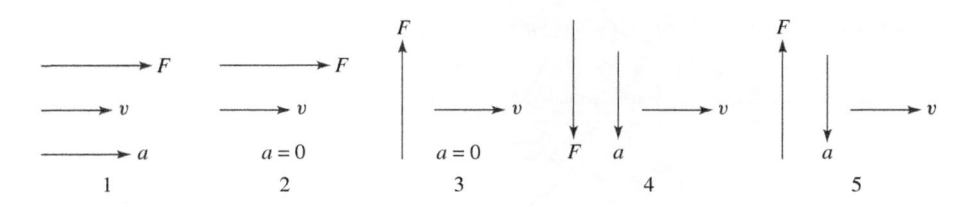

9. Suponha que o cilindro de metal do problema anterior tenha uma massa 0,10 kg e que o coeficiente de atrito estático entre a superfície e o cilindro seja 0,12. Se o cilindro estiver a 0,20 m do centro da plataforma circular, com que velocidade máxima F o cilindro poderá se deslocar em sua trajetória circular sem deslizar para fora da plataforma?

1. $0 < v \leq 0{,}5$ m/s.
2. $0{,}5 < v \leq 1{,}0$ m/s.
3. $1{,}0 < v \leq 1{,}5$ m/s.
4. $1{,}5 < v \leq 2{,}0$ m/s.
5. $2{,}0 < v \leq 2{,}5$ m/s.

10. Em um parque, uma menina deseja escolher um dos escorregadores *sem atrito* mostrados na figura abaixo, de modo que consiga atingir a maior velocidade possível ao chegar na parte inferior do escorregador.

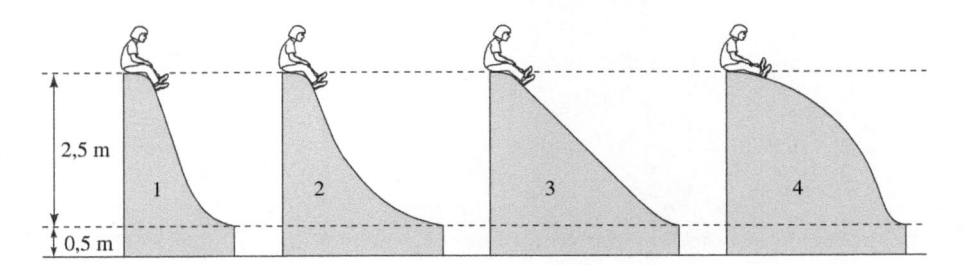

Qual dos escorregadores acima ela deve escolher?

1. Escorregador 1.
2. Escorregador 2.
3. Escorregador 3.
4. Escorregador 4.
5. Não importa qual é o escolhido, a velocidade será a mesma para todos.

Consulte a figura seguinte para responder às próximas duas questões (11 e 12).

Os pontos *P* e *R* indicam as posições mais altas, e *Q* a mais baixa, atingidas por um menino de 50,0 kg que está andando de balanço como mostra a figura seguinte.

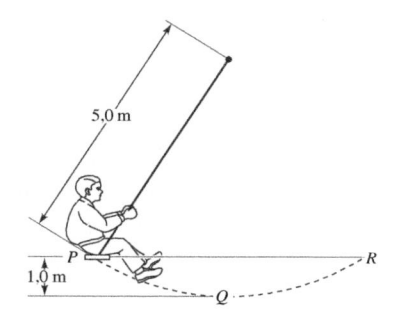

11. Qual é a velocidade do menino no ponto *Q*?
   1. 2,5 m/s.
   2. 7,5 m/s.
   3. 10,0 m/s.
   4. 12,5 m/s.
   5. Nenhuma acima.

12. Qual é a tensão da corda no ponto *Q*?
   1. 250 N.
   2. 525 N.
   3. 7×10^2 N.
   4. 1.1×10^3 N.
   5. Nenhuma acima.

Consulte a figura seguinte para responder às próximas duas questões (13 e 14).

Os blocos *A* e *B*, cada um com massa de 1,0 kg, estão pendurados no teto de um elevador pelas cordas 1 e 2.

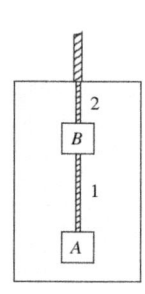

13. Qual é a força exercida pela corda 1 sobre o bloco *A* quando o elevador está subindo com uma velocidade constante de 2,0 m/s?

1. 2 N.
2. 10 N.
3. 12 N.
4. 20 N.
5. 22 N.

14. Qual é a força exercida pela corda 1 sobre o bloco *B* quando o elevador está parado?

1. 2 N.
2. 10 N.
3. 12 N.
4. 20 N.
5. 22 N.

Consulte a figura seguinte para responder às próximas duas questões (15 e 16).

A figura abaixo mostra as trajetórias de duas bolas de aço, *A* e *B*, que estão colidindo.

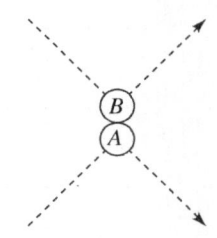

15. Qual par de setas representa melhor o sentido da variação de momento de cada bola?

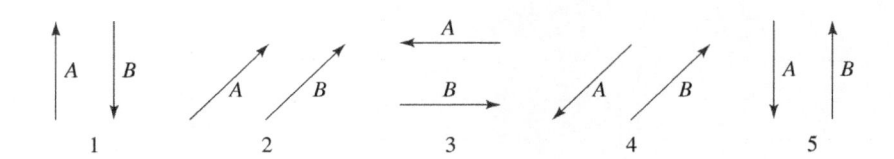

16. Qual seta representa melhor o impulso aplicado à bola B durante a colisão?

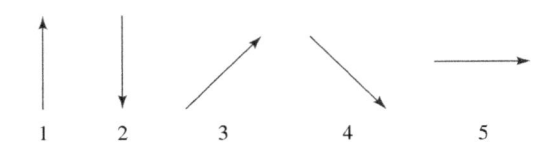

1 2 3 4 5

17. Um carro tem uma aceleração máxima de 3,0 m/s². Qual seria sua aceleração máxima se o carro estivesse rebocando um segundo carro com o dobro de sua massa?

1. 2,5 m/s².
2. 2,0 m/s².
3. 1,5 m/s².
4. 1,0 m/s².
5. 0,5 m/s².

18. Uma mulher pesando 6,0 × 10² N está andando de elevador indo do primeiro para o sexto andar. À medida que o elevador se aproxima do sexto andar, ele diminui a velocidade de subida de 8,0 para 2,0 m/s em 3,0 s. Qual é a velocidade média exercida pelo chão do elevador sobre a mulher durante esse intervalo de 3,0 s?

1. 120 N.
2. 480 N.
3. 600 N.
4. 720 N.
5. 1200 N.

19. O diagrama abaixo mostra um *puck* (disco de borracha utilizado para jogar hóquei no gelo) deslocando-se sobre uma superfície *horizontal sem atrito* no sentido da seta tracejada. Uma força constante F, mostrada no diagrama, atua sobre o disco. Para o disco experimentar uma resultante de forças *no sentido da seta tracejada*, em qual dos sentidos 1–5 abaixo uma outra força deverá atuar?

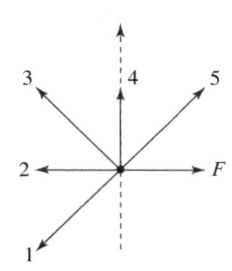

Consulte a figura seguinte para responder às próximas três questões (20 a 22).

O diagrama abaixo mostra dois *pucks* de hóquei sobre uma mesa sem atrito. A massa do disco *B* é quatro vezes maior do que a do disco *A*. Partindo do repouso, os discos são impulsionados pela mesa por duas forças *iguais*.

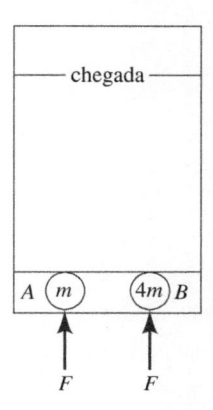

20. Qual disco tem energia cinética maior ao atingir a linha de chegada?
1. Disco *A*.
2. Disco *B*.
3. Ambos tem a mesma energia cinética.
4. Informação insuficiente para poder responder.

21. Qual disco atinge primeiro a linha de chegada?
1. Disco *A*.
2. Disco *B*.
3. Ambos atingem a linha de chegada ao mesmo tempo.
4. Informação insuficiente para poder responder.

22. Qual disco tem momento maior ao atingir a linha de chegada?
1. Disco *A*.
2. Disco *B*.
3. Ambos tem o mesmo momento.
4. Informação insuficiente para poder responder.

Consulte a figura seguinte para responder às próximas três questões (23 a 25).

O gráfico abaixo representa o movimento de um objeto se movendo em uma dimensão.

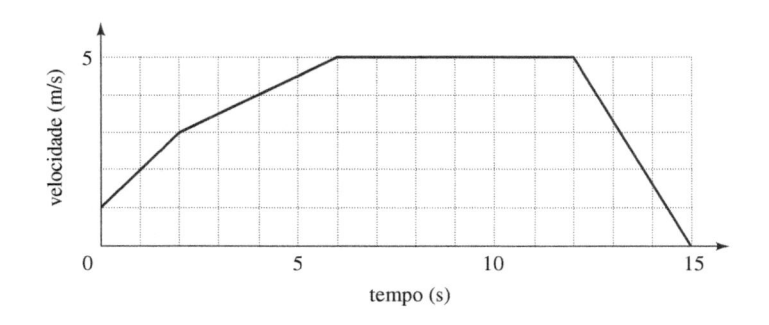

23. Qual é a aceleração média do objeto entre $t = 0$ s e $t = 6{,}0$ s?
1. $3{,}0$ m/s^2.
2. $1{,}5$ m/s^2.
3. $0{,}83$ m/s^2.
4. $0{,}67$ m/s^2.
5. nenhuma acima.

24. Quanto se desloca o objeto entre $t = 0$ s e $t = 6{,}0$ s?
1. $20{,}0$ m.
2. $8{,}0$ m.
3. $6{,}0$ m.
4. $1{,}5$ m.
5. nenhuma acima.

25. Qual foi a velocidade média do objeto nos primeiros $6{,}0$ s?
1. $3{,}3$ m/s.
2. $3{,}0$ m/s.
3. $1{,}8$ m/s.
4. $1{,}3$ m/s.
5. nenhuma acima.

26. A figura abaixo mostra uma fotografia *multiflash* (múltipla exposição) de uma pequena bola sendo impulsionada para cima por uma mola. A mola, com a bola em cima, foi inicialmente comprimida até o ponto marcado *P* e liberada. A bola deixou a mola no ponto marcado *Q* e alcançou a altura máxima no ponto marcado *R*.

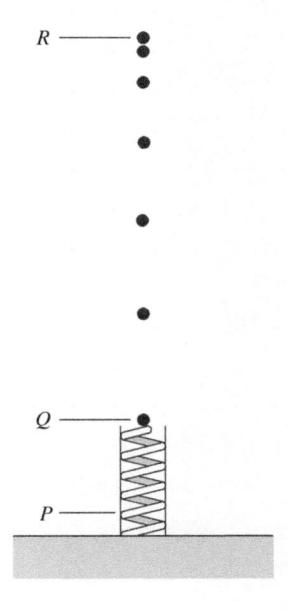

Assumindo que a resistência do ar é desprezível:

1. A aceleração da bola foi máxima imediatamente antes de atingir o ponto *Q* (ainda em contato com a mola).

2. A aceleração da bola diminuiu quando ela passou do ponto *Q* até *R*.

3. A aceleração da bola foi zero no ponto *R*.

4. Todas as respostas acima estão corretas.

5. A aceleração da bola foi a mesma em todos os pontos de sua trajetória do ponto *Q* até *R*.

Respostas do teste de linha de base para mecânica

Nota: O número da questão é seguido pela resposta correta.

1. 2	**10.** 5	**19.** 3
2. 4	**11.** 5	**20.** 3
3. 5	**12.** 3	**21.** 1
4. 3	**13.** 2	**22.** 2
5. 1	**14.** 2	**23.** 4
6. 3	**15.** 5	**24.** 1
7. 3	**16.** 1	**25.** 1
8. 4	**17.** 4	**26.** 5
9. 1	**18.** 2	

9

Resultados do questionário

→

Este capítulo apresenta um texto que eu distribuo após fazer a compilação das respostas que os estudantes deram ao questionário de introdução, mostrado nas páginas 22–23. Essas respostas são típicas e variam pouco ano a ano. Eu normalmente distribuo este texto na segunda aula expositiva e discuto-o por alguns minutos, enfatizando o papel das aulas expositivas e do livro.

Este texto está disponível no *site* do Grupo A (arquivo Questionnaires, em inglês) e pode ser modificado para atender às suas necessidades.

Resultados do questionário introdutório

1. O que você espera aprender nesta disciplina?

Eu estou entusiasmado em ver que muitos de vocês esperam aprender exatamente o que eu estou planejando ensinar! Entretanto, para aqueles de vocês que esperavam algo diferente, eu gostaria de esclarecer os meus objetivos. Eu pretendo ensinar os princípios básicos da física (especificamente, cinemática, leis de conservação, mecânica, fluidos, ondas e óptica) e durante esse processo pretendo também:

1. ensinar de que trata a física;
2. dar a oportunidade de você aprimorar suas habilidades de pensamento analítico; e
3. estimular as suas indagações e curiosidade sobre o mundo, provocando perguntas e fazendo-o desafiar os pensamentos convencionais.

Mesmo que haja muitos tópicos de física para os quais não disporei do tempo necessário para discuti-los, espero ensinar as habilidades que lhe permitirão compreender esses tópicos quando você os encontrar em seus estudos.

2.   O que você espera fazer com os novos conhecimentos?

Foram dadas muitas respostas interessantes. Foi gratificante ver que muitos estudantes responderam que esperam usar os conhecimentos e habilidades obtidas nesta disciplina em suas próprias áreas de interesse. Isso é precisamente o que espero alcançar nesta disciplina. Espero que, após o exame final, o material apresentado seja útil. Desejo que você se torne um bom pensador analítico e crítico, capaz de lidar não somente com os problemas familiares, mas também com novos problemas ou questões desconhecidas. Ser capaz não de apenas encaixar números em equações, mas ser capaz de também desenvolver novos modelos e teorias, fazer suposições qualificadas e, então, usar esses modelos e suposições para desbravar novos territórios na ciência e na tecnologia.

3.   O que você espera que as aulas expositivas façam por você?

Houve muitas respostas bem elaboradas a essa questão. Entretanto, eu encontrei uma série de expectativas errôneas a respeito das aulas expositivas. Para evitar frustrações, eu devo esclarecê-las. A expectativa errônea mais séria que eu encontrei é que as aulas expositivas apresentarão e explicarão os conceitos fundamentais e que o livro será usado para tornar mais claras as ideias apresentadas nas aulas. O que acontecerá *não* é isso. Você lerá o material *antes* de vir à aula. O livro introduzirá a terminologia e as definições básicas, esperando que você faça perguntas e que você fique mesmo um pouco confuso ("fazer indagações é começar a compreender"). Os objetivos das aulas expositivas são: desafiá-lo a pensar ajudando-o a avaliar a compreensão dos conceitos que você leu a respeito, ampliar e aprofundar a compreensão desses conceitos, estimulá-lo e inspirá-lo e, por fim, mostrar-lhe como as coisas "se encaixam entre si". Após, o livro fornecerá referências que lhe permitirão ir além. Além disso, ele será uma fonte de questões e problemas.

Alguns de vocês esperam resolver problemas nas aulas expositivas. Entretanto, a resolução de problemas não é o foco principal desta disciplina. Eu quero que você compreenda as coisas e não simplesmente que seja capaz de "encaixar números em equações e fazer os cálculos". Isso se refletirá claramente na forma como você será testado – dê uma boa examinada nos exames anteriores desta disciplina que se encontram no apêndice do plano de ensino. Em cada exame, cerca de 50% das questões não são os tradicionais problemas quantitativos que provavelmente você já viu antes. As soluções para muitas dessas questões não precisam nem mesmo de uma única equação. Tenha certeza de que as aulas de laboratório e outras tarefas fora de aula oferecerão ampla oportunidade para você aguçar as habilidades tradicionais de resolver problemas. O objetivo da aula expositiva é estimular o seu pensamento de modo a ampliar a compreensão dos fundamentos. Eu garanto que um entendimento dos conceitos melhorará as suas habilidades de resolver problemas, ao passo que a recíproca não é necessariamente verdadeira.

Aqui está o que eu penso a respeito de algumas outras respostas dadas:

O propósito das aulas expositivas:

é	*não é*
Ser inspirador/estimulante	Cobrir tudo que é esperado que você conheça
Tornar claro o livro	Praticar a resolução de problemas
Explicar as questões confusas	Introduzir o material
Fazer você pensar criticamente	
Dar-lhe muito material para pensar	
Despertar um interesse maior pelo material	

4.   *O que você espera que o livro faça por você?*

A seguinte resposta é a que melhor reflete o que eu tenho em mente para ambos, o livro e as aulas: "Eu espero que o livro seja uma espécie de manual de instrução, detalhando os tópicos que serão discutidos, ao passo que as aulas expositivas, eu espero, tomarão esse material e irão analisá-lo de modo que eu possa examinar *qualquer* problema de forma inteligente, não apenas os problemas do livro ou dos testes".
Aqui está o que eu penso de algumas outras respostas dadas:

O propósito do livro:

é	*não é*
Servir de fundamento para as aulas expositivas	Tornar claras as aulas expositivas
Ser uma fonte de explicações detalhadas	
Ser uma referência e guia de estudo	
Oferecer problemas para praticar	
Ensinar a resolver problemas	

5.   *Quantas horas semanais você pensa que serão necessárias para aprender tudo que você precisa saber nesta disciplina?*

Se você incluir as aulas expositivas e de laboratório e as atividades fora de aula, a resposta deverá estar dentro do intervalo de 10–15 horas/semana. Se sua resposta for um valor menor de tempo, você diminuirá as suas chances de obter uma boa nota final.

10
Testes de leitura

Como foi mencionado no Capítulo 3, para que os estudantes completem suas tarefas de leitura, atualmente eu encorajo fortemente o uso do *Just-in-Time Teaching*.[1] Se você não estiver preparado para essa tecnologia, as páginas seguintes contêm testes que você pode usar para avaliar as leituras realizadas pelos estudantes antes das aulas. Os testes se destinam a uma disciplina introdutória de física e estão organizados por tópico. Observe que a maioria das questões testa o conhecimento das definições e não a compreensão. A chave para as respostas está na página 106.

Todos os testes deste capítulo estão disponíveis no *site* do Grupo A (arquivo RQ, em inglês). Você pode alterar e imprimir os testes de acordo com as suas necessidades na sala de aula. Para outros usos, diferentes desse, os testes não podem ser distribuídos ou editados sem permissão escrita da editora.

---

[1] G. Novak, A. Gavrin, W. Christian, E. Patterson, *Just-in-Time Teaching: Blending Active Learning with Web Technology* (Prentice Hall, Upper Saddle River, NJ, 1999).

Cinemática

1. A inclinação da curva em um gráfico de posição *versus* o tempo do movimento de uma partícula fornece
   1. a velocidade da partícula.
   2. a aceleração da partícula.
   3. a velocidade média da partícula.
   4. a velocidade instantânea da partícula.
   5. não fez parte da leitura antes da aula.

2. É possível que a velocidade e a aceleração instantâneas tenham sinais opostos em algum instante de tempo?
   1. Sim.
   2. Não.
   3. É necessária mais informação.

3. Se não houver resistência do ar, um objeto que é solto de um avião voando com velocidade constante em linha reta
   1. rapidamente fica para trás debaixo do avião.
   2. permanece verticalmente debaixo do avião.
   3. move-se à frente do avião.
   4. não fez parte da leitura antes da aula.

4. Do topo de uma torre, uma bola é lançada para baixo (não solta). Após o lançamento, a sua aceleração para baixo será
   1. maior do que g.
   2. exatamente g.
   3. menor do que g.
   4. não fez parte da leitura antes da aula.

Leis de Newton

1. Qual destas leis não é uma lei de Newton?
   1. Ação é igual à reação.
   2. $F = ma$.
   3. Todos os objetos caem com a mesma aceleração.
   4. Objetos em repouso permanecem em repouso, etc.

2. A lei da inércia
   1. não fez parte da leitura antes da aula.

2. expressa a tendência dos corpos a manter seus estados de movimento.

3. é a terceira lei de Newton.

3. "Impulso"

1. não fez parte da leitura antes da aula.

2. é um outro nome para força.

3. é um outro nome para aceleração.

Forças

1. Atrito viscoso é

1. maior do que o atrito cinético.

2. igual ao atrito cinético.

3. menor do que o atrito cinético.

4. não fez parte da leitura antes da aula.

2. Astronautas na Lua podem saltar muito alto porque

1. pesam menos na Lua do que na Terra.

2. a massa deles é menor na Lua do que na Terra.

3. não há atmosfera na Lua.

3. A força normal em um corpo é sempre igual ao seu peso?

1. Sim.

2. Não.

3. Não fez parte da leitura antes da aula.

Trabalho

1. Uma mulher segura uma bola de boliche em uma posição fixa. O trabalho que ela faz na bola

1. depende do peso da bola.

2. não pode ser calculado sem mais informações.

3. é igual a zero.

2. Um homem empurra uma carga muito pesada sobre uma superfície horizontal. O trabalho feito pela gravidade sobre a carga

1. depende do peso da carga.

2. não pode ser calculada sem mais informação.

3. é igual a zero.

3. Quando você realiza um trabalho positivo sobre uma partícula, sua energia cinética
   1. aumenta.
   2. diminui.
   3. permanece a mesma.
   4. é necessária mais informação sobre como foi feito o trabalho.

4. Em uma colisão entre duas bolas de bilhar,
   1. a energia não é conservada se a colisão é perfeitamente elástica.
   2. o momento não é conservado se a colisão é inelástica.
   3. não fez parte da leitura antes da aula.

Forças conservativas

1. A energia potencial gravitacional de uma partícula a uma altura z acima da superfície da Terra
   1. depende da altura z.
   2. depende da trajetória percorrida para levar a partícula até z.
   3. ambas as opções 1 e 2.
   4. não fez parte da leitura antes da aula.

2. Qual das seguintes não é uma força conservativa?
   1. a força exercida por uma mola sobre uma partícula em uma dimensão.
   2. a força de atrito.
   3. a força de gravidade.
   4. não fez parte da leitura antes da aula.

3. Qual das seguintes opções não foi discutida na leitura antes da aula?
   1. conservação da energia mecânica.
   2. sistema (bloco) de polias.
   3. potência.
   4. nenhuma acima.

Energia potencial

1. Suponha que você conheça a função da energia potencial relativa a uma força. Sempre é possível calcular a força?
   1. Sim.
   2. Somente se a força for não conservativa.
   3. Não fez parte da leitura antes da aula.

2. A energia potencial de uma mola é

1. proporcional ao esticamento da mola.
2. proporcional ao quadrado do esticamento da mola.
3. não fez parte da leitura antes da aula.

3. Um carro reduz a velocidade devido ao atrito do ar. Qual é a opção verdadeira?

1. A energia cinética do carro diminui.
2. Há geração de calor.
3. A energia do sistema carro/estrada/ar é constante.
4. Todas acima.
5. Nenhuma acima.

Gravitação

1. Qual é a opção verdadeira? A força gravitacional entre duas partículas

1. pode ser blindada com a presença de uma massa colocada entre as duas partículas.
2. é inversamente proporcional à distância entre as partículas.
3. obedece à lei da superposição.
4. não depende da distância entre as partículas.

2. O valor da constante gravitacional G

1. é igual a g na superfície da Terra.
2. na Lua é diferente do valor na Terra.
3. é obtido pela medição da velocidade de objetos em queda com massas diferentes.
4. nenhuma acima.

3. Qual das seguintes é uma das leis de Kepler?

1. A atração gravitacional entre a Terra e o Sol produz uma aceleração centrípeta que explica a órbita da Terra.
2. As massas gravitacional e inercial de um objeto são equivalentes.
3. O segmento de reta radial desde o Sol até um planeta varre áreas iguais em intervalos de tempo iguais.

4. Qual das opções abaixo não foi introduzida na leitura realizada antes da aula de hoje?

1. Velocidade de escape.
2. Periélio.

3. Massa gravitacional.

4. Constante de Hubble.

Momento

1. Qual das opções é verdadeira? A conservação do momento total de um sistema
   1. é valida apenas quando a energia mecânica é conservada.
   2. é válida em qualquer sistema.
   3. é uma consequência da segunda lei de Newton.
   4. é equivalente à terceira lei de Newton.

2. O centro de massa de um objeto rígido com forma arbitrária
   1. está sempre no interior do objeto.
   2. pode estar fora do objeto.
   3. depende do movimento do objeto.
   4. depende do sistema de referência do objeto.

3. Em comparação com a energia cinética do seu centro de massa (CM), a energia cinética total de um sistema é
   1. sempre menor do que a energia cinética do CM.
   2. sempre igual à energia cinética do CM.
   3. maior do que ou igual à energia cinética do CM.
   4. depende do sistema em particular.

4. Um foguete é impulsionado para frente pela ejeção de gases em alta velocidade. O movimento para frente é uma consequência
   1. da conservação de energia.
   2. da conservação de momento.
   3. de ambas as acima.
   4. de nenhuma acima.

Colisões

1. O impulso entregue a um corpo por uma força
   1. está definido apenas para interações de curta duração.
   2. é igual à variação de momento do corpo.
   3. é igual à área embaixo da curva em um gráfico *F versus x*.
   4. está definido apenas para colisões elásticas.

2. Em uma colisão elástica,

1. a energia é conservada.

2. o momento é conservado.

3. o módulo da velocidade relativa é conservado.

4. todas acima.

3. Em uma colisão inelástica,

1. ambas a energia e o momento são conservados.

2. a energia é conservada.

3. o momento é conservado.

4. nenhum é conservado.

4. Em colisões elásticas bidimensionais, as leis de conservação

1. permitem determinar o movimento final.

2. colocam restrições nos movimentos finais possíveis.

3. não nos permitem dizer nada sobre o movimento final.

4. não fez parte da leitura antes da aula.

Cinemática das rotações I

1. Um objeto gira 90° em torno de um eixo vertical e então 180° em torno de um eixo horizontal. Se começarmos novamente e executarmos as rotações na ordem inversa, a orientação do objeto

1. será a mesma de antes.

2. será diferente de antes.

3. dependerá da forma do objeto.

4. não fez parte da leitura antes da aula.

2. Um disco gira com velocidade constante em torno de um eixo vertical que passa pelo seu centro. A distância do ponto Q até o centro é o dobro da distância do ponto P também até o centro. A velocidade angular de Q, em um dado instante de tempo, é

1. o dobro da de P.

2. a mesma de P.

3. a metade da de P.

4. nenhuma acima.

3. Quando um disco gira no sentido anti-horário com velocidade constante em torno de um eixo vertical que passa pelo seu centro, a aceleração tangencial do ponto na borda do disco é
1. positiva.
2. zero.
3. negativa.
4. impossível de determinar sem mais informação.

Cinemática das rotações II

1. A inércia rotacional de um objeto rígido
1. é uma medida de sua resistência a variações no movimento de rotação.
2. depende da localização do eixo de rotação.
3. será maior se a maior parte da massa do corpo estiver distanciada do eixo de rotação.
4. todas acima.
5. nenhuma acima.

2. O momento angular de uma partícula
1. não depende da origem específica do sistema de coordenadas.
2. é zero quando seus vetores de posição e momento são paralelos.
3. é zero quando seus vetores de posição e momento são perpendiculares.
4. não fez parte da leitura antes da aula.

3. Qual das opções abaixo não foi introduzida na tarefa de leitura realizada antes da aula de hoje?
1. Eixo de rotação.
2. Energia cinética rotacional.
3. Giroscópios.
4. Momento de inércia.

Dinâmica das rotações I

1. Quando uma força *F* atua sobre um corpo, a distância perpendicular entre a linha de ação de *F* e a origem do sistema de coordenadas é denominada
1. torque.
2. braço de momento.
3. momento angular.

2. A equação do movimento de um corpo em rotação, $\tau = dL/dt$,

1. é uma nova lei da física.

2. pode ser deduzida das leis de Newton.

3. pode ser deduzida, mas depende de leis diferentes das de Newton.

3. Uma roda gira sem escorregamento sobre uma superfície horizontal. O centro da roda tem uma velocidade de translação v. O ponto inferior da roda, junto à superfície, tem uma velocidade para frente

1. $2v$.

2. v.

3. zero.

4. é necessária mais informação.

Dinâmica das rotações II

1. O momento de inércia de um corpo rígido em torno de um eixo fixo, que passa por seu centro de massa, é I. O momento de inércia desse mesmo corpo em torno de um eixo paralelo que passa por um outro ponto é sempre

1. menor do que I.

2. igual a I.

3. maior do que I.

4. se é maior ou menor dependerá da escolha do eixo.

2. Um disco gira sem escorregamento sobre uma superfície horizontal. O centro do disco tem uma velocidade de translação v. O ponto superior do disco tem uma velocidade de translação

1. zero.

2. v.

3. $2v$.

4. é necessária mais informação.

3. No gelo, uma patinadora está girando em torno de um eixo vertical, que passa pelo seu corpo, com os braços esticados para fora. À medida que ela baixa os braços, a sua velocidade angular

1. aumenta.

2. diminui.

3. permanece a mesma.

4. é necessária mais informação.

Oscilações

1. No movimento harmônico simples, o intervalo de tempo necessário para completar um ciclo é denominado
   1. frequência.
   2. período.
   3. amplitude.
   4. fase.

2. A frequência de um oscilador de massa e mola acopladas depende
   1. apenas do valor da constante de mola.
   2. apenas do valor da massa.
   3. de ambas acima.
   4. de nenhuma acima.

3. A energia total de um oscilador sem atrito, constituído de uma massa e uma mola,
   1. é constante.
   2. depende da amplitude das oscilações.
   3. ambas acima.
   4. não fez parte da leitura antes da aula.

4. Qual das opções abaixo não está associada a oscilações forçadas?
   1. Oscilação simpática.
   2. Força propulsora.
   3. Desvio Doppler.
   4. Ressonância.

Ondas

1. Uma onda transversal se propaga ao longo de uma corda. As partículas da corda se movem
   1. perpendicularmente à direção da propagação.
   2. paralelamente à direção da propagação.
   3. dependendo do impulso inicial.
   4. não fez parte da leitura antes da aula.

2. A velocidade de uma onda em uma corda depende
   1. da amplitude da onda.
   2. das propriedades materiais da corda.
   3. de ambas acima.
   4. de nenhuma acima.

3. Batimentos ocorrem quando duas ondas superpostas são
   1. de amplitudes ligeiramente diferentes e mesma frequência.
   2. de frequências ligeiramente diferentes.
   3. de amplitudes opostas e mesma frequência.
   4. de amplitude e frequência iguais, mas fases diferentes.

4. Nodos e antinodos ocorrem
   1. durante os batimentos.
   2. em ondas estacionárias.
   3. em ondas não estacionárias.
   4. em ondas longitudinais.
   5. em mais de uma das opções acima.
   6. em nenhuma acima.

Som

1. Qual(is) das opções abaixo caracteriza(m) as ondas sonoras no ar?
   1. São longitudinais.
   2. A força restauradora é fornecida pela pressão do ar.
   3. A densidade das moléculas do ar oscila no espaço.
   4. 1 e 2.
   5. 1 e 3.
   6. 1, 2 e 3.

2. Dentro de um tubo com uma extremidade aberta, uma onda estacionária tem
   1. um antinodo de deslocamento na extremidade fechada e um nodo de deslocamento na extremidade aberta.
   2. antinodos de deslocamento nas extremidades fechada e aberta.
   3. um nodo de deslocamento na extremidade fechada e um antinodo de deslocamento na extremidade aberta.
   4. nodos de deslocamento nas extremidades fechada e aberta.

3. Você está parado na plataforma de uma estação ferroviária. Um trem aproxima-se da plataforma enquanto apita. Quando o trem passa por você, a altura do som do apito
   1. aumenta.
   2. diminui.
   3. permanece a mesma.
   4. depende da amplitude do som.

4. As ondas sísmicas diferem das ondas sonoras porque as ondas sísmicas

1. tem uma força restauradora fornecida pela elasticidade da Terra.
2. podem se propagar transversalmente.
3. ambas acima.
4. nenhuma acima.

Estática dos fluidos

1. Qual das opções abaixo não se aplica? No regime de escoamento permanente (estacionário) de um fluido incompressível,

1. a velocidade de escoamento em um ponto é tangente à linha de corrente que passa pelo ponto.
2. a densidade do fluido é proporcional à densidade das linhas de corrente.
3. as linhas de corrente não se cruzam.
4. quanto maior o espaçamento entre as linhas de corrente, menor a velocidade de escoamento.

2. Um fluido é

1. um líquido.
2. um gás.
3. qualquer coisa que escoa.
4. qualquer coisa cuja forma pode ser alterada.

3. Um fluido estático dentro de um recipiente está sujeito à pressão atmosférica que atua sobre sua superfície e também à gravitação da Terra. A pressão no fundo do recipiente

1. depende da altura da coluna de fluido.
2. depende da forma do recipiente.
3. é igual à pressão atmosférica.

4. A força de empuxo sobre um corpo imerso tem o mesmo valor que

1. o peso do corpo.
2. o peso do líquido deslocado pelo corpo.
3. a diferença entre os pesos do corpo e do fluido deslocado.
4. a pressão média do fluido vezes a área da superfície do corpo.

Dinâmica dos fluidos

1. A equação de continuidade afirma que a velocidade de escoamento de um fluido em um encanamento é inversamente proporcional à área de sua seção reta

1. somente em um fluido incompressível.
2. somente em um encanamento horizontal.
3. ambas acima.
4. sempre.

2. A equação de Bernoulli é uma lei de conservação para
1. momento.
2. energia.
3. massa.
4. linhas de corrente.

3. Qual situação não pode ser descrita com a equação de Bernoulli?
1. O escoamento da água saindo de um tanque através de um pequeno orifício na sua parte inferior.
2. O escoamento constante da água em uma mangueira de incêndio.
3. A distribuição da pressão estática devido às velocidades do ar próximo das (mas não nas) superfícies de um aerofólio.
4. escoamento de um fluido através de uma bomba equipada com um pistão.

4. Quando a velocidade de escoamento de um fluido aumenta, a pressão diminui. Essa relação é expressa
1. pelo princípio de Pascal.
2. pela equação de continuidade.
3. pela equação de Bernoulli.
4. por nenhuma acima.

Eletrostática I

1. Qual das opções seguintes não é verdadeira? A força elétrica
1. diminui com o inverso do quadrado da distância entre duas partículas com carga.
2. é muito maior entre um elétron e um próton do que a força gravitacional entre eles.
3. é maior entre dois prótons separados por uma distância d do que entre dois elétrons separados pela mesma distância d.
4. pode ser de atração ou de repulsão.

2. Um material que permite o movimento de cargas elétricas em seu interior é um
1. isolador.
2. condutor.

3. capacitor.

4. indutor.

3. Quando a carga elétrica em cada uma de duas partículas carregadas é dobrada, a força elétrica entre elas é
   1. dobrada.
   2. quadruplicada.
   3. a mesma.
   4. nenhuma acima.

4. Em qualquer reação envolvendo partículas com carga, a carga total antes e depois da reação é sempre a mesma. Essa relação é conhecida como
   1. quantização de carga.
   2. conservação de carga.
   3. lei da indução.
   4. não fez parte da leitura antes da aula.

Eletrostática II

1. Qual afirmação não é verdadeira?
   1. O campo elétrico obedece ao princípio da superposição.
   2. A tangente a uma linha de campo elétrico em um ponto fornece a direção do campo naquele ponto.
   3. A densidade de linhas de campo elétrico é diretamente proporcional à intensidade do campo.
   4. Cargas negativas são fontes de linhas de campo elétrico e cargas positivas são sumidouros.

2. Um dipolo elétrico em um campo elétrico uniforme experimenta
   1. apenas uma força externa líquida (resultante).
   2. apenas um torque.
   3. ambas uma força externa líquida (resultante) e um torque.
   4. a resposta depende da intensidade do campo.

3. Qual(is) é(são) verdadeira(s)?
   1. O fluxo elétrico através de uma superfície fechada cujo volume encerra uma carga líquida Q depende de Q e da área da superfície.
   2. Para cargas em repouso, a lei de Coulomb e a lei de Gauss são equivalentes.
   3. Ambas 1 e 2.
   4. Nem 1 nem 2.

4. Qual(is) é(são) verdadeira(s)? Quando a distribuição de carga em um condutor atinge o equilíbrio,

   1. o campo elétrico dentro do condutor é zero.

   2. qualquer carga elétrica depositada no condutor fica na superfície.

   3. o campo elétrico na superfície é perpendicular à superfície.

   4. todas acima.

   5. duas das acima.

   6. nenhuma acima.

Potencial elétrico I

1. Uma carga q é colocada a uma distância r da origem, e uma carga $2q$ a uma distância $2r$. Há uma carga Q na origem. Se todas as cargas forem positivas, qual das cargas estará no potencial mais elevado?

   1. q.

   2. $2q$.

   3. As duas cargas têm o mesmo potencial.

2. Qual das cargas da questão 1 tem a energia potencial eletrostática mais elevada?

   1. q.

   2. $2q$.

   3. As duas cargas têm a mesma energia potencial eletrostática.

3. Uma casca esférica de metal apresenta uma carga superficial positiva uniforme. O potencial é o mesmo em toda a superfície da casca. Qual afirmação está correta?

   1. O potencial é máximo no centro geométrico do volume da casca.

   2. O potencial é mínimo no centro geométrico do volume da casca.

   3. O potencial no centro do volume da casca é o mesmo que na superfície.

Potencial elétrico II

1. Qual(is) afirmação(ões) está(ão) correta(s)? A energia potencial elétrica de uma distribuição de cargas é

   1. igual ao trabalho necessário para levar as cargas à sua configuração final quando estão inicialmente separadas por distâncias grandes.

   2. proporcional ao quadrado do campo elétrico gerado pelas cargas.

   3. ambas acima.

   4. nenhuma acima.

2. A energia necessária para formar uma carga pontual é denominada

1. capacitância da carga.

2. autoenergia da carga.

3. intensidade de campo da carga.

4. não fez parte da leitura antes da aula.

3. Cada uma de duas esferas metálicas isoladas tem uma carga líquida Q, distribuída uniformemente em suas superfícies. Uma esfera tem raio r, e a outra raio R, sendo $R > r$. Qual distribuição de carga armazena mais energia elétrica?

1. A esfera de raio r.

2. A esfera de raio R.

3. É necessária mais informação.

Capacitância

1. Dois capacitores idênticos são conectados primeiro em paralelo e depois em série. Qual combinação tem maior capacitância?

1. O par em paralelo.

2. O par em série.

3. As duas combinações têm a mesma capacitância.

2. Qual(is) afirmação(ões) é(são) verdadeira(s)? Um momento de dipolo é criado em um dielétrico, que foi colocado em um campo elétrico, quando

1. os átomos ou moléculas do material dielétrico ficam polarizados.

2. dipolos permanentes, orientados aleatoriamente no material, sofrem realinhamento.

3. ambas 1 e 2, sendo que o mecanismo em particular depende do material.

4. nenhuma acima.

3. Comparado com o campo elétrico aplicado, o campo elétrico no interior de um dielétrico linear é

1. menor.

2. maior.

3. depende do dielétrico.

4. Em um capacitor de placas paralelas, para aumentar a energia armazenada quando aplicamos um potencial elétrico, nós devemos

1. aumentar a área das placas.

2. aumentar a separação entre as placas.

3. inserir um dielétrico entre as placas.

4. todas as anteriores.

5. duas das anteriores.

6. nenhuma das anteriores.

Lei de Ohm

1. Qual(is) afirmação(ões) é(são) verdadeira(s)? Quando um longo fio reto condutor, de seção reta constante, é ligado aos terminais de uma bateria,

   1. as linhas do campo elétrico são distribuídas uniformemente na área da seção transversal do condutor.

   2. o campo elétrico dentro do fio tem valor constante e sua direção é paralela ao fio.

   3. ambas acima.

   4. nenhuma acima.

2. Qual(is) afirmação(ões) é(são) verdadeira(s)? A lei de Ohm

   1. afirma que a corrente em um fio condutor é proporcional à resistência do fio.

   2. é uma lei genérica da natureza como as leis de Newton e de Gauss.

   3. descreve as propriedades elétricas de alguns materiais condutores.

   4. todas acima.

   5. duas das acima.

3. Qual das opções seguintes não foi definida na tarefa de leitura realizada antes da aula?

   1. Velocidade de deriva.

   2. Impedância.

   3. Supercondutividade.

   4. Resistividade.

4. Dois resistores idênticos são conectados primeiro em série e então em paralelo. Qual combinação tem maior resistência resultante?

   1. O par em série.

   2. O par em paralelo.

   3. As duas combinações têm a mesma resistência.

Circuitos CC

1. Qual(is) é(são) verdadeira(s)? A FEM de uma fonte de energia potencial elétrica é

   1. a quantidade de energia elétrica entregue pela fonte por coulomb de carga positiva quando essa carga passa pela fonte indo do terminal de menor potencial para o terminal de maior potencial.

2. igual em módulo à queda de potencial entre os terminais da fonte de FEM.

3. ambas as anteriores.

4. nenhuma das anteriores.

2. Qual(is) é(são) verdadeira(s)? A segunda lei de Kirchhoff

1. estabelece uma relação entre a soma das FEMs ao longo de uma malha fechada em um circuito e as variações de potencial em todos os resistores e elementos de circuito.

2. implica a conservação de energia em circuitos elétricos.

3. estabelece uma relação entre as correntes que entram e deixam qualquer ponto de uma malha em um circuito.

4. todas acima.

5. duas das acima.

6. nenhuma acima.

3. Uma ponte de Wheatstone é um dispositivo usado para medir

1. corrente.

2. potencial.

3. resistência.

4. perdas por efeito Joule.

4. Um capacitor, inicialmente descarregado, e um resistor em série recebem carga de uma bateria que é conectada em $t = 0$. A corrente no circuito

1. é constante porque a FEM fornecida pela bateria é constante.

2. diminui exponencialmente com o tempo.

3. aumenta exponencialmente com o tempo.

4. não há corrente porque os elétrons não podem se deslocar através do espaço vazio entre as placas do capacitor.

Magnetostática

1. Duas cargas, q e Q, movem-se com velocidades diferentes de zero em relação a um sistema de referência fixo. A força magnética exercida em q por Q é

1. perpendicular à velocidade de q e depende somente da velocidade de Q.

2. perpendicular à velocidade de q e depende de ambas as velocidades de Q e de q.

3. perpendicular à velocidade de Q e depende somente da velocidade de q.

4. perpendicular à velocidade de Q e depende de ambas as velocidades de Q e de q.

2. Qual(is) é(são) verdadeira(s)?

1. As linhas do campo magnético de uma carga em movimento formam laços fechados.
2. O campo magnético obedece ao princípio da superposição.
3. O fluxo magnético através de uma superfície fechada é proporcional ao número total de polos magnéticos contidos dentro da superfície.
4. Todas acima.
5. Duas das acima.
6. Nenhuma acima.

3. Um longo fio condutor está colocado sobre o eixo x e transporta uma corrente de elétrons que se move no sentido positivo do eixo x. O campo magnético devido a essa corrente, em um ponto P na parte negativa do eixo y, aponta em que sentido?

1. $+x$.
2. $-x$.
3. $+y$.
4. $-y$.
5. $+z$.
6. $-z$.

4. Qual(is) é(são) verdadeira(s)? O momento do dipolo magnético de um laço de corrente

1. é proporcional à área circundada pelo laço.
2. é proporcional à corrente no laço.
3. é bem definido somente quando o observador está distante do laço.
4. todas acima.
5. duas das acima.
6. nenhuma acima.

Lei de Ampère

1. A lei de Ampère fornece o campo magnético produzido por uma distribuição de correntes. Qual(is) condição(ões) deve(m) ser satisfeita(s)?

1. A distribuição de correntes não deve variar no tempo.
2. Para que possa ser calculada, a distribuição deve ter simetria suficiente.
3. Ambas acima.
4. Nenhuma acima.

2. Qual(is) é(são) verdadeira(s)? O campo magnético dentro de um solenoide

1. é paralelo ao eixo do solenoide.
2. tem linhas de campo circulares com centro no eixo.
3. tem um valor que é proporcional ao número total de espiras.
4. todas acima.
5. duas das acima.

Efeito Hall

1. O efeito Hall

1. fornece evidência empírica de que os transportadores de carga nos metais são negativos.
2. pode ser usado para determinar a densidade de elétrons livres em um metal.
3. ambas acima.
4. nenhuma acima.

2. Um pequeno laço planar de corrente é colocado em um campo magnético uniforme. O valor do torque que atua no laço é máximo quando

1. o plano do laço é paralelo à direção do campo.
2. o plano do laço é perpendicular à direção do campo.
3. o ângulo entre o plano do laço e o campo magnético está entre 0 e 90°.
4. o torque não depende do ângulo entre o seu plano e o campo magnético.

Indutância magnética

1. Qual é a verdadeira?

1. As linhas de campo de um campo elétrico induzido formam laços fechados.
2. O campo elétrico induzido é conservativo.
3. Ambas acima.
4. Nenhuma acima.

2. A energia magnética armazenada em um indutor é

1. proporcional ao quadrado da corrente que passa pelo indutor.
2. proporcional ao quadrado do campo magnético do indutor.
3. ambas acima.
4. nenhuma acima.

Indutância mútua

1. Duas bobinas de fio, ambas conduzindo corrente, estão bem próximas. Nós podemos alterar a indutância mútua do par
   1. mudando as posições relativas das bobinas.
   2. variando as correntes.
   3. aumentando o número de espiras em uma das bobinas.
   4. todas acima.
   5. duas das acima.

2. Um resistor R e um indutor L estão ligados em série a uma bateria que é conectada em $t = 0$. A corrente no circuito depende do tempo. Se repetirmos o experimento com um resistor de resistência $5R$, a constante de tempo
   1. diminui 5 vezes.
   2. aumenta 5 vezes.
   3. não se altera.

Circuitos CA I

1. Em um circuito composto por um resistor conectado a uma fonte senoidal de FEM, a corrente
   1. está adiantada em relação à FEM.
   2. está atrasada em relação à FEM.
   3. está em fase com a FEM.
   4. a resposta depende da fonte de FEM.

2. Um capacitor está conectado a uma fonte senoidal de FEM. Quando a frequência da FEM aumenta, a reatância capacitiva
   1. aumenta.
   2. diminui.
   3. permanece a mesma.
   4. depende do sentido da corrente.

3. Em um circuito CC (significa que a frequência da fonte de FEM é zero), qual elemento de circuito apresenta a maior "resistência" à circulação de cargas?
   1. Capacitor.
   2. Indutor.
   3. Resistor.
   4. A resposta depende dos valores relativos de C, L e R.

4. A corrente em um circuito CA é representada por um fasor. O valor da corrente em um instante t é dada
   1. pelo comprimento do fasor.
   2. pelo valor, em radianos, do ângulo entre o fasor e o eixo horizontal.
   3. pela projeção do fasor sobre o eixo vertical.
   4. pela projeção do fasor sobre o eixo horizontal.

Circuitos CA II

1. Um capacitor, com uma carga inicial Q, e um indutor são conectados em série. A energia no indutor é máxima quando a carga no capacitor é
   1. Q.
   2. $Q/2$.
   3. zero.
   4. a energia não depende da carga.

2. Um capacitor, com uma carga inicial Q, é conectado em série com um indutor e um resistor. Em função do tempo, a carga no capacitor
   1. oscila senoidalmente.
   2. oscila senoidalmente com amplitude exponencialmente decrescente.
   3. não varia com o tempo porque não há FEM atuando.
   4. não fez parte da leitura antes da aula.

3. Quais dos seguintes termos foram introduzidos na tarefa de leitura antes da aula para descrever um circuito RLC com uma FEM exterma?
   1. ressonância.
   2. impedância.
   3. largura de faixa.
   4. todos acima.

4. Na transmissão de eletricidade entre uma usina geradora e o consumidor, os transformadores são utilizados para quais das seguintes tarefas?
   1. elevar a tensão de saída na usina geradora.
   2. baixar a tensão quando vai ser entregue ao consumidor.
   3. ambas acima.
   4. nenhuma acima.

Leis de Maxwell

1. Um capacitor foi carregado com um potencial constante V. A corrente de deslocamento que circula entre suas placas
   1. é igual à corrente que foi necessária para carregar o capacitor.
   2. depende da superfície amperiana escolhida.
   3. é zero.
   4. induz um campo magnético.

2. A modificação de Maxwell realizada na lei de Ampère (que descreve a criação de um campo magnético) é o análogo da
   1. lei de Gauss dos campos e cargas elétricas.
   2. lei de Gauss dos campos e polos magnéticos.
   3. lei de Lorentz.
   4. lei de Faraday.

Ondas eletromagnéticas I

1. Uma onda eletromagnética, polarizada no sentido positivo de y, propaga-se no sentido negativo de z. Qual é o sentido do campo magnético?
   1. $+x$.
   2. $-y$.
   3. $-x$.
   4. $+z$.

2. Em uma onda planar harmônica, o campo magnético alcança seu máximo quando o campo elétrico
   1. também está no seu máximo.
   2. está no seu mínimo.
   3. está em algum valor intermediário.
   4. a relação entre os campos elétrico e magnético depende da onda planar.

Ondas eletromagnéticas II

1. Qual(is) é(são) verdadeira(s)? A energia transportada por uma onda eletromagnética no vácuo
   1. propaga-se na velocidade da luz.
   2. consiste em contribuições iguais de campos elétrico e magnético.

3. propaga-se na direção do campo elétrico.

4. todas acima.

5. duas das acima.

2. Um grão de poeira interplanetária está no campo gravitacional do Sol. Se considerarmos que o grão está isolado de todas as influências, exceto a do Sol, o grão poderá se afastar do Sol?

1. Sim, se o grão for suficientemente grande e bom absorvedor de luz.

2. Sim, se o grão for suficientemente pequeno e bom absorvedor de luz.

3. Não, o campo gravitacional do Sol sempre atrairá o grão em direção ao Sol.

Óptica geométrica I

1. A lei de Snell descreve

1. a construção de Huygens.

2. o aumento.

3. a reflexão.

4. a refração.

2. O fenômeno da dispersão ocorre quando

1. há uma reflexão total interna.

2. o índice de refração depende do comprimento de onda.

3. há uma imagem virtual.

4. o raio incidente é completamente refletido.

3. Para ângulos de incidência que excedem um certo valor, a luz que se propaga de um meio com índice de refração elevado para um de índice mais baixo é

1. totalmente refletida.

2. dispersada.

3. totalmente refratada.

4. completamente polarizada.

4. A luz incide sobre dois filtros polarizadores montados em série. Os filtros estão cruzados entre si de modo que seus eixos de polarização são mutuamente perpendiculares. A intensidade transmitida no segundo filtro

1. é 100%.

2. depende da frequência da luz incidente.

3. depende da intensidade da luz incidente.

4. é zero.

Óptica geométrica II

1. A luz de um objeto é refletida por um espelho de tal modo que os raios divergem após a reflexão. Esse fenômeno é conhecido como
   1. imagem virtual.
   2. imagem real.
   3. aberração esférica.
   4. ponto focal.

2. Qual dos seguintes *não* é um dos raios principais de um espelho esférico?
   1. um raio que passa através do centro da esfera.
   2. um raio que se aproxima do espelho seguindo uma reta paralela ao eixo.
   3. um raio que passa pelo ponto focal ao ir em direção ao espelho.
   4. um raio que encontra o espelho no mesmo ponto que o eixo.

3. Em uma lente que produz um aumento positivo, a imagem é
   1. virtual e direita.
   2. virtual e invertida.
   3. real e direita.
   4. real e invertida.

4. Para uma lente delgada constituída de duas superfícies esféricas, a distância focal dada pela fórmula do fabricante de lente depende
   1. do índice de refração da lente.
   2. dos raios das duas superfícies esféricas.
   3. da suposição de que os raios incidentes estão próximos do eixo principal.
   4. do aumento da lente.
   5. todas acima.
   6. 1 e 2.
   7. 1, 2 e 3.

Óptica física I

1. A interferência ocorre com
   1. ondas luminosas.
   2. ondas sonoras.
   3. ondas de água.
   4. todas as anteriores.
   5. nenhuma das anteriores.

2. Para que os efeitos de interferência sejam observáveis,
   1. o comprimento de onda da luz deve ser comparável com a largura das aberturas encontradas pela luz.
   2. a intensidade da luz deve ser suficientemente elevada.
   3. as relações de fase entre as ondas não são importantes.
   4. o comprimento de onda da luz deve ser muito menor do que a largura das aberturas encontradas pela luz.

3. Se o padrão de interferência produzido por duas fontes luminosas deve permanecer estacionário no espaço, as fontes devem ter
   1. frequências diferentes e uma diferença de fase arbitrária.
   2. frequências iguais e uma diferença de fase arbitrária.
   3. frequências diferentes e uma diferença de fase que não depende do tempo.
   4. frequências iguais e uma diferença de fase que não depende do tempo.

4. Qual das expressões seguintes não faz parte de uma discussão sobre padrões de interferência?
   1. Fontes coerentes.
   2. Aproximação de Fraunhofer.
   3. Aumento.
   4. Máximo principal.

Óptica física II

1. O desvio de propagação da luz em torno de um obstáculo é denominado
   1. interferência.
   2. resolução.
   3. difração.
   4. coerência.

2. A luz incide sobre uma única fenda sem sofrer qualquer difração significativa. Concluímos que o comprimento de onda da luz é
   1. muito menor do que a largura da fenda.
   2. muito maior do que a largura da fenda.
   3. da ordem da largura da fenda.
   4. não podemos dizer nada a respeito do comprimento de onda.

Difração

1. O padrão de difração gerado por uma única fenda pode ser construído usando
   1. a aproximação de Fresnel.
   2. o princípio de Huygens-Fresnel.
   3. a construção de Huygens.
   4. o critério de Rayleigh.

2. Ondas luminosas vindas de duas fontes puntiformes chegam simultaneamente à abertura circular de um telescópio. Para o telescópio resolver (separar) as duas fontes, qual das seguintes condições deve ser satisfeita?
   1. A aproximação de Fresnel.
   2. A aproximação de Fraunhofer.
   3. O princípio de Huygens-Fresnel.
   4. O critério de Rayleigh.

Introdução histórica à física moderna

1. A emitância espectral de um corpo negro depende
   1. do material de que é constituído o corpo.
   2. das características da superfície do corpo.
   3. da temperatura do corpo.
   4. de todas acima.

2. Segundo os cálculos clássicos, a emitância espectral de um corpo negro diverge nos comprimentos de onda curtos. Esse resultado é conhecido como
   1. lei de Stefan-Boltzmann.
   2. catástrofe do ultravioleta.
   3. efeito Compton.
   4. lei de Wien.

3. O número de fotoelétrons emitidos por uma superfície metálica depende
   1. da frequência da luz incidente.
   2. da função trabalho do metal.
   3. de ambas acima.
   4. de nenhuma acima.

4. À medida que o comprimento de onda da luz que incide sobre uma superfície metálica é encurtado, a energia cinética dos fotoelétrons emitidos pela superfície

1. aumenta.
2. diminui.
3. permanece a mesma.
4. é necessária mais informação.

Dualidade onda-partícula e incerteza

1. O efeito Compton ilustra
  1. a natureza ondulatória da luz.
  2. a ejeção de um elétron de uma superfície metálica irradiada.
  3. a natureza corpuscular da luz.
  4. a natureza probabilística das ondas quânticas.

2. No experimento de Compton, o comprimento de onda da luz que sofre espalhamento é
  1. maior do que
  2. o mesmo que
  3. menor do que
  o comprimento de onda da luz incidente.

3. A probabilidade de encontrar um fóton de luz em um dado ponto
  1. aumenta à medida que o comprimento de onda da luz diminui.
  2. é proporcional à intensidade da luz.
  3. é proporcional à magnitude do campo elétrico.
  4. não depende do campo elétrico.

4. Suponha que o momento de um fóton seja determinado com precisão muito elevada (a incerteza tende a zero). A incerteza presente na medição, feita simultaneamente, da posição do fóton
  1. também tende a zero.
  2. tende a infinito.
  3. tem um valor intermediário.
  4. não pode ser determinado.

Linhas espectrais

1. Luz branca passa através de vapor de sódio sendo analisada em seguida com um prisma. O espectro resultante
  1. é contínuo.

2. consiste em linhas espectrais.

3. é contínuo e contém linhas de absorção.

4. nenhuma acima.

2. O padrão sistemático presente no espaçamento das linhas espectrais do hidrogênio foi ajustado de tal modo que permitiu a obtenção de uma fórmula empírica por

1. Balmer.

2. de Broglie.

3. Bohr.

4. Rutherford.

3. O experimento de Rutherford com partículas alfa e folhas delgadas de ouro forneceu evidência para

1. a existência de ondas de matéria.

2. o princípio da combinação de Rydberg-Ritz.

3. o modelo "pudim de passas" do átomo.

4. átomo com núcleo.

Átomo de Bohr

1. Qual(is) grandeza(s) está(ão) quantizada(s) no átomo de Bohr?

1. a órbita do elétron.

2. a energia do elétron.

3. o momento angular do elétron.

4. todas acima.

5. duas das acima.

2. No átomo de Bohr, as leis da mecânica clássica se aplicam

1. ao movimento orbital do elétron em estado estacionário.

2. ao movimento do elétron durante as transições entre estados estacionários.

3. ambas acima.

4. nenhuma acima.

3. No átomo de Bohr, um elétron irradia

1. quando está acelerando em sua órbita em torno do núcleo.

2. durante as transições entre órbitas.

3. ambas acima.

4. nenhuma acima.

4. Quem postulou as propriedades ondulatórias das partículas de matéria?
   1. Bohr.
   2. Schrödinger.
   3. Heisenberg.
   4. de Broglie.

Respostas dos testes de leitura

Nota: os tópicos estão seguidos pelos números das questões e as respectivas respostas.

1. Cinemática: 1-4, 2-1, 3-2, 4-2
2. Leis de Newton: 1-3, 2-2, 3-1
3. Forças: 1-4, 2-1, 3-2
4. Trabalho: 1-3, 2-3, 3-1, 4-3
5. Forças conservativas: 1-1, 2-2, 3-4
6. Energia potencial: 1-1, 2-2, 3-4
7. Gravitação: 1-3, 2-4, 3-3, 4-4
8. Momento: 1-4, 2-2, 3-3, 4-2
9. Colisões: 1-2, 2-4, 3-3, 4-2
10. Cinemática das rotações I: 1-2, 2-2, 3-2
11. Cinemática das rotações II: 1-4, 2-2, 3-3
12. Dinâmica das rotações I: 1-2, 2-2, 3-3
13. Dinâmica das rotações II: 1-3, 2-3, 3-1
14. Oscilações: 1-2, 2-3, 3-3, 4-3
15. Ondas: 1-1, 2-2, 3-2, 4-2
16. Som: 1-5, 2-3, 3-2, 4-3
17. Estática dos fluidos: 1-2, 2-3, 3-1, 4-2
18. Dinâmica dos fluidos: 1-1, 2-2, 3-4, 4-3
19. Eletrostática I: 1-3, 2-2, 3-2, 4-2
20. Eletrostática II: 1-4, 2-2, 3-2, 4-4
21. Potencial elétrico I: 1-1, 2-3, 3-3
22. Potencial elétrico II: 1-3, 2-2, 3-1
23. Capacitância: 1-1, 2-3, 3-1, 4-5

24. Lei de Ohm: 1-3, 2-3, 3-2, 4-1
25. Circuitos CC: 1-3, 2-5, 3-3, 4-2
26. Magnetostática: 1-2, 2-5, 3-5, 4-2
27. Lei de Ampère: 1-3, 2-5
28. Efeito Hall: 1-3, 2-1
29. Indutância magnética: 1-1, 3-3
30. Indutância mútua: 1-5, 2-1
31. Circuitos CA I: 1-3, 2-2, 3-1, 4-3
32. Circuitos CA II: 1-3, 3-2, 3-4, 4-3
33. Leis de Maxwell: 1-3, 2-4
34. Ondas eletromagnéticas I: 1-1, 2-1
35. Ondas eletromagnéticas II: 1-5, 2-2
36. Óptica geométrica I: 1-4, 2-2, 3-1, 4-4
37. Óptica geométrica II: 1-2, 2-4, 3-1, 4-7
38. Óptica física I: 1-4, 2-1, 3-4, 4-3
39. Óptica física II: 1-3, 2-1
40. Difração: 1-2, 2-4
41. Introdução histórica à física moderna: 1-3, 2-2, 3-3, 4-1
42. Dualidade onda-partícula e incerteza: 1-3, 2-1, 3-2, 4-2
43. Linhas espectrais: 1-3, 2-1, 4-4
44. Átomo de Bohr: 1-4, 2-1, 3-2, 4-4

11
Testes conceituais

N as páginas seguintes, está disponível uma coleção completa de *testes conceituais*[1] para uma disciplina de introdução à física de um ano ou dois semestres. Cada questão é seguida de uma linha indicando quais são os conceitos abordados e uma breve explicação. O propósito dessas explicações é dar um esboço da argumentação verbal que eu utilizo para explicar a opção correta de resposta. A coleção de *testes conceituais* está disponível no *site* do Grupo A (arquivo TC, em inglês). Os testes podem ser utilizados diretamente para projeção ou editados conforme suas necessidades. Para outros usos, os *testes conceituais* não podem ser utilizados ou distribuídos sem permissão por escrito da editora.

Nota: nas questões com opções *numeradas*, é necessário escolher apenas *uma* única opção e, nas questões com opções *alfabéticas*, escolha todas as que se aplicam.

---

[1] Cortesia de Eric Mazur, Michael Aziz, William Paul e Deborah Alpert, Harvard University. Questões 5 e 12 sobre magnetismo de *A Guide to Introductory Physics Teaching,* Arnold G. Arons, ©1990. Reimpresso com permissão de John Wiley & Sons, Inc.

Cinemática

....

1. Uma pessoa inicialmente no ponto *P* da ilustração abaixo permanece nesse ponto durante um tempo e então se desloca ao longo do eixo até *Q*, onde também permanece durante um tempo. A seguir, ela corre rapidamente até *R*, fica parada durante um tempo e então retorna lentamente até *P*. Qual dos gráficos abaixo de posição *versus* tempo representa corretamente esse movimento?

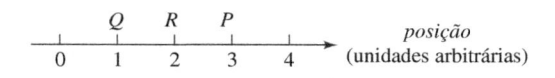

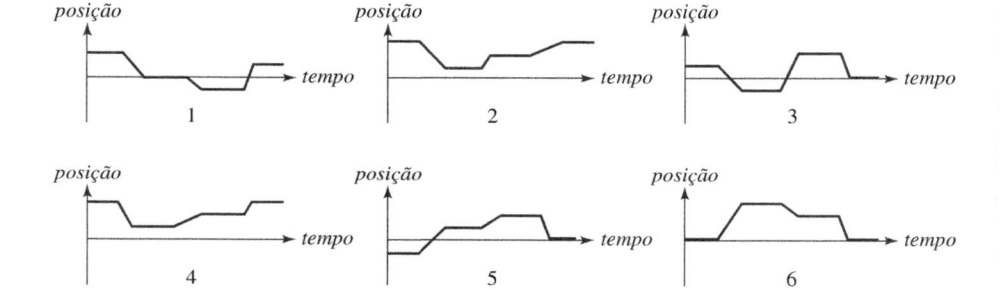

Resposta: 2.

2. No espaço, um objeto se desloca de um ponto a outro. Após chegar a seu destino, o deslocamento efetuado é:

1. maior do que ou igual à
2. sempre maior do que a
3. sempre igual à
4. menor do que ou igual à
5. sempre menor do que a
6. menor ou maior do que a

distância percorrida por ele.

Resposta: 4. O deslocamento é o vetor que aponta da posição inicial até a posição final (podendo ser negativo). A distância percorrida é o comprimento absoluto (módulo) do caminho percorrido. Sempre é positivo e pode ser maior do que o deslocamento.

3. Um corredor de maratona está correndo com velocidade constante de 15 km/h. Quando o corredor está a 7,5 km da linha de chegada, um pássaro começa a voar indo desde o corredor até a linha de chegada com velocidade de 30 km/h. Quando o pássaro atinge a linha de chegada, ele dá meia volta e segue voando em direção ao corredor. Ao chegar no corredor, o pássaro dá meia volta novamente e segue repetindo as viagens de ida e volta até que o corredor atinge a linha de chegada. Quantos quilômetros o pássaro percorre?

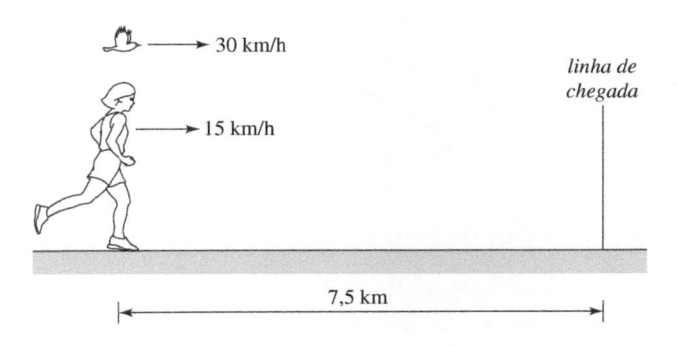

1. 10 km.
2. 15 km.
3. 20 km.
4. 30 km.

Resposta: 2. O corredor leva meia hora para atingir a linha de chegada.

4. Se você deixar um objeto cair onde não haja resistência de ar, ele terá uma aceleração de 9,8 m/s^2. Se, em vez disso, você lançá-lo para baixo, sua aceleração após se soltar da mão será

1. menor do que 9,8 m/s^2.
2. 9,8 m/s^2.
3. maior do que 9,8 m/s^2.

Resposta: 2. A aceleração da gravidade é uma constante, independentemente da velocidade inicial.

5. Uma pessoa parada à beira de um despenhadeiro arremessa uma bola para cima e outra bola para baixo, ambas com a mesma velocidade inicial. Desprezando a resistência do ar, a bola que se chocará com maior velocidade contra o solo, abaixo do despenhadeiro, será a que foi lançada inicialmente

1. para cima.
2. para baixo.
3. nenhuma acima – ambos chegam ao solo com a mesma velocidade.

Resposta: 3. Na descida, a velocidade de um objeto, que foi lançado para cima com velocidade inicial *v*, será exatamente –*v* quando ele passar pelo ponto de onde foi inicialmente arremessado.

6. Um trem se desloca ao longo de um extenso trecho retilíneo. O gráfico mostra a posição desse trem em função do tempo. O gráfico mostra que o trem:

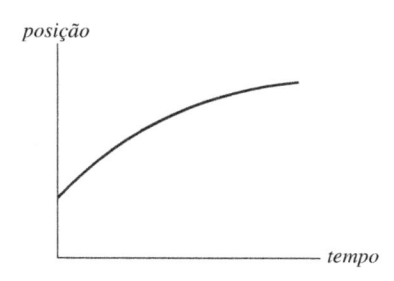

1. está aumentando de velocidade todo o tempo.
2. está diminuindo de velocidade todo o tempo.
3. aumenta de velocidade durante uma parte do tempo e diminui durante outra parte.
4. move-se com velocidade constante.

Resposta: 2. A inclinação da curva diminui à medida que o tempo aumenta.

7. O gráfico mostra a posição em função do tempo de dois trens que estão se deslocando em duas vias paralelas. Qual opção é a verdadeira?

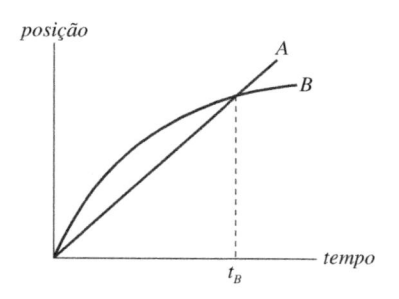

1. No instante t_B, ambos os trens têm a mesma velocidade.
2. Ambos os trens estão aumentando de velocidade durante todo o tempo.
3. Ambos os trens têm a mesma velocidade em algum instante antes de t_B.
4. Em algum lugar do gráfico, ambos os trens têm a mesma aceleração.

Resposta: 3. A inclinação da curva *B* é paralela à reta *A* em algum ponto $t < t_B$.

8. Você arremessa uma bola diretamente para cima, no ar. No ponto de altura máxima,

1. a velocidade e a aceleração da bola são zero.
2. a velocidade da bola não é zero, mas sua aceleração é zero.
3. a aceleração da bola não é zero, mas sua velocidade é zero.
4. a velocidade e a aceleração da bola são ambas diferentes de zero.

Resposta: 3. A bola atinge a altura máxima quando sua velocidade é zero. A aceleração da gravidade nunca é zero.

9. Um carro de uma montanha russa desce pelos trilhos como mostrado na figura seguinte. Após ultrapassar o ponto mostrado, o que acontecerá com a velocidade e a aceleração no sentido do movimento? Ignore os efeitos do atrito.

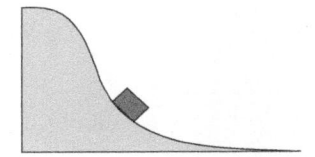

1. Ambas diminuem.
2. A velocidade diminui, mas a aceleração aumenta.
3. Ambas permanecem constantes.
4. A velocidade aumenta, mas a aceleração diminui.
5. Ambas aumentam.
6. Outra.

Resposta: 4. Como a superfície é côncava para cima, a aceleração do carro sempre é positiva e a velocidade aumenta continuamente. Como a inclinação da curva diminui quando a altura diminui, a aceleração diminui.

10. Uma bola é arremessada para cima e sua velocidade diminui sob a influência da gravidade. Suponha (*a*) que façamos uma filmagem desse movimento e passemos o filme para trás (de modo que o filme comece com a bola em seu ponto de altura máxima e termine com a bola chegando no ponto de onde foi arremessada) e (*b*) que observemos o movimento da bola vista desde um sistema de referência que se move para cima com a velocidade inicial da bola. A bola terá uma aceleração g para baixo em

1. (*a*) e (*b*).
2. apenas (*a*).
3. apenas (*b*).
4. nem (*a*) nem (*b*).

Resposta: 1. Os sistemas de referência (*a*) e (*b*) são ambos inerciais. Portanto, as mudanças de velocidade são as mesmas que as verificadas no sistema de referência da Terra.

11. Considere a situação mostrada na figura abaixo. Uma arma de fogo está apontando diretamente para um ladrão perigoso que está pendurado em uma calha na beira do telhado de um prédio. O alvo está bem ao alcance da arma, mas, no instante em que a arma é disparada e a bala começa a se mover com velocidade v_o, o ladrão solta-se da calha e cai em direção ao solo. O que acontecerá? A bala

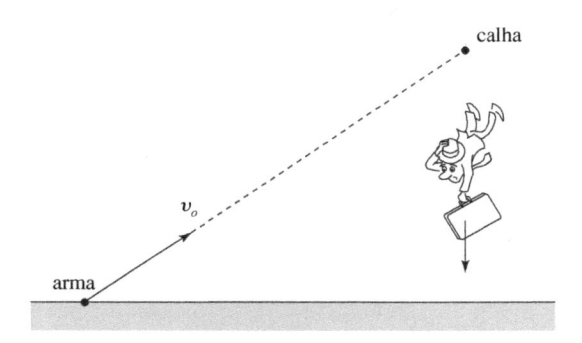

1. atingirá o ladrão independentemente do valor de v_o.
2. atingirá o ladrão somente se a velocidade v_o for suficientemente elevada.
3. não atingirá o ladrão.

Resposta: 1. A aceleração para baixo da bala e do ladrão são idênticas. Assim, a bala atingirá seu alvo – ambos "caem" a mesma distância.

12. Um cruzador lança simultaneamente dois projéteis sobre navios inimigos. Se os projéteis seguirem as trajetórias parabólicas mostradas, qual navio será atingido primeiro?

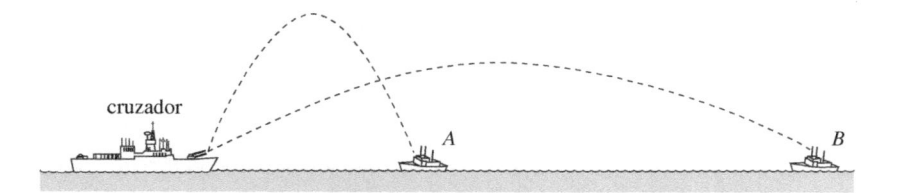

1. *A*.
2. ambos ao mesmo tempo.

3. *B.*

4. é necessária mais informação.

Resposta: 3. O tempo que um projétil fica no ar é igual ao dobro do tempo que leva para cair desde sua altura máxima. Como o projétil arremessado contra o navio *A* atinge uma altura maior do que o lançado contra o navio *B*, o primeiro leva mais tempo para retornar ao nível do mar.

Forças

1. Uma força constante é aplicada sobre um carro que inicialmente está parado sobre um trilho de colchão de ar. O atrito entre o carro e o trilho é desprezível. A força atua durante um breve intervalo de tempo dando ao carro uma determinada velocidade final.

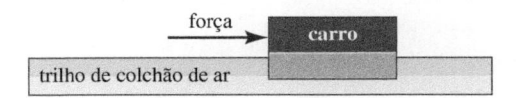

Para atingir a mesma velocidade final aplicando uma força com apenas metade do valor, essa segunda força deve ser aplicada durante um intervalo de tempo que é

1. quatro vezes maior do que o
2. duas vezes maior do que o
3. igual ao
4. metade do
5. um quarto do

tempo de aplicação da primeira força.

Resposta: 2. A velocidade final é proporcional à aceleração do carro e ao tempo de sua atuação.

2. Uma força constante atua durante um breve intervalo de tempo sobre um carro que inicialmente está em repouso sobre um trilho de colchão de ar. Essa força dá ao carro uma determinada velocidade final. A mesma força atua durante um tempo igual sobre um outro carro, também inicialmente em repouso, mas que tem o dobro da massa do primeiro. A velocidade final do carro mais pesado é

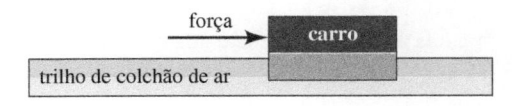

1. um quarto da
2. quatro vezes a
3. metade da
4. duas vezes a
5. igual à

velocidade final do carro mais leve.

Resposta: 3. A velocidade final é proporcional a ambas a força e o tempo de atuação e inversamente proporcional à massa do carro.

3. Uma força constante atua durante um breve intervalo de tempo sobre um carro que inicialmente está em repouso sobre um trilho de colchão de ar. Essa força dá ao carro uma determinada velocidade final. Suponha que repitamos o experimento, mas no instante em que começamos a aplicar a força, em vez de iniciar do repouso, o carro já está em movimento com velocidade constante no sentido da força. Após exercemos a mesma força constante durante o mesmo tempo, o aumento na velocidade do carro é igual

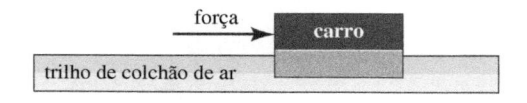

1. a duas vezes sua velocidade inicial.
2. ao quadrado de sua velocidade inicial.
3. a quatro vezes sua velocidade inicial.
4. à velocidade com que partiu do repouso.
5. não pode ser determinado com a informação fornecida.

Resposta: 4. O aumento de velocidade é proporcional a ambas as forças que atuam sobre o carro e o tempo de atuação.

4. Considere uma pessoa parada em um elevador que está acelerando para cima. A força normal para cima N exercida pelo chão do elevador sobre a pessoa é

1. maior do que o
2. igual ao
3. menor do que o

peso W para baixo da pessoa.

Resposta: 1. Para que a pessoa seja acelerada para cima, a força normal exercida pelo chão do elevador sobre ela deve exceder seu peso.

5. Uma pessoa empurra uma caixa sobre a superfície de um piso. Qual é a análise correta da situação?

1. A caixa se move para frente porque a pessoa a empurra para frente com uma força ligeiramente maior do que a força com que a caixa empurra a pessoa para trás.
2. Como a ação sempre é igual à reação, a pessoa não pode empurrar a caixa – a caixa empurra a pessoa de volta exatamente com a mesma força que a pessoa a empurra para frente. Assim, não há movimento.
3. A pessoa consegue colocar a caixa em movimento dando-lhe um empurrão durante o qual a força sobre a caixa é momentaneamente maior do que a força exercida pela caixa sobre a pessoa.
4. A força da pessoa sobre a caixa tem o mesmo valor que a força da caixa sobre a pessoa, mas a força de atrito que atua sobre a pessoa é para frente e de valor elevado, ao passo que a força de atrito sobre a caixa é para trás e de valor baixo.
5. A pessoa poderá empurrar a caixa para frente somente se ela pesar mais do que a caixa.

Resposta: 4. A força exercida pela pessoa sobre a caixa é igual à exercida pela caixa sobre a pessoa. A pessoa move-se para frente porque há uma força de atrito para frente exercida pelo piso. A força de atrito exercida pelo chão sobre a caixa é muito menor.

6. Um carro faz uma curva mantendo constante sua velocidade. Há uma força líquida (resultante) atuando sobre o carro enquanto ele faz a curva?

1. Não – sua velocidade é constante.
2. Sim.
3. Dependerá do raio da curva e da velocidade do carro.

Resposta: 2. A aceleração é uma mudança na velocidade e/ou na direção de um objeto. Assim, como houve mudança na direção do movimento do carro, ele sofreu uma aceleração e uma força deve ter atuado sobre ele.

7. No século 17, Otto von Güricke, um físico de Magdeburg, juntou dois hemisférios vazios de bronze formando uma esfera. A seguir, com uma bomba, ele retirou o ar de dentro da esfera assim constituída. Dois grupos de oito cavalos cada um puxaram os hemisférios e não conseguiram separar as duas metades. No entanto, quando o ar voltou a ser introduzido, os hemisférios se soltaram facilmente. Suponha que von Güricke amarrasse um dos hemisférios ao tronco de uma árvore grande e reunisse os dois grupos de cavalos, amarrando-os juntos ao outro hemisfério. Nesse caso, a tensão sobre os hemisférios seria

1. o dobro
2. exatamente a mesma
3. a metade

de antes.

Resposta: 1. Se os dois grupos de cavalos estiverem puxando um dos hemisférios com o dobro da força e os hemisférios permanecerem parados porque o outro hemisfério foi amarrado ao tronco de uma árvore, então a árvore deverá estar exercendo uma força igual e oposta. Desse modo, a tensão será dobrada.

8. Você está empurrando com velocidade constante um engradado de madeira sobre um piso. Você decide virar o engradado em uma das arestas colocando uma outra face em contato com o piso. Ao fazer isso, a área da superfície em contato com o piso fica reduzida à metade. Na nova posição do engradado, para empurrá-lo com a mesma velocidade sobre o piso, você deve aplicar uma força que é aproximadamente

1. quatro vezes a
2. duas vezes a
3. igual à
4. a metade da
5. um quarto da

força que foi aplicada antes de mudar a orientação do engradado em relação ao piso.

Resposta: 3. A força é proporcional ao coeficiente de atrito cinético e ao peso do engradado e não depende do tamanho da superfície que está em contato com o piso.

9. Sobre um plano inclinado, um objeto é mantido no lugar pelo atrito. O ângulo da inclinação é aumentado até que o objeto comece a se mover. Se a inclinação da superfície for mantida com o ângulo em que o objeto começou a se deslocar, o objeto

1. diminuirá de velocidade.
2. irá se mover com velocidade constante.
3. aumentará de velocidade.
4. nenhuma acima.

Resposta: 3. À medida que a inclinação da superfície é aumentada, o objeto começa a se deslocar quando um certo ângulo é atingido. Até alcançar esse ângulo, o objeto permanece em repouso e a força total resultante que atua sobre ele é zero. Para que o objeto comece a se deslocar partindo do repouso, uma força resultante diferente de zero deverá atuar sobre ele. Se a força resultante deixar de ser zero, o objeto começará a acelerar.

10. Você é um passageiro de um automóvel e não está usando o cinto de segurança. Sem aumentar nem diminuir a velocidade, o carro vira bruscamente à esquerda e você é jogado colidindo com a porta direita. Qual é a análise correta dessa situação?

1. Antes e após a colisão, há uma força para a direita empurrando você contra a porta.
2. A partir do instante em que você colide com a porta, essa exerce uma força para a esquerda sobre você.
3. Ambas acima.
4. Nenhuma acima.

Resposta: 2. Devido à lei da inércia, os corpos têm a tendência de continuar a se deslocar em linha reta. Como o corpo do passageiro deve obedecer a essa lei, ele colide com a porta que está virando à esquerda por fazer parte do automóvel. A força do contato da porta sobre o passageiro faz o seu corpo ir para a esquerda, fazendo, assim, a curva.

11. Considere um cavalo puxando uma charrete. A afirmação seguinte é verdadeira?

O peso do cavalo e a força normal exercida pelo solo sobre o cavalo constituem um par de forças que sempre são iguais e opostas de acordo com a terceira lei de Newton da ação e reação.

1. Sim.
2. Não.

Resposta: 2. A força normal é uma força repulsiva de contato entre o solo e o cavalo. O peso é a força gravitacional exercida pela Terra sobre o cavalo. Essas duas forças são de origem diferente e não constituem um par de ação e reação.

12. Considere um carro em repouso. Podemos concluir que a força gravitacional da Terra atuando para baixo sobre o carro e a força de contato da Terra para cima sobre o carro são iguais e opostas porque

1. as duas forças formam um par de ação e reação.
2. a força resultante sobre o carro é zero.
3. nenhuma acima.

Resposta: 2. Essas duas forças não podem formar um par de ação e reação porque atuam sobre o mesmo objeto. Entretanto, como o carro está em repouso, seu momento é constante (zero). Como a força resultante é igual à taxa de variação do momento no tempo, a força resultante sobre o carro deve ser zero. Isso significa que as duas forças devem ser iguais e opostas.

Energia, trabalho e a conservação da energia

1. Em uma pista de boliche, o mecanismo alimentador de bolas deve exercer uma força para que as bolas sejam empurradas para cima em uma rampa de 1,0 m de comprimento. A rampa conduz as bolas até uma calha que está 0,5 m acima da base da rampa. Qual é a força aproximada que o mecanismo deve exercer sobre uma bola de boliche de 5,0 kg?

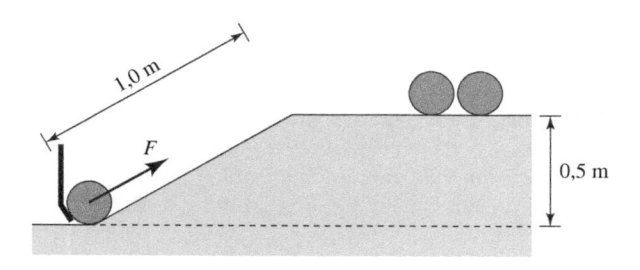

1. 200 N.
2. 50 N.
3. 25 N.
4. 5,0 N.
5. Impossível de determinar.

Resposta: 3. A força exercida pelo mecanismo vezes a distância de 1,0 m, ao longo da qual a força atua, deve ser igual à variação de energia potencial da bola.

2. Duas bolinhas de gude, uma com o dobro do peso da outra, são atiradas ao chão do telhado de um prédio. No instante que antecede a colisão com o solo, a bolinha mais pesada tem

1. a mesma energia cinética que a mais leve.
2. o dobro da energia cinética da mais leve.
3. a metade da energia cinética da mais leve.
4. quatro vezes a energia cinética da mais leve.
5. impossível de determinar.

Resposta: 2. A energia cinética é proporcional à massa.

3. Suponha que você queira subir uma colina íngreme com sua bicicleta. Dois caminhos levam da base até o topo, um com o dobro do comprimento do outro. Em comparação com a força média $F_{média}$ exercida ao longo do caminho mais curto, a força média que você dever exercer no caminho mais longo é

1. $F_{média}/4$.
2. $F_{média}/3$.
3. $F_{média}/2$.
4. $F_{média}$.
5. indeterminado – depende do tempo empregado.

Resposta: 3. A energia potencial gravitacional ganha é a mesma em ambos os casos e é igual à força média exercida vezes a distância percorrida.

4. Um transportador de piano ergue um piano de 100 kg com velocidade constante usando o sistema de roldanas sem atrito mostrado aqui. Com que força ele está puxando a corda? Ignore o atrito e assuma $g = 10 \text{ m/s}^2$.

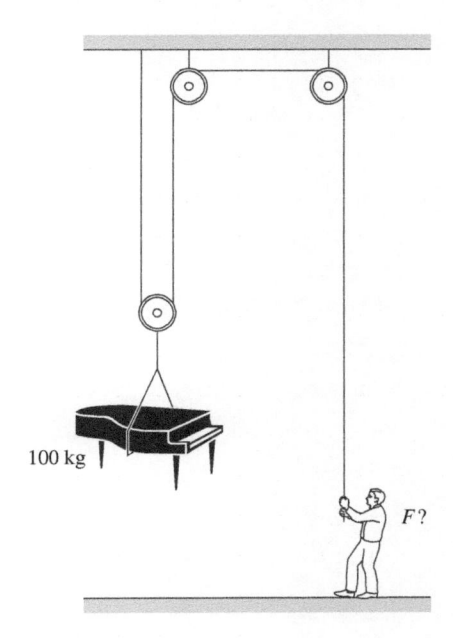

1. 2.000 N.
2. 1.500 N.
3. 1.000 N.
4. 750 N.
5. 500 N.
6. 200 N.
7. 50 N.
8. Impossível de determinar.

Resposta: 5. A tensão na corda é uniforme e, como o piano se move com velocidade constante, seu peso deve ser igual ao dobro da tensão.

5. Uma pessoa de 50 kg está em uma plataforma de 25 kg. Ela puxa a corda que atua
sobre a plataforma usando o sistema de roldanas sem atrito mostrado aqui. Se ele
erguer a plataforma com velocidade constante, com que força ele estará puxando
a corda? Ignore o atrito e assuma que $g = 10$ m/s^2.

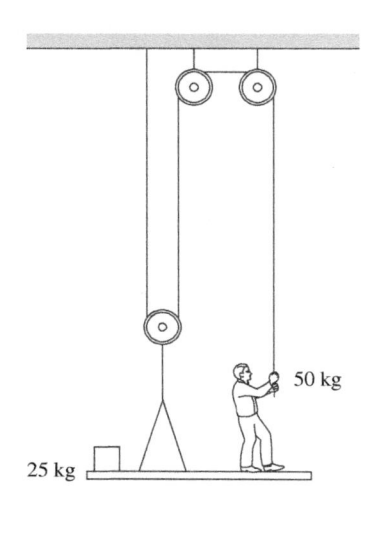

1. 750 N.
2. 625 N.
3. 500 N.
4. 250 N.
5. 75 N.
6. 50 N.
7. 25 N.
8. Impossível de determinar.

Resposta: 4. A tensão na corda é uniforme. Devido à configuração das roldanas, o
peso da plataforma mais o da pessoa deve ser igual a três vezes a tensão na corda.

6. Um bloco inicialmente em repouso é solto descendo uma rampa sem atrito e atingindo uma velocidade v no final. Para alcançar uma velocidade $2v$ no final, quantas vezes mais alta deverá ser uma nova rampa?

   1. 1.
   2. 2.
   3. 3.
   4. 4.
   5. 5.
   6. 6.

   Resposta: 4. O ganho de energia cinética, proporcional ao quadrado da velocidade do bloco no final da rampa, é igual à perda de energia potencial. Essa, por sua vez, é proporcional à altura da rampa.

7. Um disparador de dardos, impulsionado por mola, é usado para lançar um dardo para cima no ar até uma altura máxima de 24 m. Utilizando o mesmo lançador, o dardo é lançado de novo para cima, mas dessa vez a mola é comprimida apenas pela metade. Nesse caso, qual será a altura alcançada – desprezando o atrito e supondo uma mola ideal?

   1. 96 m.
   2. 48 m.
   3. 24 m.
   4. 12 m.
   5. 6 m.
   6. 3 m.
   7. Impossível de determinar.

   Resposta: 5. A energia potencial de uma mola é proporcional ao quadrado do deslocamento realizado pela mola ao ser comprimida. Toda a energia potencial da mola é convertida em energia potencial gravitacional.

8. Um carro acelera de zero a 30 km/h em 1,5 s. Quanto tempo levará para ele acelerar de zero a 60 km/h, desprezando o atrito e supondo que a potência do motor não depende da velocidade?

   1. 2 s.
   2. 3 s.
   3. 4,5 s.
   4. 6 s.
   5. 9 s.
   6. 12 s.

Resposta: 4. Sem atrito, a potência do motor é igual à energia cinética do carro dividido pelo tempo necessário para atingir aquela energia cinética.

9. Sobre um trilho de colchão de ar, um carro está se movendo a 0,5 m/s quando o fluxo de ar é repentinamente interrompido. Após se deslocar por mais 1 m, o carro para de se mover. Em seguida o experimento é repetido, mas agora o carro está se movendo a 1 m/s quando o fluxo de ar é interrompido. Qual é a distância que o carro se deslocará antes de parar?

1. 1 m.
2. 2 m.
3. 3 m.
4. 4 m.
5. 5 m.
6. Impossível de determinar.

Resposta: 4. O carro para de se movimentar quando toda a energia cinética é perdida em atrito. A força de atrito vezes a distância percorrida até a parada é igual à energia cinética inicial do carro.

10. Suponha que você atire uma pedra de 1 kg de uma altura de 5 m acima do solo. Quando ela bater, quanta força ela exercerá sobre o solo?

1. 0,2 N.
2. 5 N.
3. 50 N.
4. 100 N.
5. Impossível de determinar.

Resposta: 5. Para responder a essa pergunta, é necessário conhecer quanto o solo fica comprimido antes de a pedra parar.

11. Uma pessoa puxa uma caixa sobre o solo com velocidade constante. Se consideramos a Terra e a caixa como nosso sistema, o que poderemos dizer sobre a força resultante externa que atua sobre o sistema?

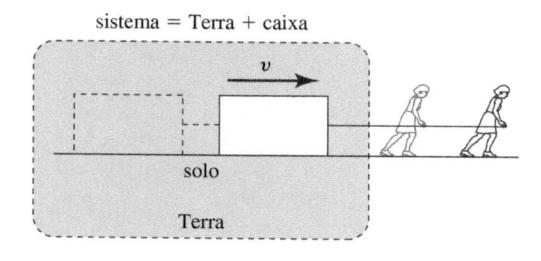

1. Ela é zero porque o sistema é isolado.
2. Ela não é zero porque o sistema não é isolado.
3. Ela é zero mesmo que o sistema não seja isolado.
4. Ela não é zero mesmo que o sistema seja isolado.
5. Nenhuma acima.

Resposta: 3. O sistema constituído pela Terra mais a caixa não é isolado porque a pessoa que empurra a caixa exerce simultaneamente uma força sobre a caixa (a pessoa a está empurrando) e uma força sobre a Terra (para se mover para frente, a pessoa deve empurrar o solo para trás). Como a Terra está em repouso e a caixa e a pessoa se deslocam com velocidade constante, a força resultante externa é zero.

12. Uma pessoa está puxando uma caixa sobre o solo com velocidade constante. Se considerarmos a Terra e a caixa como nosso sistema, a força resultante exercida pela pessoa sobre o sistema será

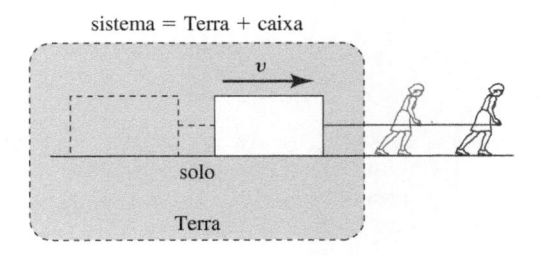

1. zero.
2. diferente de zero.

Resposta: 1. Abaixo estão os diagramas de corpo livre para a caixa, a pessoa e a Terra. (F_{pc} = força exercida pela pessoa (p) sobre a caixa (c), etc.)

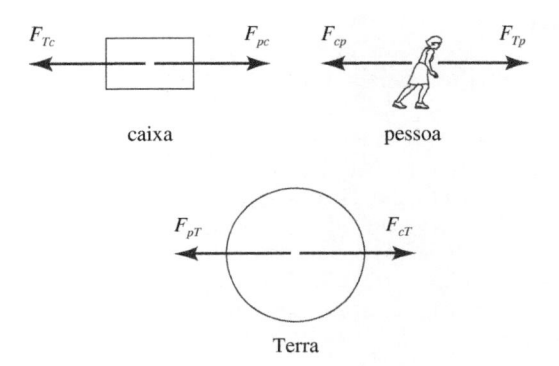

Devido às segunda e terceira leis de Newton, todas as forças dos diagramas têm o mesmo valor: $F_{Tc} = F_{pc} = F_{cp} = F_{Tp} = F_{cT} = F_{pT}$. Como a força F_{pT} exercida pela pessoa sobre a Terra tem sentido oposto ao da força F_{pc} exercida pela pessoa sobre a caixa, a força resultante sobre o sistema (caixa + Terra) é zero.

13. Uma pessoa puxa uma caixa sobre o solo com velocidade constante. Se considerarmos a Terra e a caixa como nosso sistema, o trabalho feito pela pessoa sobre o sistema será

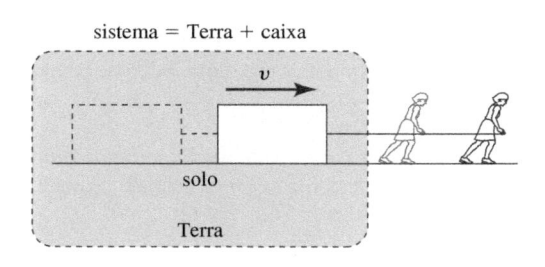

1. zero.
2. diferente de zero.

Resposta: 2. O deslocamento da Terra é zero e, portanto, o trabalho feito pela pessoa sobre a Terra é zero. Entretanto, o deslocamento da caixa é diferente de zero e, portanto, a pessoa realiza trabalho sobre a caixa. Assim, a soma dos trabalhos realizados sobre a caixa e a Terra é diferente de zero.

14. Uma pedra é lançada para cima. Além da força de gravidade, a pedra está submetida a uma força de atrito devido à resistência do ar. O tempo que a pedra leva para atingir o topo de sua trajetória é

1. maior do que o
2. igual ao
3. menor do que o

tempo necessário para retornar do topo à posição original de lançamento.

Resposta: 3. Se não houver atrito, a soma das energias potencial e cinética será constante. Assim, à medida que a pedra sobe, a sua energia potencial aumenta e sua energia cinética diminui. Na descida, a energia potencial diminui novamente de tal modo que, para cada ponto da descida em uma dada altura, a pedra terá a mesma energia cinética que tinha naquela mesma altura durante a subida. Entretanto, devido ao atrito, parte da energia total é dissipada. Como resultado, para cada ponto durante a descida, a pedra tem menos energia cinética. Isso significa que ela leva mais tempo para descer do que para subir.

Gravitação

1. Qual das seguintes opções depende da massa inercial de um objeto (em vez de sua massa gravitacional)?

   1. O tempo que o objeto leva para cair de uma certa altura.
   2. O peso do objeto medido em uma balança de mola do tipo usado em banheiro.
   3. A aceleração dada ao objeto por uma mola comprimida.
   4. O peso do objeto medido em uma balança comum.

   Resposta: 3. Os outros experimentos medem a massa gravitacional do objeto.

2. Dois satélites *A* e *B* de mesma massa giram em torno da Terra em órbitas concêntricas. A distância do satélite *B* ao centro da Terra é o dobro da do satélite *A*. Qual é a razão entre a força centrípeta que atua em *B* e a que atua em *A*?

   1. 1/8.
   2. 1/4.
   3. 1/2.
   4. $\sqrt{\frac{1}{2}}$.
   5. 1.

   Resposta: 2. A força centrípeta em cada satélite é fornecida pela força gravitacional entre o satélite e a Terra.

3. Dois satélites *A* e *B* de mesma massa giram em torno da Terra em órbitas concêntricas. A distância do satélite *B* ao centro da Terra é o dobro da do satélite *A*. Qual é a razão entre a velocidade tangencial de *B* e a de *A*?

   1. $\frac{1}{2}$.
   2. $\sqrt{\frac{1}{2}}$.
   3. 1.
   4. $\sqrt{2}$.
   5. 2.

   Resposta: 2. Em cada satélite, a força centrípeta é igual à força gravitacional entre o satélite e a Terra, sendo proporcional ao quadrado da velocidade tangencial e ao inverso da distância.

4. Suponha que a Terra não tivesse atmosfera e que uma bola fosse lançada do topo do Monte Everest em um sentido tangente ao solo. Se a velocidade inicial fosse suficientemente elevada para que a bola se deslocasse em uma trajetória circular ao redor da Terra, a aceleração da bola

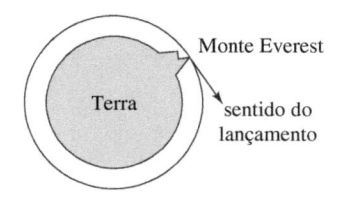

1. seria bem menor do que *g* (para que a bola não caísse em direção ao solo).
2. seria aproximadamente *g*.
3. dependeria da velocidade da bola.

Resposta: 2. A aceleração é causada pela única força exercida sobre a bola: a de gravitação. Próximo à superfície da Terra, o valor dessa aceleração é *g* (um pouco menos devido à altitude do Monte Everest).

5. Uma rocha, inicialmente em repouso em relação à Terra e localizada a uma distância infinita, é solta e acelera em direção à Terra. Uma torre de observação é construída, com altura igual a três raios terrestres, para acompanhar a rocha quando ela estiver caindo verticalmente em direção à Terra. Desprezando o atrito, a velocidade da rocha quando ela colide com o solo é

   1. duas vezes
   2. três vezes
   3. quatro vezes
   4. seis vezes
   5. oito vezes
   6. nove vezes
   7. dezesseis vezes

   a velocidade que tinha ao passar pelo topo da torre.

   Resposta: 1. O aumento da energia cinética em qualquer ponto é igual em módulo à diminuição da energia potencial gravitacional naquele ponto. O topo da torre está a quatro raios terrestres do seu centro.

6. A Lua não cai em direção à Terra porque
   1. ela está no campo gravitacional da Terra.
   2. a força resultante sobre ela é zero.
   3. ela está além da força de atração da gravidade da Terra.
   4. ela está sendo atraída pelo Sol, os planetas e a Terra.
   5. todas acima.
   6. nenhuma acima.

Resposta: 6. A Lua está acelerando em direção à Terra devido à atração gravitacional entre as duas. Essa atração produz a força centrípeta necessária para manter a Lua em órbita.

7. Em um pêndulo, o peso está suspenso por um fio a um poste de grande altura, que está localizado em algum lugar do hemisfério norte. Quando esse pêndulo está em repouso, a ação combinada da gravitação e da rotação da Terra faz o peso

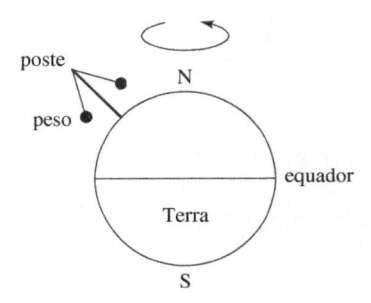

1. apontar diretamente para o centro da Terra.

2. desviar para o leste.

3. desviar para oeste.

4. desviar para o norte.

5. desviar para o sul.

6. nenhuma acima.

Resposta: 5. Se a Terra não estivesse girando, o peso apontaria diretamente para o centro da Terra. A rotação da Terra faz o peso desviar em direção ao sul, aumentando a tensão no fio. Isso faz com que o peso tenha a aceleração centrípeta correta.

Massa inercial, momento e colisões

1. Uma astronauta, flutuando sem peso em uma órbita, sacode rapidamente uma grande bigorna de ferro para trás e para frente. Ela relata para a Terra que

1. a sacudida não lhe custou esforço porque a bigorna não tem massa inercial no espaço.

2. a sacudida lhe custou algum esforço, mas bem menos do que na Terra.

3. embora sem peso, a massa inercial da bigorna é a mesma do que na Terra.

Resposta: 3. A massa inercial é uma propriedade intrínseca de qualquer objeto: é uma medida quantitativa da resistência do objeto em ser acelerado. O peso, por outro lado, é uma medida da atração gravitacional da Terra sobre o objeto. Em órbita, os objetos não têm peso porque estão em queda livre, mas continuam resistindo em ser acelerados, exatamente como na Terra.

2. Você recebe dois pequenos carros, *A* e *B*. Eles se assemelham e é dito que são feitos do mesmo material. Você coloca *A* sobre um trilho de colchão de ar e dá a *B* uma velocidade constante dirigida para a direita, de modo que colida elasticamente com *A*. Após a colisão, ambos os carros se movem para a direita. A velocidade de *B* é menor do que antes da colisão. O que você conclui?

   1. O carro *A* é oco.
   2. Os dois carros são idênticos.
   3. O carro *B* é oco.
   4. É necessária mais informação.

   Resposta: 1. Como *B* continua a se mover no sentido original de deslocamento, embora mais lentamente, sua massa inercial deve ser maior do que a de *A*. Como são feitos do mesmo material e de mesmo formato, *A* deve ser oco.

3. Quais destes sistemas são isolados?

   A. Enquanto desliza sobre o gelo, um carro colide com outro carro de forma totalmente inelástica. *Sistema:* ambos os carros.

   B. Mesma situação de A. *Sistema:* o carro deslizando.

   C. Um único carro desliza sobre um pedaço de gelo. *Sistema:* o carro.

   D. Um carro faz uma parada de emergência em uma estrada. *Sistema:* o carro.

   E. Uma bola cai em direção à Terra. *Sistema:* a bola.

   F. Uma bola de bilhar colide elasticamente com outra bola de bilhar em uma mesa de bilhar. *Sistema:* ambas as bolas.

   Resposta: A, C e F. Explicação:

   A. Quando o gelo é considerado sem atrito, os dois carros estão isolados de influências externas.

   B. O carro que está deslizando interage com o outro carro.

   C. Como em A, o carro está isolado de influências externas.

   D. A interação entre os pneus do carro e a estrada desacelera o carro.

   E. A interação com a Terra acelera a bola para baixo.

   F. Quando o atrito com a mesa de bilhar é ignorado, as duas bolas estão isolados de influências externas.

   Observe que, a rigor, nenhuma das opções acima está verdadeiramente isolada; devemos ignorar certas interações (pequenas).

4. Um carro acelera a partir do repouso. Ao fazer isso, o módulo do momento do carro sofre uma certa variação e o da Terra sofre uma variação

1. maior.

2. igual.

3. menor.

4. A resposta depende da interação entre os dois.

Resposta: 2. O momento é igual à força vezes o tempo de atuação. As forças exercidas pela Terra sobre o carro e as exercidas pelo carro sobre a Terra são iguais e opostas. O tempo de atuação dessas forças é o mesmo.

5. Um carro acelera a partir do repouso. Ele ganha uma certa quantidade de energia cinética e a Terra

1. ganha mais energia cinética.

2. ganha a mesma quantidade de energia cinética.

3. ganha menos energia cinética.

4. perde energia cinética à medida que o carro a ganha.

Resposta: 3. A partir do teorema do trabalho-energia, a energia cinética ganha é igual à força vezes a distância de sua atuação. As forças exercidas sobre o carro pela Terra e as exercidas sobre a Terra pelo carro são iguais e opostas, mas as distâncias de atuação dessas forças não são iguais – como resultado do movimento do carro, a Terra se move tão pouco que a distância percorrida por ela pode ser ignorada.

6. Suponha que a população inteira da Terra se reunisse em um lugar e, ao som de um sinal combinado previamente, todos pulassem para cima. Enquanto as pessoas estivessem no ar, a Terra ganharia momento no sentido oposto?

1. Não, a massa inercial da Terra é tão grande que a variação no movimento da Terra seria imperceptível.

2. Sim; entretanto, devido à sua massa inercial muito maior, a variação de momento da Terra seria muito menor do que a de todas as pessoas pulando.

3. Sim, a Terra recuaria como quando um rifle atira uma bala, com uma variação de momento igual e oposta à das pessoas.

4. Depende.

Resposta: 3. Se considerarmos a Terra como um sistema isolado (essa aproximação é apropriada durante o breve intervalo de tempo em que as pessoas estão pulando), então o momento deverá ser conservado. Desse modo, o momento da Terra deve ser igual e oposto ao das pessoas que estão pulando. Entretanto, devido à grande massa inercial da Terra, não há movimento perceptível.

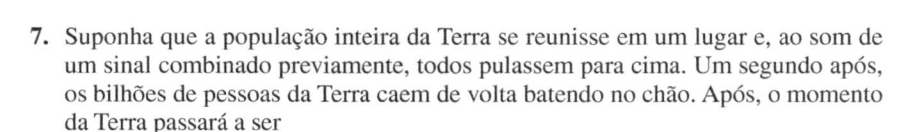

7. Suponha que a população inteira da Terra se reunisse em um lugar e, ao som de um sinal combinado previamente, todos pulassem para cima. Um segundo após, os bilhões de pessoas da Terra caem de volta batendo no chão. Após, o momento da Terra passará a ser

1. o mesmo que havia antes do pulo das pessoas.

2. diferente do que havia antes do pulo das pessoas.

Resposta: 1. É impossível variar o momento de um sistema isolado de dentro do sistema.

8. Suponha que esteja chovendo verticalmente sobre um carro aberto que está se deslocando sobre trilhos horizontais com atrito desprezível. Como resultado do acúmulo de água, a velocidade do carro

1. aumenta.

2. não muda.

3. diminui.

Resposta: 3. Como a chuva cai verticalmente, não há alteração no momento horizontal do carro. Entretanto, a massa do carro aumenta e consequentemente a sua velocidade diminui.

9. Suponha que esteja chovendo verticalmente sobre um carro aberto que está se deslocando sobre trilhos horizontais com atrito desprezível. Como resultado do acúmulo de água, a energia cinética do carro

1. aumenta.

2. não muda.

3. diminui.

Resposta: 3. Não há alteração no momento do carro, mas a sua velocidade diminui e consequentemente a sua energia cinética também diminui.

10. Considere as seguintes situações:

(i) uma bola movendo-se com velocidade *v* que é desacelerada até o repouso;

(ii) a mesma bola é acelerada desde o repouso atingindo a velocidade *v*;

(iii) a mesma bola movendo-se com velocidade *v* é desacelerada até o repouso e então acelerada de volta até atingir a sua velocidade original (no sentido oposto).

Em qual(is) caso(s) a bola sofre a maior variação de momento?

1. *(i)*

2. *(i)* e *(ii)*

3. *(i)*, *(ii)* e *(iii)*

4. *(ii)*

5. *(ii)* e *(iii)*

6. *(iii)*

Resposta: 6. Digamos que a bola tenha massa inercial *m* e velocidade *v*. A diminuição de momento no caso *(i)* é $0 - mv = -mv$ (momento final menos momento inicial). No caso *(ii)*, encontramos $mv - 0 = +mv$. No caso *(iii)*, temos $m(-v) - mv = -2mv$ porque agora a velocidade da bola tem sentido oposto. Assim, a variação de momento é maior no terceiro caso.

11. Considere dois pequenos carros, de massas *m* e 2*m*, em repouso sobre um trilho de colchão de ar. Se primeiro você empurrar um dos carros durante 3 s e, em seguida, fizer o mesmo com o outro carro, exercendo forças iguais em ambos, o momento do carro mais leve será

   1. quatro vezes o
   2. duas vezes o
   3. igual ao
   4. metade do
   5. um quarto do

   momento do carro mais pesado.

   Resposta: 3. O momento é igual à força vezes o tempo. Como as forças sobre os carros são iguais e os seus tempos de aplicação também, então os dois carros terão o mesmo momento final.

12. Considere dois pequenos carros, de massas *m* e 2*m*, ambos em repouso sobre um trilho de colchão de ar. Se primeiro você empurrar um dos carros durante 3 s e, em seguida, empurrar o outro carro com a mesma força e durante o mesmo tempo, a energia cinética do carro mais leve será

   1. maior do que a
   2. igual à
   3. menor do que a

   energia cinética do carro mais pesado.

   Resposta: 1. Como os carros têm o mesmo momento, a velocidade do carro mais leve deve ser o dobro da do carro mais pesado. Assim, a energia cinética do carro mais leve é duas vezes a do carro mais pesado.

13. Suponha que duas bolas, uma de pingue-pongue e outra de boliche, estejam vindo em sua direção. Ambas têm o mesmo momento e você exerce a mesma força para pará-las. Como os tempos para pará-las se comparam entre si?

   1. Leva menos tempo para parar a bola de pingue-pongue.
   2. Leva o mesmo tempo.

3. Leva mais tempo para parar a bola de pingue-pongue.

Resposta: 2. Como a força é igual à taxa de variação de momento, as duas bolas perdem momento na mesma taxa. Como inicialmente ambas as bolas tinham o mesmo momento, levará o mesmo tempo para pará-las.

14. Suponha que duas bolas, uma de pingue-pongue e outra de boliche, estejam vindo em sua direção. Ambas têm o mesmo momento e você exerce a mesma força para pará-las. Como as distâncias necessárias para pará-las se comparam entre si?

    1. É necessário uma distância menor para parar a bola de pingue-pongue.

    2. Ambas necessitam da mesma distância.

    3. É necessário uma distância maior para parar a bola de pingue-pongue.

Resposta: 3. Como as duas bolas têm o mesmo momento, a bola com velocidade maior tem energia cinética maior. Como a bola de pingue-pongue tem uma massa inercial menor, consequentemente ela deve ter energia cinética maior. Isso significa que mais trabalho deve ser feito sobre a bola de pingue-pongue do que sobre a bola de boliche. Como o trabalho é força vezes deslocamento, a distância necessária para parar a bola de pingue-pongue é maior.

15. No dispositivo mostrado a seguir, se a bola 1 for puxada para trás e solta, a bola 5 balançará para frente. Se as bolas 1 e 2 forem puxadas para trás e soltas, as bolas 4 e 5 balançarão para frente, e assim por diante. O número de bolas balançando em cada lado é o mesmo

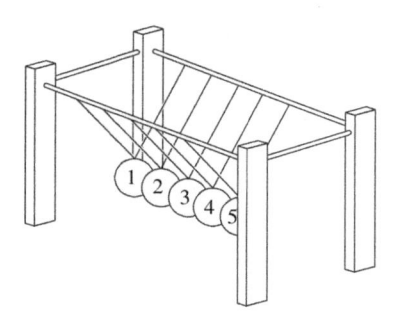

    1. devido à conservação de momento.

    2. porque as colisões são elásticas.

    3. nenhuma acima.

Resposta: 2. Há muitos estados finais diferentes que conservam momento, mas esse é o único que também conserva energia cinética. Como conservar energia cinética equivale a dizer que "as colisões são elásticas", a escolha 2 é a correta.

16. Um carro movendo-se com velocidade v colide com um carro idêntico, parado em um trilho de colchão de ar. Após a colisão, os dois ficam grudados. Qual é a velocidade deles após a colisão?

   1. v.

   2. $0,5v$.

   3. zero.

   4. $-0,5v$.

   5. $-v$.

   6. É necessária mais informação.

Resposta: 2. Como o momento total deve ser conservado, temos $mv = 2mu$, dando uma velocidade final $u = 0,5v$.

17. Em um jogo de boliche, uma pessoa tenta derrubar um pino grande de madeira lançando uma bola em sua direção. A pessoa tem duas bolas de mesmo tamanho e massa, uma de borracha e outra de massa de vidraceiro. A bola de borracha é rebatida para trás e a bola de massa de vidraceiro gruda no pino. Qual bola tem maior probabilidade de derrubar o pino?

   1. A bola de borracha.

   2. A bola de massa de vidraceiro.

   3. Não faz diferença.

   4. É necessário mais informação.

Resposta: 1. Como o momento é conservado em ambos os casos, a bola de borracha transfere mais momento ao pino do que a bola de massa de vidraceiro. Portanto, a bola de borracha tem maior probabilidade de derrubar o pino.

18. Pense rápido! Você acabou de fazer uma curva entrando a 60 km/h em uma rua estreita de mão única quando, de repente, você vê um carro idêntico vindo diretamente em sua direção também a 60 km/h. Você tem apenas duas opções: bater de frente no outro carro ou desviar para cima de uma parede maciça de concreto, também de frente. No último instante antes do impacto, você decide

   1. bater no outro carro.

   2. bater na parede.

   3. bater em qualquer um dos dois – é indiferente.

   4. consultar suas anotações de aula.

Resposta: 3. A sua variação de momento será a mesma em ambos os casos. Imagine que você está segurando uma folha fina de metal colocada entre você e o carro que se aproxima. A folha permanecerá no lugar (assim como a parede), pois a soma do seu momento com o do outro carro é zero.

19. Se todas as três colisões da figura abaixo forem totalmente inelásticas, qual(is) fará(ão) o carro da esquerda parar?

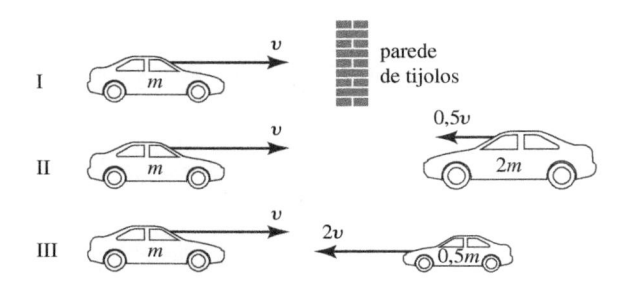

1. I.
2. II.
3. III.
4. I, II.
5. I, III.
6. II, III.
7. Todas as três.

Resposta: 7. A conservação do momento nos permite dizer que todas as três colisões farão o carro da esquerda parar.

20. Se todas as três colisões da figura abaixo forem totalmente inelásticas, qual(is) causará(ão) o maior estrago?

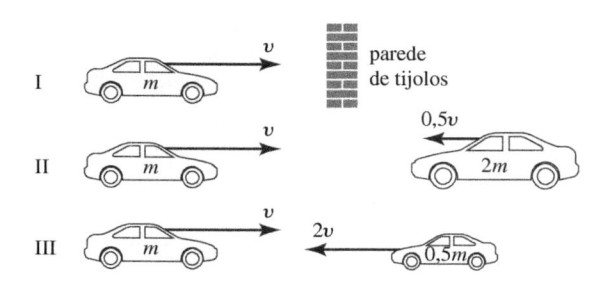

1. I.
2. II.
3. III.
4. I, II.

5. I, III.

6. II, III.

7. Todas as três.

Resposta: 3. O carro da direita em III perde mais energia cinética na colisão do que o carro da direita em II ou a parede (que tem energia cinética zero) em I. Como qualquer quantidade de energia cinética perdida vai para a deformação dos carros, o maior estrago ocorre em III.

21. Uma bola de golfe é atirada contra uma bola de boliche que está inicialmente em repouso. Como resultado, a bola de golfe é rebatida de volta elasticamente. Em comparação com a bola de boliche, a bola de golfe após a colisão tem

1. mais momento e menos energia cinética.

2. mais momento e mais energia cinética.

3. menos momento e menos energia cinética.

4. menos momento e mais energia cinética.

5. nenhuma acima.

Resposta: 4. A bola de golfe é rebatida de volta, com aproximadamente a mesma velocidade com que bateu na bola de boliche, ao passo que a bola de boliche mal sai do lugar. Assim, a variação de momento da bola de golfe é aproximadamente $-2mv$ e a bola de boliche deve ganhar o momento $+2mv$ para que o momento seja conservado. Entretanto, como a massa da bola de boliche é muito maior do que a da bola de golfe, a velocidade da bola de boliche e sua energia cinética são muito menores do que as da bola de golfe.

22. Uma bola de golfe é atirada contra uma bola de boliche que está inicialmente em repouso. Como resultado, as duas bolas ficam grudadas. Em comparação com a bola de boliche, a bola de golfe após a colisão tem

1. mais momento e menos energia cinética.

2. mais momento e mais energia cinética.

3. menos momento e menos energia cinética.

4. menos momento e mais energia cinética.

5. nenhuma acima.

Resposta: 3. Ambas as bolas se movem com a mesma velocidade após a colisão. Assim, a bola com a maior massa inercial tem o maior momento e também a maior energia cinética.

23. Suponha que você esteja sobre um carro, que está parado sobre trilhos de muito pouco atrito. Você joga bolas contra um painel que está fixado rigidamente no carro. Se as bolas, ao baterem contra o painel, voltarem para trás como mostrado na figura, o carro será colocado em movimento?

1. Sim, ele se moverá para a direita.
2. Sim, ele se moverá para a esquerda.
3. Não, ele se manterá no lugar.

Resposta 2. Como todas as bolas, após a colisão com o painel, vão para a direita, então, para que o momento seja conservado, o carro deve se mover para frente (esquerda).

24. Um carro compacto e um caminhão grande colidem de frente e ficam presos. Qual dos dois é submetido à maior variação de momento?
    1. O carro.
    2. O caminhão.
    3. A variação de momento é a mesma para ambos os veículos.
    4. Não é possível afirmar nada sem conhecer a velocidade final da massa combinada dos dois veículos.

Resposta 3. A conservação de momento afirma que as variações de momento devem ter soma zero. Assim, a variação de momento do carro deve ser igual à variação de momento do caminhão, e as duas variações ocorrem em sentidos opostos.

25. Um carro compacto e um caminhão grande colidem de frente e ficam presos. Qual dos dois é submetido à maior aceleração durante a colisão?
    1. O carro.
    2. O caminhão.
    3. Ambos experimentam a mesma aceleração.
    4. Não é possível afirmar nada sem conhecer a velocidade final da massa combinada.

Resposta 1. Digamos que o carro tenha massa inercial m e o caminhão tenha massa inercial $M \gg m$. Como as variações de momento são iguais (desprezando o fato de que se dão em sentidos opostos), temos $m\Delta v = M\Delta V$, onde Δv é a variação da velocidade do carro, e ΔV a variação da velocidade do caminhão. Como $m \ll M$, $\Delta v \gg \Delta V$. A aceleração é proporcional à variação de velocidade e ambas as variações de velocidade ocorrem no mesmo intervalo de tempo (a duração da colisão). Portanto, o carro é submetido a uma aceleração muito maior do que o caminhão.

26. Após ser atingido por um objeto em movimento, é possível que um objeto parado adquira um momento final maior do que o momento inicial do objeto em movimento?

   1. Sim.
   2. Não, porque, se isso ocorresse, haveria violação da lei de conservação do momento.

   Resposta 1. Pense em uma pequena bola sendo rebatida de volta após se chocar com um objeto de massa muito maior. Se a bola voltar com a velocidade com que se chocou, sua variação de momento será $2mv$. A conservação de momento requer, então, que o objeto com maior massa tenha um momento $2mv$ no sentido oposto. Isso é maior do que o momento inicial da bola que era mv.

Interações

1. Dois carros de massas inerciais idênticas são postos de costas, um contra o outro, sobre trilhos. O carro *A* tem um pistão de mola que pode ser comprimido e o carro *B* é inteiramente passivo. Quando o pistão comprimido do carro *A* é liberado ("separação explosiva"), o carro *B* é empurrado e

   1. *A* entra em movimento, mas *B* permanece em repouso.
   2. ambos os carros entram em movimento, sendo que *A* ganha mais velocidade do que *B*.
   3. ambos os carros adquirem a mesma velocidade, mas em sentidos opostos.
   4. ambos os carros entram em movimento, sendo que *B* ganha mais velocidade do que *A*.
   5. *B* entra em movimento, mas *A* permanece em repouso.

   Resposta: 3. Essa é a única resposta que satisfaz à conservação de momento.

2. Dois carros são postos de costas, um contra o outro, sobre trilhos. O carro *A* tem um pistão de mola que pode ser comprimido. O carro *B* é inteiramente passivo, mas tem o dobro da massa inercial do carro *A*. Quando o pistão comprimido do carro *A* é liberado ("separação explosiva"), o carro *B* é empurrado e os dois carros se afastam um do outro. Como os módulos de cada momento final e as energias cinéticas finais podem ser comparadas entre si? (Inicialmente, os carros estão parados.)

   1. $p_A > p_B, k_A > k_B$.
   2. $p_A > p_B, k_A = k_B$.
   3. $p_A > p_B, k_A < k_B$.
   4. $p_A = p_B, k_A > k_B$.

5. $p_A = p_B, k_A = k_B$.
6. $p_A = p_B, k_A < k_B$.
7. $p_A < p_B, k_A > k_B$.
8. $p_A < p_B, k_A = k_B$.
9. $p_A < p_B, k_A < k_B$.

Resposta: 4. A conservação de momento requer que os dois carros tenham o mesmo momento em módulo (mas em sentidos opostos). Essa restrição elimina todas as opções, menos as 4, 5 e 6. Como a massa inercial de *B* é o dobro da de *A*, a velocidade de *B* deve ser metade da de *A*. Como a energia cinética é momento vezes a metade da velocidade, e como os dois carros têm o mesmo momento, o carro com maior velocidade (*A*) tem a energia cinética maior.

3. Dois carros são postos de costas, um contra o outro. O carro *A* tem um pistão de mola que pode ser comprimido. O carro *B* é inteiramente passivo, mas tem o dobro da massa inercial do carro *A*. Quando o pistão do carro *A* é comprimido e liberado ("separação explosiva"), o carro *B* é empurrado e os dois carros afastam-se entre si. Ignorando os sinais, enquanto o pistão está empurrando o carro *B*,

   1. *A* tem aceleração maior do que *B*.
   2. os dois têm a mesma aceleração.
   3. *B* tem aceleração maior do que *A*.

Resposta: 1. O carro *A* ganha mais velocidade do que o carro *B*. Como ambos os carros ganham velocidade durante o mesmo intervalo de tempo, a aceleração de *A* deve ser maior do que a de *B*.

4. Duas pessoas patinando estão jogando sem parar uma bola entre si, de uma para a outra. Após um par de jogadas, elas estão (ignorando o atrito)

   1. paradas e no mesmo lugar onde estavam inicialmente.
   2. paradas e mais distanciadas uma da outra.
   3. paradas e mais próximas uma da outra.
   4. em movimento e afastando-se uma da outra.
   5. em movimento e aproximando-se uma da outra

Resposta: 4. Cada jogada é uma separação explosiva porque a força muscular está produzindo trabalho que é entregue e transformado em energia cinética, tal como em uma explosão em que a energia química do explosivo é transformada em energia cinética nos estilhaços que são lançados em todas as direções. Vamos supor que as duas pessoas, *A* e *B*, estão inicialmente em repouso. Quando *A* atira a bola em direção à pessoa *B*, ela recua e move-se para trás – afastando-se de *B* – de modo que o momento total (da pessoa *A* mais o da bola) seja conservado. Quando *B* pega a bola, ela também se move para trás, afastando-se de *A*. Quando ela joga a bola de volta para *A*, *B* recua e move-se para trás com velocidade ainda maior.

Então, a pessoa *A* pega a bola recebendo mais um pouco de momento. Ao jogar a bola de volta, *A* ganha ainda mais momento, e assim por diante. O efeito resultante é que *A* e *B* estão acelerando e afastando-se uma da outra.

5. Duas pessoas patinando estão jogando uma bola entre si, de uma para a outra. Qual(is) afirmação(ões) é(são) verdadeira(s)?

   A. As interações mediadas pela bola são de repulsão.

   B. Se filmássemos a ação e passássemos o filme para trás, a interação pareceria ser de atração.

   C. O momento total das duas pessoas é conservado.

   D. A energia total das duas pessoas é conservado.

   Resposta: A. A interação é de repulsão porque ela acelera os dois corpos, que se afastam um do outro. A afirmação B é falsa porque, se um filme desse evento fosse mostrado para trás, veríamos as pessoas *A* e *B* aproximando-se, mas suas velocidades estariam diminuindo cada vez mais. Isso significaria que suas acelerações estariam apontando em sentidos opostos. Dessa forma, as interações ainda seriam de repulsão.

   E o que dizer das leis de conservação? A bola transporta momento e energia de um lado para outro entre os dois patinadores. Portanto, o momento e a energia deles não podem ser conservados.

6. Na figura seguinte, um peso de 10 kg está suspenso no teto por uma mola. O sistema de peso e mola está em equilíbrio, sendo que a parte inferior do peso está a cerca de 1 m acima do solo. A seguir, a mola é esticada até que o peso esteja quase tocando nos ovos. Quando a mola é solta, o peso é puxado pela mola, que se contrai, e então volta a descer sob a influência da gravidade. Na descida, o peso

   1. tem o sentido de seu movimento invertido bem acima dos ovos.

2. tem o sentido de seu movimento invertido precisamente quando está quase tocando nos ovos.

3. faz uma lambuzeira quando quebra os ovos.

Resposta: 2. Na situação inicial, quando a mola é esticada até que a parte inferior do peso esteja quase tocando nos ovos, toda a energia do sistema é potencial. Após a mola ser solta, parte dessa energia é convertida em energia cinética no sistema de mola e peso que está em movimento. Entretanto, quando o peso retorna à sua posição inicial, quase tocando nos ovos, toda a energia do sistema deve ser novamente potencial. Não tendo energia cinética, o peso para no ponto onde foi solto inicialmente. Os ovos estão a salvo.

7. Na parte (a) da figura, um carro para trilho de colchão de ar está preso a uma mola. Ele está parado sobre o trilho na posição $x_{equilíbrio}$ e a mola está relaxada (sem estar esticada nem contraída). Em (b), o carro foi puxado até a posição $x_{inicial}$ e solto. Ele passa a oscilar em torno de $x_{equilíbrio}$. Qual gráfico representa corretamente a energia potencial da mola em função da posição do carro?

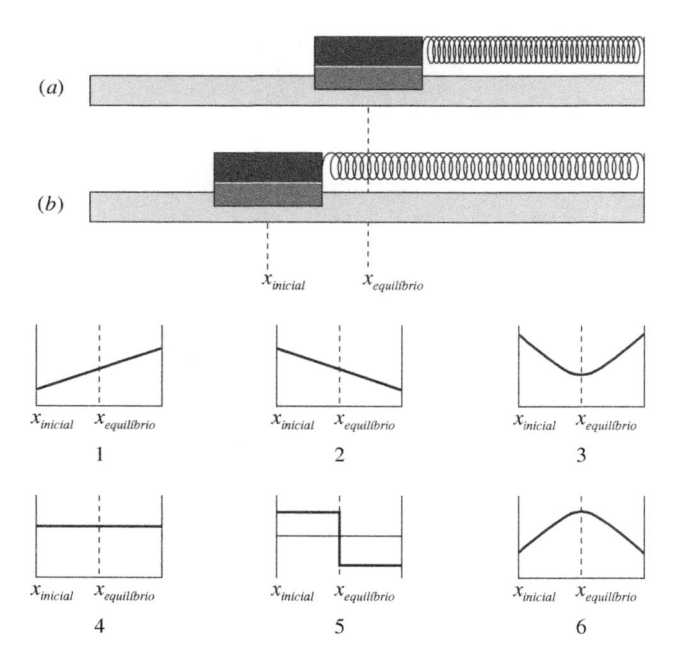

Resposta: 3. Inicialmente, o carro está sem energia cinética na posição $x_{inicial}$ e, portanto, o valor da energia potencial da mola é máximo. Após a mola ser solta, o carro acelera para a direita e sua energia cinética aumenta à medida que a energia potencial da mola se converte em energia cinética. Quando o carro passa pelo ponto de equilíbrio, sua energia cinética é máxima e a energia potencial da mola é mínima. Após passar para o lado direito de $x_{equilíbrio}$, o carro começa a comprimir a mola baixando sua velocidade. Na mola, quando ela é comprimida, a energia cinética do carro é transformada de volta em energia potencial. Ao atingir a posição mais à direita, o sentido de deslocamento do carro é invertido. Nesse instante, o carro está sem energia cinética e a mola atinge novamente o máximo de energia potencial.

8. Dois carros, um com o dobro do peso do outro, estão parados sobre trilhos horizontais. Uma pessoa empurra cada carro durante 5 s. Ignorando o atrito e supondo forças iguais aplicadas a ambos os carros, o momento do carro mais leve após o empurrão é

   1. menor do que o
   2. igual ao
   3. maior do que o

   momento do carro pesado.

   Resposta: 2. A variação de momento causada por uma força constante é o produto da força vezes o intervalo de tempo: $\Delta p = F \Delta t$. Como o intervalo de tempo Δt e a força F são os mesmos para ambos os carros, as variações de momento também são iguais.

9. Dois carros, um com o dobro do peso do outro, estão parados sobre trilhos horizontais. Uma pessoa empurra cada carro durante 5 s. Ignorando o atrito e supondo forças iguais aplicadas a ambos os carros, a energia cinética do carro mais leve após o empurrão é

   1. menor do que a
   2. igual à
   3. maior do que a

   energia cinética do carro pesado.

   Resposta: 3. Como os dois carros têm o mesmo momentum, o carro de maior velocidade deve ser o de maior energia cinética. Esse carro será o mais leve dos dois porque ele terá menos inércia e sua aceleração será maior do que a do carro mais pesado.

Sistemas de referência

1. Quando uma bola pequena colide elasticamente com uma bola grande de massa maior, inicialmente em repouso, a bola de maior massa tende a permanecer em repouso, ao passo que a bola pequena é rebatida de volta com velocidade quase igual à sua velocidade original. Agora, considere uma bola grande de massa inercial M se deslocando com velocidade v e colidindo com uma bola pequena de massa inercial m, inicialmente em repouso. A variação de momento da bola pequena é

1. Mv.
2. $2Mv$.
3. mv.
4. $2mv$.
5. Nenhuma acima.

Resposta: 4. Considere a segunda colisão vista de um sistema de referência que se desloca juntamente com a bola grande. Nesse sistema de referência em movimento, a bola de maior massa está em repouso e a bola pequena se move em direção à bola grande com velocidade $-v$. Entretanto, isso é precisamente o mesmo que a primeira colisão mencionada no início da questão. Após a colisão, a bola pequena é rebatida de volta com velocidade v. No sistema de referência da Terra, isso corresponde a uma velocidade de $v + v = 2v$. Assim, a variação de momento será $2mv$, exatamente como na primeira colisão.

2. Uma pequena bola de borracha é colocada sobre uma bola de vôlei e as duas são soltas em conjunto de uma certa altura. A velocidade da bola de borracha após ser rebatida, em comparação com a velocidade que ela tinha no instante imediatamente anterior à batida da bola de vôlei contra o solo, é

   1. igual.
   2. o dobro.
   3. três vezes maior.
   4. quatro vezes maior.
   5. nenhuma acima.

   Resposta: 3. Quando a bola de vôlei bate no solo, o sentido de sua velocidade v é invertido e v torna-se $-v$. Em um sistema de referência, que está se deslocando para cima, juntamente com a bola de vôlei na velocidade $-v$, a bola de vôlei está em repouso e a bola de borracha está se aproximando com velocidade $2v$. Quando ela bate na bola de vôlei, o sentido da velocidade da bola de borracha é invertido, de modo que $2v$ se torna $-2v$. Esse valor de velocidade (da bola de borracha) é válido no sistema de referência que está se deslocando com velocidade $-v$. No sistema de referência da Terra, a velocidade da bola pequena será $-2v + (-v) = -3v$.

3. Suponha que você esteja sentado em uma sala a prova de som, sem janelas, no interior de um *hovercraft* que está se deslocando sobre um terreno plano. Qual dos seguintes movimentos você pode detectar de dentro da sala?

   1. Rotação.
   2. Afastamento da orientação horizontal.
   3. Movimento com velocidade constante.
   4. Aceleração.
   5. Estado de repouso em relação ao solo.

Resposta: 1, 2 e 4. Não há experimentos capazes de detectar movimento uniforme (ou repouso). Só podemos sentir movimentos que causam aceleração.

4. Um carro, inicialmente em repouso sobre um trilho de colchão de ar, é colocado em movimento quando uma mola comprimida é solta, empurrando-o. No sistema de referência da Terra, o gráfico do carro para velocidade *versus* tempo está mostrado abaixo, onde se pode ver como a velocidade sofreu variação. Em um outro sistema de referência, que se move com velocidade constante em relação à Terra, quais das seguintes grandezas pode assumir uma variação de valor qualquer?

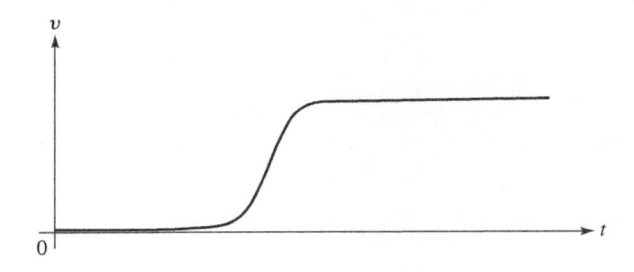

1. Velocidade.
2. Momento.
3. Energia cinética.
4. Nenhuma acima.

Resposta: 3. As variações de velocidade e momento são as mesmas em quaisquer dois sistemas de referência inerciais que estão se movendo com velocidade constante, um em relação ao outro. Entretanto, no caso de energia cinética, a variação pode assumir qualquer valor.

5. Um carro parado sobre um trilho de colchão de ar é colocado em movimento quando uma mola comprimida é liberada, empurrando-o. A Terra e o carro constituem um sistema isolado. A variação da energia cinética do carro no sistema de referência da Terra e em um sistema de referência que se move com velocidade constante em relação à Terra são diferentes porque no sistema de referência em movimento

1. a conservação de energia não se aplica.
2. a quantidade de energia liberada pela mola é diferente.
3. a variação da energia cinética da Terra é diferente.
4. aplica-se uma combinação de 2 e 3.
4. nenhuma acima.

Resposta: 3. Como o sistema é isolado, a conservação de momento se aplica a qualquer sistema de referência inercial. A quantidade de energia liberada pela mola é uma medida da variação do seu estado físico e, portanto, não deve depender do sistema de referência. A opção 3 é a única que satisfaz à conservação de energia.

6. Dois objetos colidem de forma inelástica. Toda a energia cinética inicial da colisão pode ser convertida em outras formas de energia?

1. Sim, mas somente para certas velocidades iniciais especiais.

2. Sim, desde que os objetos sejam suficientemente macios.

3. Não, isso viola um princípio fundamental de física.

4. Nenhuma acima.

Resposta: 1. Se toda a energia cinética for convertida, então ambos os objetos deverão entrar em repouso. Isso significa que o momento total dos objetos após a colisão será zero. Isso poderá acontecer somente se o momento total inicial for zero.

Rotações

1. Uma joaninha pousa na parte mais periférica de um carrossel. Uma segunda joaninha se senta a meio caminho entre a primeira joaninha e o eixo de rotação. O carrossel faz uma volta completa a cada segundo. Em relação à velocidade da primeira joaninha, a velocidade angular da segunda joaninha é

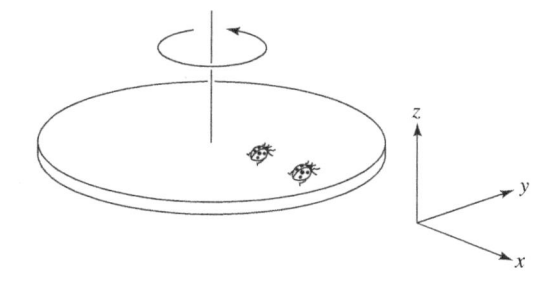

1. a metade.

2. a mesma.

3. o dobro.

4. impossível de determinar.

Resposta: 2. Ambas as joaninhas têm a mesma velocidade angular, uma rotação por segundo.

2. Uma joaninha pousa na parte mais periférica de um carrossel que está girando e perdendo velocidade. No instante mostrado na figura, o sentido da componente radial da aceleração (cartesiana) da joaninha é

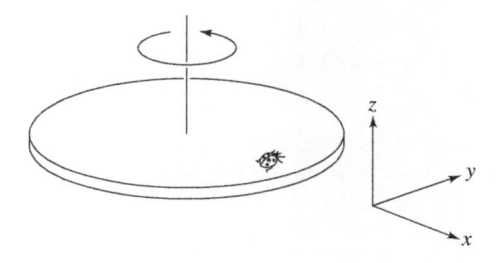

1. $+x$.
2. $-x$.
3. $+y$.
4. $-y$.
5. $+z$.
6. $-z$.
7. zero.

Resposta: 2. A componente radial da aceleração cartesiana de um objeto em rotação aponta em direção ao eixo de rotação.

3. Uma joaninha pousa na parte mais periférica de um carrossel que está girando e perdendo velocidade. O sentido da componente tangencial da aceleração (cartesiana) da joaninha é

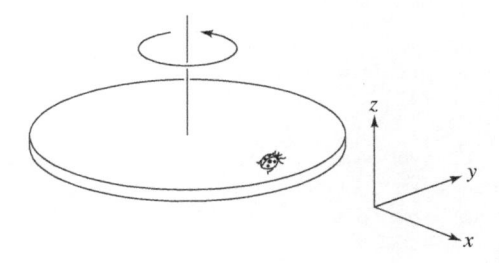

1. $+x$.
2. $-x$.
3. $+y$.
4. $-y$.

5. $+z$.

6. $-z$.

7. zero.

Resposta: 4. A velocidade tangencial do besouro é no sentido $+y$. Como a velocidade do carrossel está diminuindo, a aceleração tangencial da joaninha é no sentido $-y$.

4. Uma joaninha pousa na parte mais periférica de um carrossel que está girando e perdendo velocidade. O sentido do vetor que expressa sua velocidade angular é

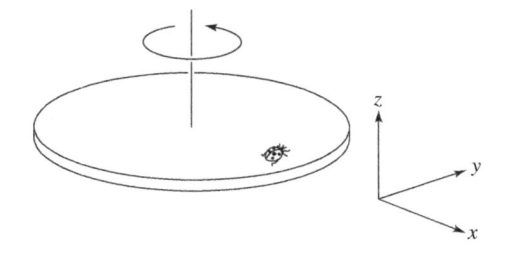

1. $+x$.

2. $-x$.

3. $+y$.

4. $-y$.

5. $+z$.

6. $-z$.

7. zero.

Resposta: 5. O sentido do vetor da velocidade angular é dado pela regra da mão direita.

5. Em um parque de diversões, uma pessoa dá uma volta de rotor[2] e fica grudada de costas contra a sua parede. Qual dos diagramas a seguir mostra corretamente as forças que atuam sobre a pessoa?

---

[2] N. de T.: O rotor, inventado no final da década de 1940, é um equipamento que ainda pode ser encontrado na sua forma original em alguns parques de diversões. Ele consiste em um grande cilindro que é posto em rotação após as pessoas se instalarem em seu interior, de costas contra a parede. Ao atingir a velocidade normal de rotação, o fundo do cilindro é baixado e as pessoas ficam "grudadas" na parede. Mais tarde, o rotor assumiu outras formas em que o fundo do rotor não baixa, mas a inclinação e a altura do eixo de rotação sofrem variação.

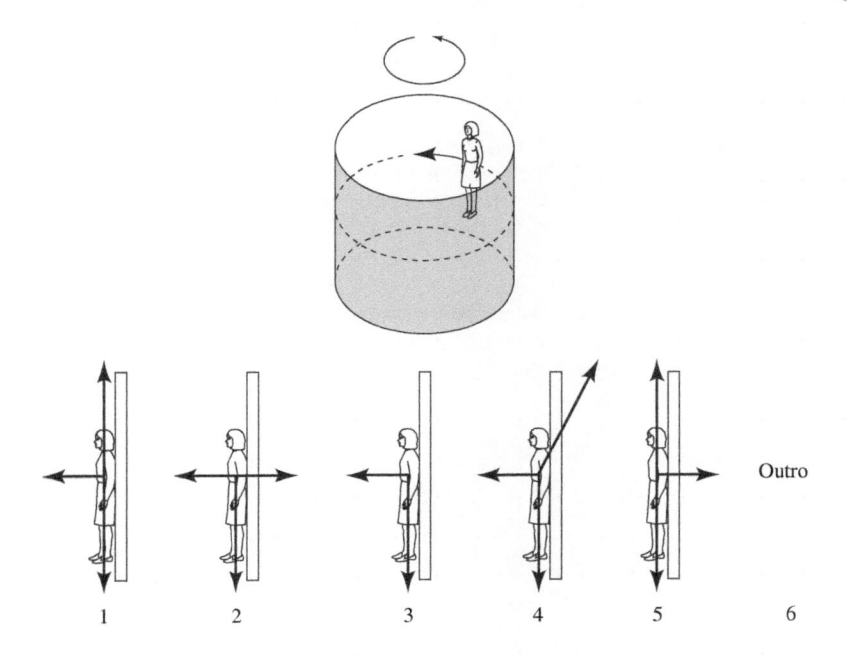

Resposta: 1. A força normal da parede sobre a pessoa fornece a aceleração centrípeta necessária para manter a pessoa executando um movimento circular. A força de gravidade para baixo é igual e oposta à força de atrito que atua para cima sobre ela.

6. Considere duas pessoas em lados opostos de um carrossel. Uma delas joga uma bola em direção à outra. Em qual sistema de referência o caminho da bola é reto quando visto de cima: (*a*) o sistema de referência do carrossel ou (*b*) o da Terra?

1. Apenas (*a*).
2. Sistemas (*a*) e (*b*) – embora as trajetórias pareçam curvas.
3. Apenas (*b*).
4. Nenhum. Como a bola é jogada enquanto a pessoa está fazendo um movimento circular, a bola se desloca ao longo de uma trajetória curva.

Resposta: 3. Se o sistema de referência for inercial, a trajetória da bola deverá ser reta. Dos dois sistemas, apenas (*b*) é inercial e, portanto, somente em (*b*) a trajetória é reta.

7. Você está tentando abrir uma porta que está trancada. Para isso, você puxa a maçaneta em sentido perpendicular à porta. Se, em vez disso, você amarrar uma corda à maçaneta e então puxá-la com a mesma força, o torque exercido será maior?

1. Sim.
2. Não.

Resposta: 2. Como a força que você está aplicando é a mesma e como a distância perpendicular entre a linha de ação e o eixo de rotação (braço de alavanca) também é a mesma, o torque que você está aplicando não aumentará. (Se você puxar a maçaneta fazendo um ângulo não perpendicular, o braço de alavanca somente diminuirá.)

8. Você está usando uma chave de boca para tentar afrouxar uma porca enferrujada. Quais das configurações mostradas abaixo é a mais efetiva para afrouxar a porca? Liste as seguintes configurações em ordem decrescente de eficiência:

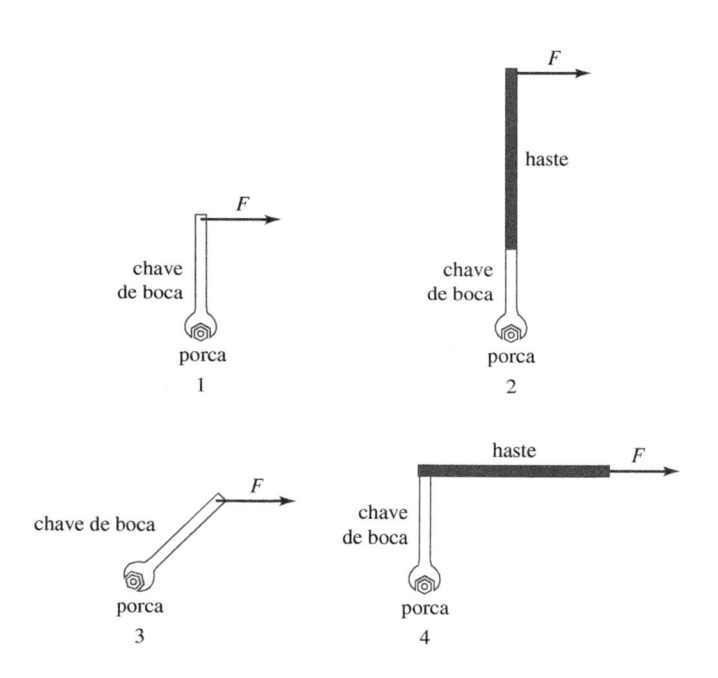

Resposta: 2-1-4-3. Para aumentar o torque, você poderá aumentar ou a força aplicada ou o braço de alavanca (momento). Como aqui a força é a mesma em todas as quatro situações, a questão se resume a comparar os braços de alavanca.

9. Uma força F é aplicada a um haltere de esferas durante um intervalo de tempo Δt, primeiro como em (*a*) e após como em (*b*). Em qual dos casos o centro de massa do haltere adquire a maior velocidade?

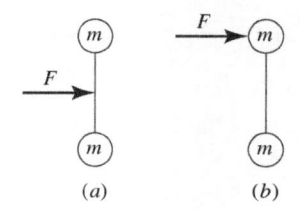

(a)   (b)

1. (a)
2. (b)
3. É indiferente.
4. A resposta depende da inércia rotacional do haltere.

Resposta: 3. Como a força atua durante o mesmo intervalo de tempo em ambos os casos, as variações de momento ΔP devem ser as mesmas nos dois casos e, portanto, a velocidade do centro de massa deve ser a mesma em ambos os casos.

10. Uma força F é aplicada a um haltere de esferas durante um intervalo de tempo Δt, primeiro como em (a) e após como em (b). Em qual dos casos o haltere adquire a maior energia?

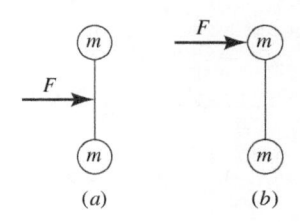

(a)   (b)

1. (a)
2. (b)
3. É indiferente.
4. A resposta depende da inércia rotacional do haltere.

Resposta: 2. Se as velocidades de centro de massa forem as mesmas, então as energias cinéticas de translação deverão ser as mesmas. Como o haltere (b) está girando, ele também tem energia cinética de rotação.

11. Imagine bater em um haltere com um objeto que está se aproximando com velocidade v, primeiro no centro e depois em uma das extremidades. A velocidade do centro de massa do haltere será a mesma em ambos os casos?

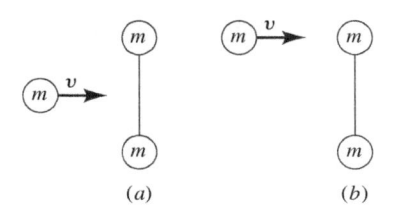

(a)   (b)

1. Sim.
2. Não.

Resposta: 2. O objeto em movimento aproxima-se com um certo momento. Se ele bater no centro de massa, como no caso (*a*), não haverá rotação e sua colisão será como uma colisão unidimensional entre um objeto de massa inercial *m* e outro de massa inercial 2*m*. Ao colidir, o objeto que se aproxima é rebatido de volta devido à massa inercial maior do haltere.

Em (*b*), o haltere começa a girar. O objeto que se aproxima encontra menos "resistência", transferindo, portanto, menos do seu momento ao haltere, que terá consequentemente uma velocidade de centro de massa menor do que no caso (*a*).

12. Uma pedra de 1 kg é suspensa por um fio sem massa na extremidade de uma vara de medir de 1 m de comprimento. Qual é a massa da vara de medir se ela fica em equilíbrio quando a força de apoio (fulcro) é aplicada na marca de 0,25 m?

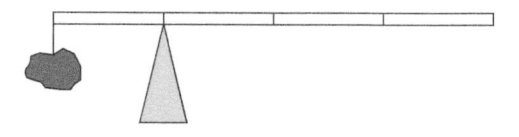

1. 0,25 kg.
2. 0,5 kg.
3. 1 kg.
4. 2 kg.
5. 4 kg.
6. Impossível de determinar.

Resposta: 3. Como a vara é um corpo simétrico e uniforme, podemos considerar que todo o seu peso está concentrado no centro de massa na marca de 0,5 m. Portanto, o ponto de apoio (fulcro) está posicionado a meio caminho entre as duas massas e o sistema estará em equilíbrio somente se a massa total da direita for também de 1 kg.

13. Uma caixa com seu centro de massa afastado do seu centro geométrico, como indicado pela marca redonda na figura abaixo, é colocada sobre um plano inclinado. Se for possível, em qual das quatro orientações mostradas a caixa tombará?

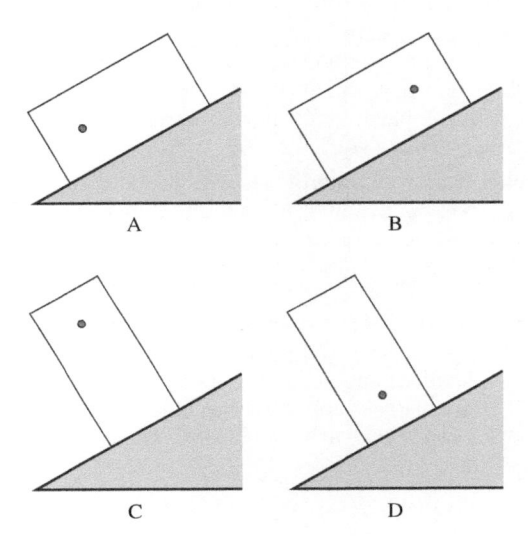

Resposta: Somente a opção C. Para tombar, a caixa deve girar sobre sua aresta inferior esquerda. Apenas no caso C o torque sobre essa aresta (devido à gravidade) consegue girar a caixa de tal modo que ela tombe.

14. Considere a situação mostrada abaixo à esquerda. Um disco de hóquei (*puck*) de massa m, movendo-se com velocidade v, colide com outro disco idêntico que está preso a um poste por meio de um fio de comprimento r. Após a colisão, o disco preso ao fio gira ao redor do poste. Suponha agora que multipliquemos por 2 o comprimento do fio, como mostrado à direita e repitamos o experimento. Em comparação com a velocidade angular da primeira situação, a nova velocidade angular será

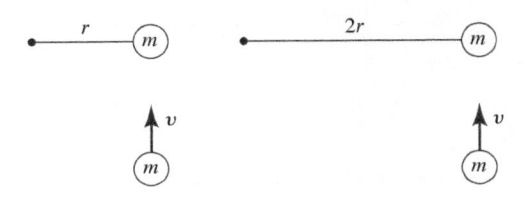

1. o dobro.
2. a mesma.

3. a metade.

4. nenhuma acima.

Resposta: 3. Se ignorarmos o efeito do fio durante a colisão entre os dois discos, o disco que se aproxima entrará em repouso e o disco preso ao fio irá adquirir a velocidade v. Entretanto, devido ao fio, esse disco não pode se deslocar em linha reta, sendo obrigado a se mover em um círculo. Como sua velocidade é v, leva um tempo $2\pi r/v$ para completar uma volta em torno do poste. A velocidade angular do disco é $v = \omega r$, de modo que $\omega = v/r$.

Quando multiplicamos o comprimento do fio por 2, o círculo percorrido pelo disco dobra. Como a colisão ainda dá a mesma velocidade ao disco, agora o disco necessita do dobro de tempo para completar uma volta em torno do poste. Portanto, sua velocidade angular é $\omega = v/2r$.

15. Uma patinadora artística está em um ponto sobre o gelo (suposto sem atrito) e gira com seus braços abertos. Quando ela baixa os braços, sua inércia rotacional diminui e sua velocidade angular aumenta de modo que seu momento angular é conservado. Em comparação com a energia cinética inicial de rotação, a energia cinética de rotação após ela baixar os braços deverá ser

1. a mesma.

2. maior, pois ela está girando mais rapidamente.

3. menor, pois sua inércia rotacional é menor.

Resposta: 2. A energia cinética de rotação é $\frac{1}{2} I\omega^2$. Se L, o momento angular, for usado para substituir $I\omega$, encontraremos $K_{rot} = \frac{1}{2} L\omega$. Sabemos (*a*) que L é constante porque o momento angular é conservado nesse sistema isolado e (*b*) que ω aumenta. Assim, K_{rot} deve aumentar. A energia "extra" vem do trabalho que ela faz com seus braços. Ela tem que puxar os braços contra a tendência deles de continuar em linha reta. A patinadora exerce, portanto, um trabalho sobre os braços. Se você preferir considerar a patinadora e seus braços como sendo um único sistema, a energia extra virá da energia potencial.

16. Dois cilindros de mesmo tamanho e massa rolam descendo um plano inclinado. A maior parte do peso do cilindro A está concentrada na periferia, ao passo que a do cilindro B está concentrada no centro. Qual dos dois chega primeiro à parte de baixo do plano inclinado?

1. A

2. B

3. Ambos chegam à parte de baixo ao mesmo tempo.

Resposta: 2. Quando os cilindros descem o plano inclinado, a energia potencial gravitacional é convertida em energia cinética de translação e rotação, $mgh = \frac{1}{2} mv^2 + \frac{1}{2} I\omega^2$. Substituindo ω por v/r, obtemos

$mgh = \frac{1}{2}(m + I/r^2)v^2$. Como os valores de m e r são os mesmos para os dois cilindros, o cilindro com inércia rotacional menor terá velocidade maior. Uma inércia rotacional menor é obtida quando mais massa está concentrada próximo do centro.

17. Um disco sólido e um anel rolam descendo um plano inclinado. O anel descerá mais lentamente que o disco se

1. $m_{anel} = m_{disco}$, onde m é a massa inercial.
2. $r_{anel} = r_{disco}$, onde r é o raio.
3. $m_{anel} = m_{disco}$ e $r_{anel} = r_{disco}$.
4. O anel sempre é mais lento, independentemente dos valores relativos de m e r.

Resposta: 4. O anel tem mais inércia rotacional por unidade de massa do que o disco. Portanto, quando ele começa a rolar, uma fração relativamente maior de sua energia cinética total está na forma rotacional e consequentemente sua energia cinética de translação é menor do que a do disco.

À medida que o disco e o anel rolam descendo o plano inclinado, a energia potencial de cada um é reduzida de uma quantidade mgh, onde h é a diferença de altura entre a parte de cima e de baixo do plano inclinado. Essa energia é convertida em energia cinética (de translação e rotação): $mgh = \frac{1}{2}mv^2 + \frac{1}{2}I\omega^2$. Podemos escrever a inércia rotacional como $I = cmR^2$, onde c é uma constante igual a 1 para o anel e $\frac{1}{2}$ para o disco. Como $\omega = v/R$, temos: $mgh = \frac{1}{2}mv^2 + \frac{1}{2}cmR^2(v/R)^2 = \frac{1}{2}(1 + c)mv^2$. Portanto, quanto maior c, menor será v. Assim, o anel, que tem a maior inércia rotacional, leva mais tempo para descer o plano inclinado, independentemente da inércia e do raio.

18. Duas rodas de bicicleta, com cubos centrais iguais e massas de 1 kg cada uma, começam a girar partindo do repouso, sendo que as forças são aplicadas como está mostrado abaixo. Suponha que os cubos e os raios não tenham massa. Assim, a inércia rotacional é $I = mR^2$. Para que as acelerações sejam iguais, qual deve ser o valor de F_2?

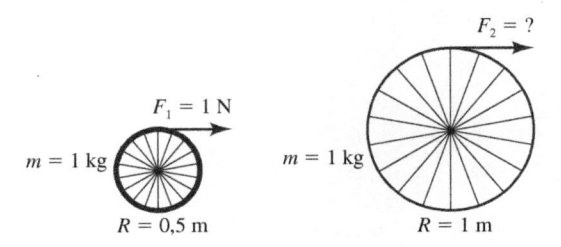

$F_2 = ?$

$F_1 = 1$ N

$m = 1$ kg

$R = 0,5$ m

$m = 1$ kg

$R = 1$ m

1. 0,25 N.
2. 0,5 N.

3. 1 N.

4. 2 N.

5. 4 N.

Resposta: 4. Em cada roda, o momento de inércia vezes a aceleração angular deve ser igual à força aplicada ao aro da roda vezes a distância do aro até o centro da roda.

19. Partindo do repouso, duas rodas descem dois planos inclinados idênticos rolando a mesma distância sem escorregamento. A roda *B* tem o dobro do raio e a mesma massa que a roda *A*. Toda a massa está concentrada em seus aros, de modo que sua inércia rotacional é $I = mR^2$. Ao terminar de descer o plano inclinado, qual das rodas tem maior energia cinética de translação?

    1. A roda *A*.

    2. A roda *B*.

    3. As energias cinéticas são as mesmas.

    4. É necessária mais informação.

    Resposta: 3. Em cada roda, o ganho de energia cinética total (de translação mais de rotação) é igual à perda de energia potencial gravitacional. Como as duas rodas têm massas idênticas e rolam a mesma distância, ambas perdem a mesma quantidade de energia potencial e, como a razão entre as energias cinéticas de translação e de rotação de ambas as rodas é a mesma, as energias cinéticas de translação são as mesmas.

20. Considere o objeto, mostrado a seguir, girando uniformemente. Se a velocidade angular do objeto for um vetor (em outras palavras, aponta em certa direção no espaço), haverá uma direção em particular que poderemos associar à velocidade angular?

    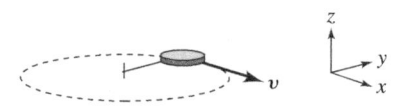

    1. Sim, *x*.

    2. Sim, *y*.

    3. Sim, *z*.

    4. Sim, alguma outra direção.

    5. Não, a escolha é realmente arbitrária.

    Resposta: 3. A direção *z* – perpendicular ao plano de rotação – é a única. As direções dadas por *x* e *y* representam apenas direções em que o objeto está se movendo em um dado instante (como no instante representado no diagrama). Durante o movimento, em todos os instantes, a direção *z* mantém a mesma relação com a velocidade instantânea.

21. Uma pessoa faz uma bola de tênis presa por um fio percorrer um círculo horizontal (de modo que o eixo de rotação seja vertical). No ponto indicado abaixo, a bola recebe um forte impulso para frente. Isso causa uma variação de momento angular ΔL na

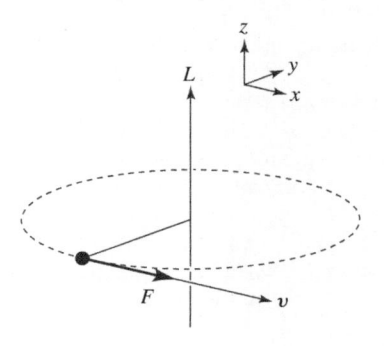

1. direção x.
2. direção y.
3. direção z.

Resposta: 3. A força F faz a bola girar mais rápido enquanto percorre o círculo. Como consequência, o momento angular da bola aumenta de valor sem que a sua direção seja alterada. De acordo com a regra da mão direita, a velocidade angular tem o sentido $+z$ e, portanto, a variação de momento angular também deverá ocorrer no sentido $+z$.

22. Uma pessoa faz uma bola de tênis presa por um fio percorrer um círculo horizontal (de modo que o eixo de rotação seja vertical). No ponto indicado abaixo, a bola recebe um forte impulso vertical para baixo. Em que sentido o eixo de rotação sofre inclinação após o impulso?

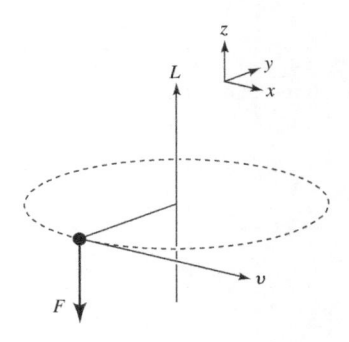

1. $+x$
2. $-x$
3. $+y$
4. $-y$
5. Permanece o mesmo (mas o módulo do momento angular varia).
6. A bola começa a oscilar em todas as direções.

Resposta: 1. Quando recebe o impulso, a bola sofre uma aceleração para baixo e sua velocidade ganha uma componente também para baixo. A bola, ainda presa ao fio que a obriga a percorrer um círculo, move-se em uma nova trajetória circular cujo plano é determinado pelo novo valor que a velocidade instantânea v passou a ter imediatamente após receber o impulso. Essa nova velocidade v' define um novo plano que, em relação ao plano anterior, foi inclinado para baixo no sentido frontal (sentido $+x$). Consequentemente, o momento angular também se inclina no sentido $+x$. A variação de momento angular é o vetor tracejado que une L e L'.

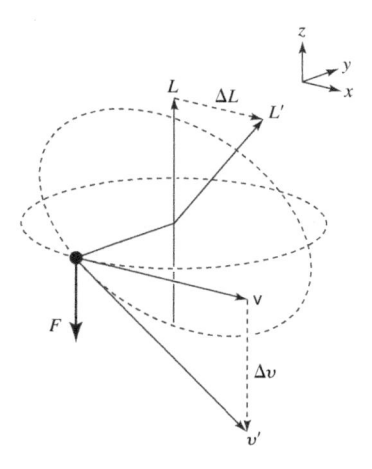

Explicação usando torque: de acordo com a regra da mão direita, o torque exercido pela força é no sentido para frente ($+x$). Portanto, a variação de momento angular também deverá ser nessa direção.

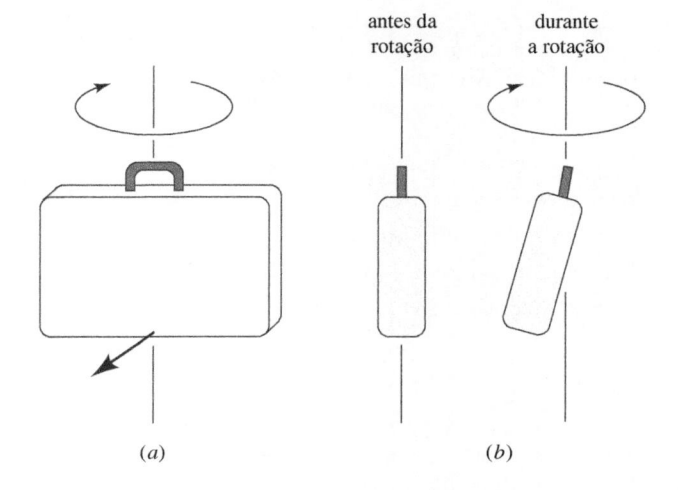

antes da
rotação

durante
a rotação

(*a*)   (*b*)

23. Um volante está em rotação no interior de uma maleta. Por sua vez, essa maleta sofre um giro em torno do eixo vertical, como mostrado em (*a*). À medida que ela gira, a parte de baixo da maleta se move para fora e para cima como em (*b*). Disso, podemos concluir que o volante, visto do lado da maleta mostrado em (*a*), gira no sentido

1. horário.

2. anti-horário.

Resposta: 1. Para girar a maleta no sentido indicado, um torque para baixo deve ser aplicado à maleta. Esse torque atua para baixo dando ao momento angular uma componente para baixo. Como inicialmente o momento angular apontava para dentro da página, essa componente para baixo inclinará a maleta como indicado. Portanto, o volante deve estar girando no sentido horário.

Oscilações

1. Um objeto está em equilíbrio quando as resultantes das forças e dos torques aplicados sobre ele são zero. Qual(is) das seguintes afirmações está(ão) correta(s) para um objeto em um sistema de referência inercial?

A. Qualquer objeto em equilíbrio está em repouso.

B. Um objeto em equilíbrio não precisa estar em repouso.

C. Um objeto em repouso deve estar em equilíbrio.

Resposta: B. Um objeto está em equilíbrio quando não há força líquida (resultante) sobre ele. Isso significa que a aceleração do objeto é zero e consequentemente o objeto está em repouso ou em movimento com velocidade constante. Portanto, A é falsa, e B é verdadeira. A opção C não é verdadeira. Pense em um objeto lançado para cima no ar. No ponto mais alto, o objeto estará momentaneamente em repouso ($v = 0$), mas a aceleração $a = -g$ certamente não será zero.

2. Um objeto pode oscilar em torno de

   1. qualquer ponto de equilíbrio.
   2. qualquer ponto de equilíbrio estável.
   3. certos pontos de equilíbrio estável.
   4. qualquer ponto, desde que as forças exercidas sobre ele obedeçam à lei de Hooke.
   5. qualquer ponto.

   Resposta: 2. Quando um objeto em equilíbrio estável sofre uma perturbação, ele tende a retornar ao ponto de equilíbrio. Essa é a exigência básica de uma oscilação. Quando é perturbado, um objeto em equilíbrio instável tende a se afastar cada vez mais do ponto de equilíbrio. As forças presentes em torno do equilíbrio obedecem à lei de Hooke. Isso ocorrerá com qualquer ponto de equilíbrio, desde que o afastamento não seja grande demais.

3. Qual(is) das seguintes opções é(são) necessária(s) para fazer um objeto oscilar?

   A. Um equilíbrio estável.
   B. Pouco ou nenhum atrito.
   C. Uma perturbação.

   Resposta: Todas as três. É necessário um ponto de equilíbrio estável e, além disso, é preciso algum tipo de perturbação para colocar o objeto em movimento (senão, o objeto simplesmente permaneceria parado no ponto de equilíbrio). Por fim, o atrito deve ser pequeno ou estar ausente porque, caso contrário, o objeto retornaria ao ponto de equilíbrio sem ultrapassá-lo.

4. Uma massa presa a uma mola oscila para cima e para baixo como mostrado no gráfico de posição *versus* tempo abaixo. No ponto *P*, a massa tem

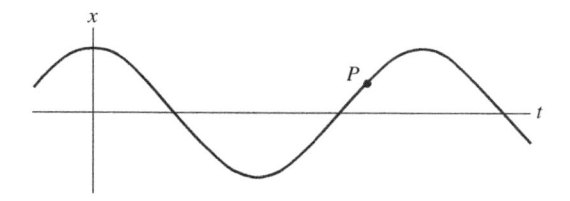

1. velocidade positiva e aceleração positiva.
2. velocidade positiva e aceleração negativa.
3. velocidade positiva e aceleração zero.
4. velocidade negativa e aceleração positiva.
5. velocidade negativa e aceleração negativa.
6. velocidade negativa e aceleração zero.
7. velocidade zero, mas aceleração (positiva ou negativa).
8. velocidade zero e aceleração zero.

Resposta: 2. A velocidade é positiva porque a inclinação da curva no ponto P é positiva. A aceleração é negativa porque a curva é côncava para baixo em P.

5. Uma massa suspensa em uma mola oscila para cima e para baixo como mostrado. Considere duas possibilidades: (*i*) durante a oscilação, em algum ponto a massa tem velocidade zero, mas está acelerando (positiva ou negativamente), (*ii*) durante a oscilação, em algum ponto a massa tem velocidade zero e aceleração zero.

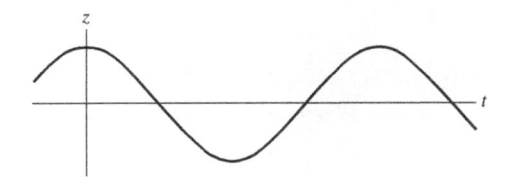

1. Ambas as possibilidades ocorrem durante a oscilação.
2. Nenhuma delas ocorre durante a oscilação.
3. Ocorre apenas (*i*).
4. Ocorre apenas (*ii*).

Resposta: 3. A velocidade é zero nos máximos e mínimos da curva. Nesses pontos, a curva é côncava para cima ou para baixo e, portanto, a massa está acelerando. A massa tem aceleração zero nos pontos de inflexão da curva, que correspondem aos instantes t em que $x = 0$. Nesses pontos, a curva tem inclinação diferente de zero e, portanto, a velocidade não pode ser zero.

6. Um objeto suspenso em uma mola está em repouso. Quando o objeto é puxado para baixo, a soma da energia potencial elástica da mola e da energia potencial gravitacional do objeto (em relação à Terra)

1. aumenta.
2. permanece a mesma.
3. diminui.

Resposta: 1. Se o objeto for solto de sua nova posição, o objeto irá acelerar para cima, passando pelo ponto de equilíbrio com velocidade diferente de zero. Portanto, o objeto ganhou energia cinética. As duas formas presentes de energia potencial são a energia potencial elástica da mola e a energia potencial gravitacional. Mesmo que essa última diminua quando o objeto é puxado para baixo, a soma das duas deve aumentar para que o objeto possa ganhar energia cinética.

7. Uma pessoa está andando de balanço. Quando a pessoa está sentada e não faz força, o balanço oscila para frente e para trás com sua frequência natural. Se, em vez disso, duas pessoas estiverem sentadas no balanço, a nova frequência natural do balanço será

   1. maior.

   2. a mesma.

   3. menor.

   Resposta: 2. As oscilações resultam de uma troca entre a inércia e uma força restauradora. A segunda pessoa dobra a inércia rotacional do balanço e também o torque restaurador. Os dois efeitos se anulam.

8. Uma pessoa está andando de balanço. Quando a pessoa está sentada sem fazer força, o balanço oscila para frente e para trás com sua frequência natural. Se, em vez disso, a pessoa ficar de pé no balanço, a nova frequência natural do balanço será

   1. maior.

   2. a mesma.

   3. menor.

   Resposta: 1. Quando a pessoa fica de pé, a distância do centro de massa até o ponto de suspensão do balanço é reduzida. O torque restaurador diminui linearmente com essa distância, e a inércia rotacional com o quadrado dela. Consequentemente, como a diminuição da inércia rotacional é maior, então haverá redução do período (e aumento da frequência).

9. Os traçados abaixo mostram os batimentos que ocorrem quando são adicionados dois pares diferentes de ondas. Em qual dos pares, a diferença de frequência entre as ondas originais é maior?

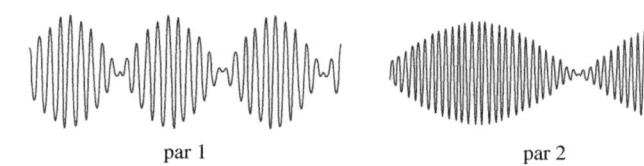

par 1   par 2

1. Par 1.
2. Par 2.
3. A diferença de frequência é a mesma em ambos os pares de ondas.
4. É necessária mais informação.

Resposta: 1. A frequência do envelope da função de batimento é proporcional à diferença de frequência entre as duas ondas. Quanto maior a diferença de frequência, maior a frequência do envelope.

10. Os traçados abaixo mostram os batimentos que ocorrem quando são adicionados dois pares diferentes de ondas. Qual dos dois pares de ondas originais contém a onda com a maior frequência?

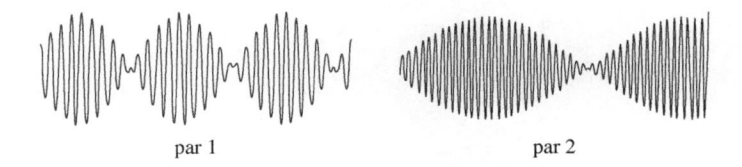

par 1   par 2

1. Par 1.
2. Par 2.
3. A diferença de frequência é a mesma em ambos os pares de ondas.
4. É necessária mais informação.

Resposta: 2. A frequência de oscilação dentro dos batimentos é igual à média das frequências originais.

11. O objeto circular mostrado abaixo é colocado a girar no sentido horário executando 29 rotações por segundo. Ao mesmo tempo, uma câmera faz uma filmagem a 30 quadros por segundo. No filme, comparado com o movimento real, o ponto parecerá estar se movendo

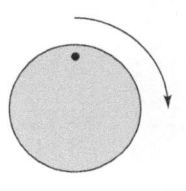

1. no sentido horário a uma velocidade muito baixa.
2. no sentido anti-horário a uma velocidade muito baixa.

3. no sentido horário a uma velocidade muito elevada.

4. no sentido anti-horário a uma velocidade muito elevada.

5. de forma aleatória.

Resposta: 2. Após 1/30 de segundo, o objeto completou 29/30 de uma rotação completa. Para a câmera, portanto, o ponto estará na posição 1 – como se ele tivesse girado 1/30 de uma rotação no sentido anti-horário. Para cada quadro subsequente, o ponto parecerá ter girado mais 1/30 de rotação no sentido anti-horário. Após 30 quadros, o ponto terá feito uma rotação completa no sentido anti-horário. Portanto, como visto pela câmera, a velocidade de rotação não é 29 rotações por segundo no sentido horário, mas 1 rotação por segundo no sentido anti-horário.

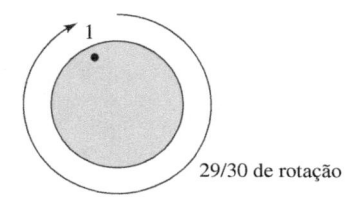

29/30 de rotação

12. Um pulso de onda desloca-se como ilustrado, com velocidade uniforme v, ao longo de uma corda. Qual dos gráficos 1–4 abaixo mostra corretamente a relação entre o deslocamento s do ponto P e o tempo t?

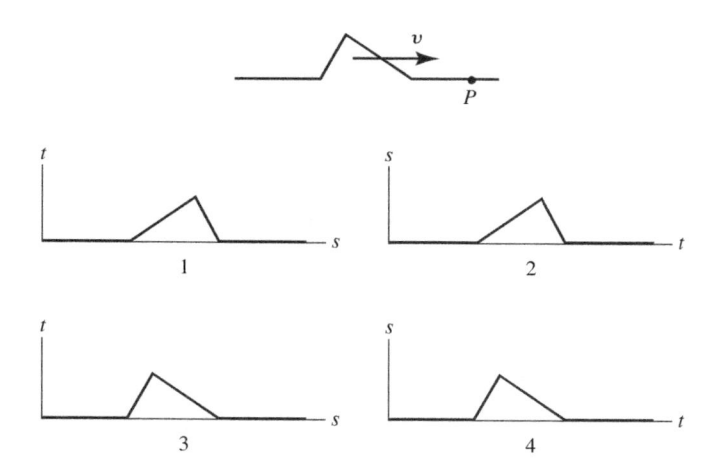

Resposta: 2. Primeiro, o lado menos inclinado passa por P e, em seguida, o mais inclinado. Desse modo, primeiro o deslocamento aumenta lentamente para em seguida diminuir rapidamente. Observe que os diagramas 1 e 3 não representam uma situação fisicamente possível: em ambos os casos, para um mesmo instante, os diagramas indicam mais de um valor para o mesmo deslocamento.

13. Uma onda é enviada ao longo de uma mola comprida. Para isso, a extremidade esquerda é deslocada rapidamente para a direita e assim permanece. A figura mostra também o pulso de onda em QR – quando a parte RS da mola ainda não foi perturbada. Qual dos gráficos 1–5 mostra corretamente a relação entre o deslocamento s e a posição x? (Deslocamentos para a direita são positivos.)

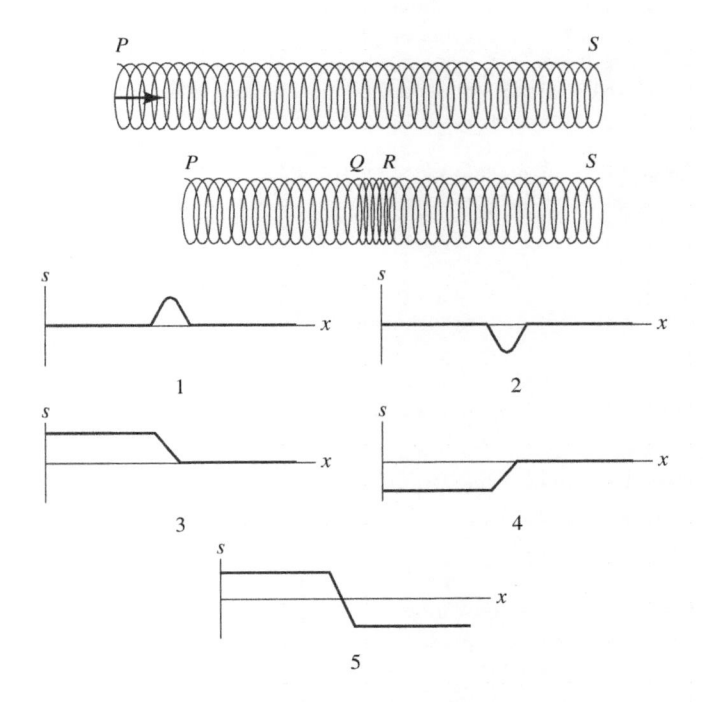

Resposta: 3. A extremidade esquerda da mola comprida (ponto P) é deslocada para a direita, onde permanece. O deslocamento s do ponto P é, portanto, diferente de zero. Apenas os gráficos 3 e 5 mostram um deslocamento diferente de zero à esquerda. No instante mostrado, o pulso da onda ainda não alcançou a extremidade direita da mola (ponto S) e, portanto, essa extremidade ainda não sofreu deslocamento. Como o gráfico 5 mostra um deslocamento negativo na extremidade direita, a única opção possível é o gráfico 3.

14. Duas cordas, uma espessa e outra fina, estão conectadas formando uma única corda comprida. Uma onda se desloca ao longo da corda e passa pelo ponto onde as duas cordas estão conectadas. Nesse ponto, o que muda das opções seguintes?

A. Frequência.

B. Período.

C. Velocidade de propagação.

D. Comprimento de onda.

Resposta: C e D. Inicialmente, considere a propagação da onda ao longo da primeira corda. À medida que a onda se desloca ao longo da corda, sua forma e velocidade de propagação são constantes. Assim, se o pulso for criado sacudindo uma das extremidades, para cima e para baixo, com uma certa frequência, então a outra extremidade dessa corda também será sacudida com a mesma frequência (mas um pouco depois). Por outro lado, a extremidade inicial da segunda corda é sacudida para cima e para baixo pela primeira corda precisamente na mesma frequência com que a primeira corda está sendo sacudida para cima e para baixo. Portanto, a frequência deve permanecer a mesma – ela é determinada por quem está criando a onda quando sacode a extremidade da corda para cima e para baixo. Se a frequência for a mesma, então o período (igual a $1/f$) também deverá ser o mesmo.

A velocidade de propagação, no entanto, depende das propriedades da corda (tensão, densidade). Como as duas cordas não são iguais, a velocidade muda e, consequentemente, também o comprimento de onda (dado por v/f).

15. Quando uma extremidade de uma corda esticada é sacudida, um único pulso é gerado. O pulso, ao se deslocar, transporta

    1. energia.

    2. momento.

    3. energia e momento.

    4. nenhum dos dois.

    Resposta: 3. Uma onda em movimento não envolve nenhum transporte de massa (na realidade, mesmo que haja deslocamentos localizados, não há massa sendo transportada com a onda de um ponto para outro no espaço). Entretanto, ao sacudir uma extremidade de uma corda, a outra extremidade é posta em movimento e, quando isso acontece, essa extremidade passa a ter ambos momento e energia.

16. Um peso é suspenso em uma corda que passa por cima de uma roldana. A corda é constituída de duas partes feitas com o mesmo material, sendo que o diâmetro de uma parte é quatro vezes o diâmetro da outra. A corda é dedilhada com força de modo que um pulso passa a se deslocar ao longo dela, com velocidades v_1 na parte espessa e v_2 na parte fina. Qual é o valor de v_1/v_2?

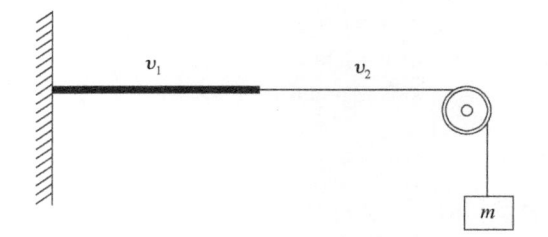

1. 1.
2. 2.
3. 1/2.
4. 1/4.

Resposta: 4. A tensão é constante ao longo da corda, mas, na parte mais espessa, a densidade de massa linear é 16 vezes maior. A velocidade de deslocamento de uma onda varia inversamente com a raiz quadrada dessa densidade.

17. Dois pulsos simétricos idênticos de amplitudes opostas viajam ao longo de uma corda esticada e sofrem interferência destrutiva. Qual(is) das opções seguintes é(são) verdadeira(s)?

    A. Há um instante em que a corda está perfeitamente reta.

    B. Quando os dois pulsos sofrem interferência, a energia dos pulsos é momentaneamente zero.

    C. Há um ponto na corda que não se move nem para cima nem para baixo.

    D. Há diversos pontos na corda que não se movem nem para cima nem para baixo.

Resposta: A e C. A opção A é a correta porque, quando os dois pulsos estão na mesma posição, eles se cancelam exatamente, deixando a corda completamente reta. O ponto que está no meio entre os dois pulsos não pode se mover – qualquer que seja o deslocamento de um pulso nesse ponto, ele é cancelado pelo deslocamento do outro pulso.

18. Uma corda está presa em ambas as extremidades e é dedilhada com força, de modo que ela vibra em modo estacionário, oscilando entre as duas posições extremas *a* e *b*. Se os deslocamentos para cima corresponderem a velocidades positivas, então a velocidade instantânea nos pontos ao longo da corda, quando a corda está na posição *c*,

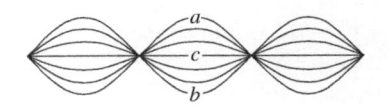

1. será zero em todos os pontos.
2. será positiva em todos os pontos.
3. será negativa em todos os pontos.
4. dependerá do local.

Resposta: 4. Os desenhos seguintes mostram a corda antes (desenho de cima) e após (desenho de baixo) chegar à posição *c* (desenho do meio). Observe que o ponto *P* está se movendo para baixo, e o ponto *R* para cima. O ponto *Q* se mantém sempre imóvel. Desse modo, as velocidades dos pontos em torno do ponto *P* são negativas, e as dos pontos em torno do ponto *R* são positivas. O ponto *Q* não se move, tendo sempre velocidade zero.

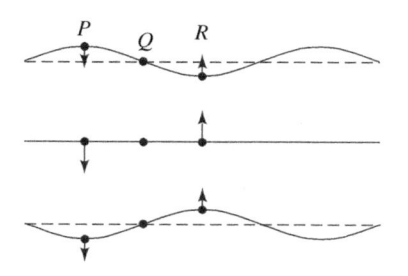

19. Uma corda está presa oscilando em ambas as extremidades e é dedilhada com força, de modo que ela vibra em modo estacionário entre as duas posições extremas *a* e *b*. Se os deslocamentos para cima corresponderem a velocidades positivas, então a velocidade instantânea dos pontos ao longo da corda, quando a corda está na posição *b*,

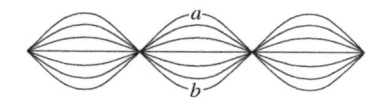

1. será zero em todos os pontos.
2. será positiva em todos os pontos.
3. será negativa em todos os pontos.
4. dependerá do local.

Resposta: 1. Os desenhos seguintes mostram a corda antes (em cima) e após (embaixo) chegar à posição *b* (desenho do meio). O ponto *P* está se movendo para baixo quando a corda está chegando à posição *b* e para cima logo após. A velocidade instantânea do ponto em *b*, portanto, é zero. De modo similar, a velocidade instantânea do ponto *R* é zero e, como o ponto *Q* não se move, a sua velocidade instantânea também é zero.

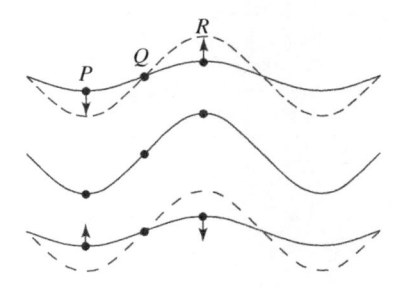

Som

1. As quatro figuras seguintes representam ondas sonoras emitidas por uma fonte em movimento. Qual(is) figura(s) representa(m) uma fonte que está se movendo abaixo da velocidade do som?

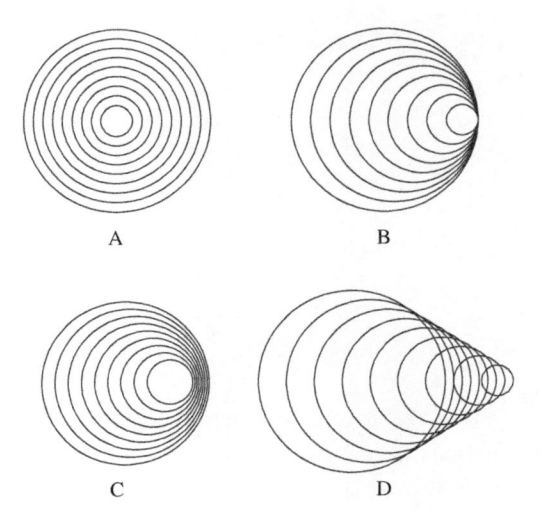

Resposta: A e C. Na Figura B acima e na figura seguinte, a frente de onda, criada quando a fonte estava no centro do círculo 1, já tinha percorrido a distância entre as linhas 1 e 3. De modo similar, a frente de onda, criada quando a fonte estava no centro do círculo 2, já tinha percorrido a distância entre as linhas 2 e 3. Isso significa que a fonte se moveu exatamente com a mesma velocidade das ondas sonoras – se não fosse assim, a onda emitida em 2 não teria alcançado a onda emitida em

1. O resultado desse movimento com a velocidade do som é o empilhamento de ondas sonoras à frente da fonte em 3. Na Figura D, as frentes de onda emitidas depois moveram-se além das emitidas antes. Isso significa que a fonte se move mais rapidamente do que a velocidade do som. Na Figura A, todas as frentes de onda são concêntricas, indicando que a fonte está parada. A Figura C mostra uma fonte sonora em movimento, mas o deslocamento das frentes de onda é menor do que em B. Isso significa que a fonte está se movendo com velocidade menor do que a do som.

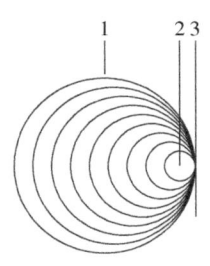

2. Três observadores, *A*, *B* e *C*, estão escutando uma fonte sonora em movimento. O diagrama abaixo mostra a localização das cristas de onda da fonte em movimento, em relação aos três observadores. Qual das seguintes afirmações é verdadeira?

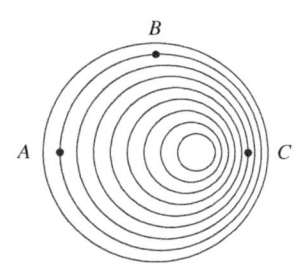

1. As frentes de onda se movem mais rapidamente em *A* do que em *B* e *C*.
2. As frentes de onda se movem mais rapidamente em *C* do que em *A* e *B*.
3. A frequência do som é mais elevada em *A*.
4. A frequência do som é mais elevada em *B*.
5. A frequência do som é mais elevada em *C*.

Resposta: 5. A velocidade com que as frentes de onda se movem é a do som, que independe da velocidade da fonte e da localização dos observadores. Portanto, as duas primeiras opções estão incorretas. Por outro lado, a frequência observada é determinada pelo número de frentes de onda que passam pelo observador na unidade de tempo. Assim, quanto mais próximas estiverem as frentes de onda entre si, mais elevada será a frequência. Uma inspeção da figura mostra que as frentes de onda estão mais próximas entre si no caso do observador C.

3. A seguinte figura mostra as frentes de onda geradas por um avião a jato passando pelo observador A com velocidade superior à do som. Após a passagem do avião, o observador relata que ouviu

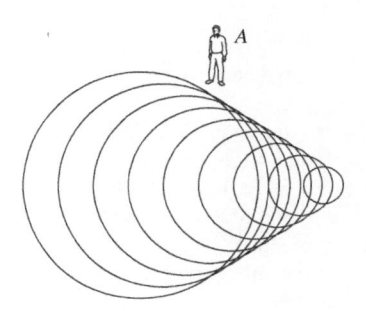

1. um estrondo apenas quando o avião quebrou a barreira do som.

2. uma série de estrondos sonoros.

3. um estrondo sonoro e, após, silêncio.

4. primeiro nada, então um estrondo sonoro e, em seguida, o som de turbinas.

5. nenhum estrondo sonoro porque o avião voava o tempo todo mais rápido do que o som.

Resposta: 4. Primeiro, o observador não ouve nada porque as ondas sonoras ainda não alcançaram o local onde o observador se encontra. Quando o choque causado pelas ondas sonoras alcança o observador, um estrondo é ouvido devido às cristas das ondas sonoras que estão se sobrepondo. Após, ouve-se o som das turbinas do avião, como mostram as ondas sonoras regularmente espaçadas da figura.

Estática dos fluidos

1. Imagine segurar dois tijolos idênticos debaixo de água. O tijolo A está imediatamente abaixo da superfície da água, ao passo que o tijolo B está a uma profundidade maior. A força necessária para segurar o tijolo B no lugar é

1. maior do que a

2. igual à

3. menor do que a

força necessária para segurar o tijolo A no lugar.

Resposta: 2. A força de empuxo em cada tijolo é igual ao peso da água deslocada por ele, não dependendo da profundidade.

2. Quando um orifício é feito em uma parede de um recipiente contendo água, a água flui seguindo uma trajetória parabólica para baixo. Se deixarmos o recipiente cair em queda livre, o fluxo de água
   1. diminuirá.
   2. irá parar completamente.
   3. sairá seguindo uma linha reta.
   4. sairá seguindo uma curva para cima.

Resposta: 2. Quando o recipiente está em repouso em relação à Terra, há uma pressão sobre as paredes do recipiente devido à água. A pressão depende da profundidade e é igual a ρgh, onde ρ é a densidade da água. Quando o recipiente está em queda livre, ambos o recipiente e a água têm aceleração zero, não g, no sistema de referência do recipiente. Nesse sistema, a pressão da água sobre as paredes do recipiente é zero e, consequentemente, não há fluxo para fora do recipiente.

3. Um recipiente (ver figura abaixo) é enchido completamente com óleo e dois pistões são encaixados nas extremidades. A área do pistão esquerdo é 10 mm², e a do pistão direito, 10.000 mm². Que força deve ser exercida no pistão esquerdo para manter o carro da direita de 10.000 N na mesma altura?

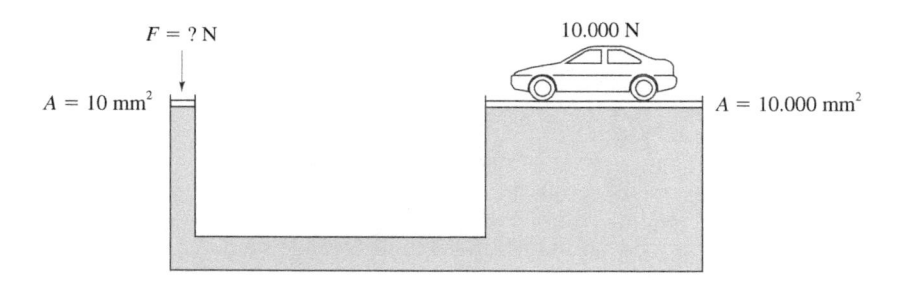

   1. 10 N.
   2. 100 N.
   3. 10.000 N.
   4. 10^6 N.
   5. 10^8 N.
   6. Informação insuficiente.

Resposta: 1. para manter iguais os níveis de fluido, a pressão (força por unidade de área) exercida nos dois pistões deve ser igual.

4. Um navio de 200 toneladas entre na eclusa de um canal. A distância entre as paredes da eclusa e os lados do navio é pequena, de tal modo que o peso da água que permanece na eclusa após seu fechamento é muito menor do que 200 toneladas. Nesse caso, mesmo que a quantidade de água que permanece na eclusa seja muito menor do que o peso do navio, ele ainda conseguirá flutuar?

    1. Sim, desde que a água suba até a linha de flutuação do navio.

    2. Não, o navio encosta no fundo porque pesa mais do que a água que permaneceu na eclusa.

Resposta: 1. O que importa não é o peso da água que permanece na eclusa, mas o peso da água que é expulsa da eclusa pelo navio. Enquanto a densidade do navio for menor do que a da água e a água subir até a linha de flutuação, ele flutuará.

5. Dois copos idênticos são enchidos com água até o mesmo nível. Um dos dois tem cubos de gelo flutuando. Qual pesa mais?

    1. O copo sem cubos de gelo.

    2. O copo com cubos de gelo.

    3. Ambos têm o mesmo peso.

Resposta: 3. Os cubos de gelo deslocam exatamente o seu próprio peso em água. Portanto, os dois copos têm o mesmo peso.

6. Dois copos idênticos são enchidos com água até o mesmo nível. Um dos dois tem cubos de gelo flutuando. Quando os cubos de gelo derretem, em qual copo o nível de água fica mais elevado?

    1. No copo sem cubos de gelo.

    2. No copo com cubos de gelo.

    3. O nível é o mesmo em ambos.

Resposta: 3. Quando os cubos de gelo derretem, eles se transformam em uma quantidade de água que tem o mesmo peso. Esse peso também é igual ao peso da água que foi originalmente deslocada pelos cubos. Como a densidade do gelo derretido e a da água são idênticas, o volume ocupado pelo gelo derretido é exatamente igual ao volume da água deslocada.

7. Dois copos são enchidos com água até o mesmo nível. Um dos copos tem bolas de plástico flutuando. Se a densidade das bolas de plástico for menor do que a do gelo, qual dos dois copos pesará mais?

    1. O copo sem bolas de plástico.

    2. O copo com bolas de plástico.

    3. Ambos terão o mesmo peso.

Resposta: 3. As bolas de plástico deslocam exatamente o seu próprio peso em água. Portanto, os dois copos têm o mesmo peso.

8. Um peso de chumbo é fixado em cima de uma peça grande de isopor. Esse conjunto de peso e peça de isopor flutua em um recipiente com água. Devido ao peso do chumbo, a linha de flutuação está nivelada com a superfície superior do isopor. Se a peça de isopor for invertida, de modo que agora o peso fique pendurado debaixo do isopor,

1. o conjunto afundará.

2. a linha de flutuação estará abaixo da superfície superior da peça de isopor.

3. a linha de flutuação ainda estará nivelada com a superfície superior da peça de isopor.

Resposta: 2. Como ambos o peso e o isopor são sólidos, o conjunto flutuará nos dois casos. Portanto, se colocarmos o conjunto de cabeça para baixo, a força de empuxo não mudará. Entretanto, como agora o peso está submerso, ele desloca um volume de água. Consequentemente, para manter a mesma força de empuxo, a peça de isopor deve deslocar menos água do que antes.

9. Um peso de chumbo é fixado em cima de uma peça grande de isopor que flutua em um recipiente com água. Devido ao peso do chumbo, a linha de flutuação está nivelada com a superfície superior do isopor. Se a peça de isopor for invertida, de modo que agora o peso fique pendurado debaixo do isopor, o nível da água no recipiente

1. subirá.

2. baixará.

3. permanecerá o mesmo.

Resposta: 3. Como a força de empuxo não muda, o volume de água deslocada também não se altera e o nível da água permanece o mesmo.

10. Um bote carregando uma grande pedra está flutuando em um lago. A pedra é atirada para fora do bote e afunda. O nível de água do lago (em relação à margem)

1. sobe.

2. baixa.

3. permanece o mesmo.

Resposta: 2. Quando está dentro do bote, a pedra desloca seu peso em água. Quando é atirada para fora do bote, o que ela desloca é o seu volume em água. Desse modo, o nível de água do lago baixa em relação à margem.

11. Considere um objeto que flutua em água e afunda em óleo. Quando o objeto está flutuando na água, metade dele fica submersa. Se lentamente pingarmos óleo sobre a água até que o objeto fique completamente coberto pelo óleo, o objeto

1. subirá.

2. permanecerá no mesmo lugar.

3. descerá.

Resposta: 1. Quando o óleo está em cima da água, há uma força de empuxo adicional atuando sobre o objeto igual ao peso do óleo que foi deslocado. O efeito dessa força adicional é deslocar o objeto para cima.

12. Considere um objeto que flutua em um recipiente com água. Se o recipiente for colocado em um elevador que é acelerado para cima,

    1. uma parte maior do objeto ficará submersa na água.
    2. uma parte menor do objeto ficará submersa na água.
    3. não haverá diferença.

    Resposta: 3. Efetivamente, a aceleração faz *g* aumentar, alterando o peso aparente dos objetos dentro do elevador. Entretanto, a parte do objeto que está submersa não varia, porque a aceleração afeta a água e o objeto do mesmo modo.

13. Um aro circular está imerso em um córrego, orientado perpendicularmente à corrente. Se a área do aro for dobrada, a vazão (volume de água por unidade de tempo) que passa por ele

    1. diminuirá 4 vezes.
    2. diminuirá 2 vezes.
    3. permanecerá o mesmo.
    4. aumentará 2 vezes.
    5. aumentará 4 vezes.

    Resposta: 4. A vazão é igual à velocidade de escoamento vezes a área da seção reta atravessada pela corrente. Se a área for dobrada, a vazão também será.

14. O sangue circula em uma artéria coronária que se encontra parcialmente bloqueada por depósitos em suas paredes. Em que parte da artéria a vazão (volume de sangue por unidade de tempo) é mais elevada?

    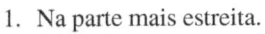

    1. Na parte mais estreita.
    2. Na parte mais larga.
    3. A vazão é a mesma em ambas as partes.

    Resposta: 3. Como os líquidos (sangue, por exemplo) são incompressíveis e como não há acúmulo (nem vazamento) de sangue na artéria, a vazão é a mesma em todas as partes.

15. O sangue circula em uma artéria coronária que se encontra parcialmente bloqueada por depósitos em suas paredes. Em que parte da artéria a velocidade de escoamento é mais elevada?

1. Na parte mais estreita.
2. Na parte mais larga.
3. A velocidade de escoamento é a mesma em ambas as partes.

Resposta: 1. Como os líquidos (sangue, por exemplo) são incompressíveis e como não há acúmulo (nem vazamento) de sangue na artéria, a vazão é a mesma em todas as partes. Como a vazão é igual à velocidade de escoamento vezes a área da seção reta da artéria, o sangue deve circular mais rapidamente na parte estreita.

16. Uma mangueira é constituída por duas partes, uma de 20 mm de diâmetro e outra de 15 mm de diâmetro. As duas partes são conectadas, uma depois da outra, a uma torneira. Na extremidade aberta da mangueira, a vazão de água é de 10 litros por minuto. Em que parte da mangueira a água escoa mais rapidamente?

1. Na parte de 20 mm de diâmetro.
2. Na parte de 15 mm de diâmetro.
3. A velocidade de escoamento é a mesma em ambos os casos.
4. A resposta depende de qual parte vem primeiro em relação ao escoamento.

Resposta: 2. Em cada parte da mangueira, a menos que haja vazamento, a vazão (volume de fluido por unidade de tempo) é a mesma. Como a vazão é igual à velocidade de escoamento vezes a área da seção reta da mangueira, a água deve circular mais rapidamente na parte estreita da mangueira.

17. Uma plaqueta de sangue se desloca acompanhando o movimento do sangue em uma artéria que se encontra parcialmente bloqueada por depósitos. Quando a plaqueta se desloca da região estreita para a mais larga, sua velocidade

1. aumenta.
2. permanece a mesma.
3. diminui.

Resposta: 3. Como os líquidos (sangue, por exemplo) são incompressíveis e como não há acúmulo (nem vazamento) de sangue na artéria, a vazão é a mesma em todas as partes. Como a vazão é igual à velocidade de escoamento vezes a área da seção reta da artéria, o sangue deve circular mais lentamente na parte larga do que na estreita. Portanto, a plaqueta diminui de velocidade quando entra na parte mais larga.

18. Uma plaqueta de sangue se desloca acompanhando o movimento do sangue em uma artéria que se encontra parcialmente bloqueada por depósitos. Quando a plaqueta se desloca da região estreita para a mais larga, verifica-se que

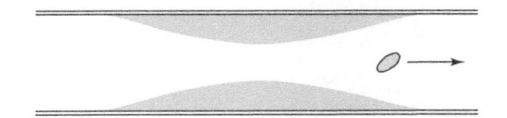

1. há um aumento de pressão.
2. não há alteração de pressão.
3. há uma diminuição de pressão.

Resposta: 1. Como os líquidos (sangue, por exemplo) são incompressíveis e como não há acúmulo (nem vazamento) de sangue na artéria, a vazão é a mesma em todas as partes. Como a vazão é igual à velocidade de escoamento vezes a área da seção reta da artéria, o sangue deve circular mais lentamente na parte larga do que na estreita. Portanto, a plaqueta diminui de velocidade quando entra na parte mais larga. Isso significa que o líquido circundante exerce uma força sobre a plaqueta em sentido oposto ao seu movimento. Portanto, a pressão à frente da plaqueta deve ser maior do que atrás dela.

Óptica

1. Um grupo de corredores se reúne no ponto *P* de um estacionamento que está localizado junto a uma praia. Eles devem ir o mais rapidamente possível através do estacionamento até um ponto *Q* na praia onde há areia solta. Qual caminho de *P* a *Q* leva o menor tempo? Você deve levar em consideração as diferenças de velocidades dos corredores na superfície firme do estacionamento e na areia solta da praia.

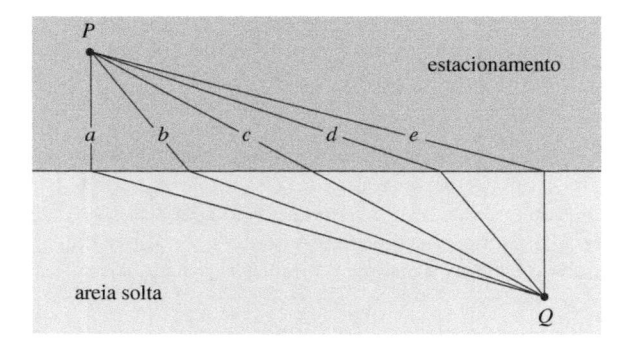

1. *a*
2. *b*
3. *c*
4. *d*
5. *e*
6. Todos caminhos levam o mesmo tempo.

Resposta: 4. Qualquer pessoa – um corredor ou uma pessoa sem preparo – pode correr mais rapidamente em uma superfície firme do que em areia solta. Embora a distância na areia solta seja ligeiramente menor no caminho *e* do que no caminho *d*, o trecho no estacionamento é bem maior. O resultado é que o caminho *e* consome mais tempo do que o caminho *d*.

2. Suponha que os corredores desejem ir do ponto *Q* na praia até o ponto *P* no estacionamento o mais rapidamente possível. Qual caminho levará o menor tempo?

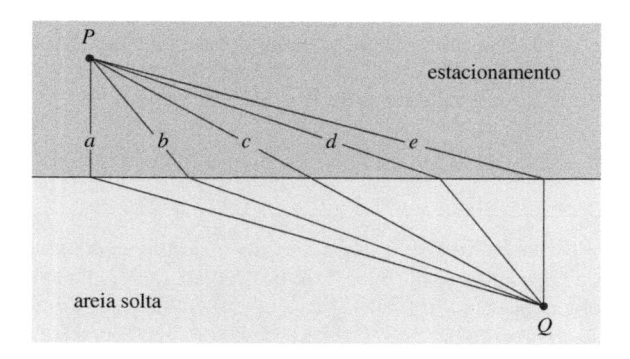

1. *a*
2. *b*
3. *c*
4. *d*
5. *e*
6. Todos caminhos levam o mesmo tempo.

Resposta: 4. Qualquer pessoa – um corredor ou uma pessoa sem preparo – pode correr mais rapidamente em uma superfície firme do que em areia solta. Embora a distância na areia solta seja ligeiramente menor no caminho *e* do que no caminho *d*, o trecho no estacionamento é bem maior. O resultado é que o caminho *e* consome mais tempo do que o caminho *d*.

3. Quando um raio de luz incide em dois polarizadores, cujos eixos de polarização são perpendiculares entre si, nenhuma luz é transmitida. Se um terceiro polarizador for inserido entre os dois primeiros, com seu eixo de polarização fazendo 45° com os outros dois, haverá alguma luz chegando ao ponto *P*?

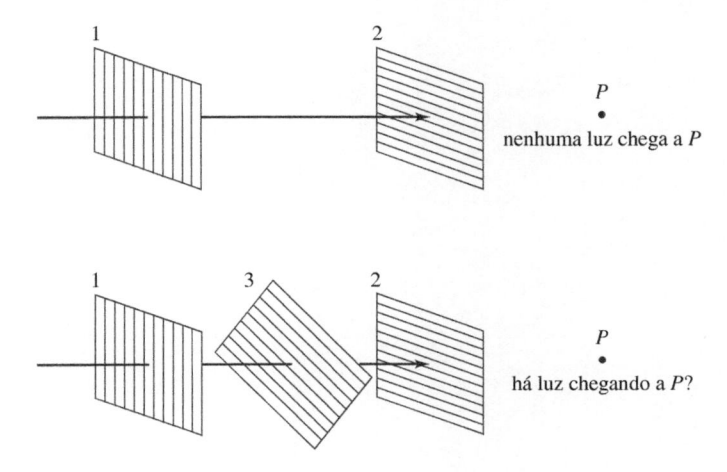

nenhuma luz chega a *P*

há luz chegando a *P*?

1. Sim.
2. Não.

Resposta: 1. A luz transmitida pelo primeiro polarizador tem seu vetor de polarização orientado verticalmente. Assim, embora nenhuma luz seja transmitida através de um polarizador que esteja orientado horizontalmente, alguma luz é transmitida através do terceiro polarizador a 45°. A luz transmitida pelo polarizador 3 tem seu eixo de polarização a 45° e, desse modo, alguma luz passa através do polarizador 2 (que está orientado horizontalmente).

4. Quando um terceiro polarizador é inserido a 45° entre dois polarizadores orto-gonais, alguma luz é transmitida. Agora, em vez de um único polarizador a 45°, iremos inserir um número grande *N* de polarizadores. Em cada inserção sucessi-va, o eixo de polarização sofre um giro de 90/*N* graus em relação ao polarizador anterior. Verificaremos que

1. nenhuma luz
2. menos luz
3. a mesma quantidade de luz
4. mais luz

será transmitida.

Resposta: 4. Quanto menor o ângulo entre dois polarizadores sucessivos, maior será a quantidade de luz transmitida.

5. Uma pessoa *O*, olhando para um espelho, observa uma fonte luminosa *S*. Onde, no espelho, o observador *O* perceberá que a imagem de *S* está localizada?

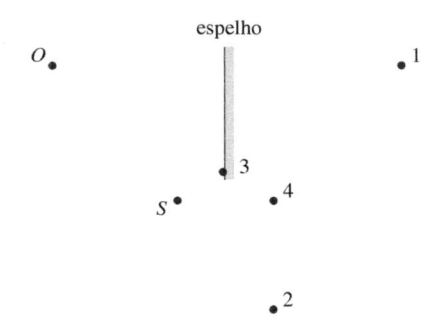

1. 1
2. 2
3. 3
4. 4
5. Alguma outra localização.
6. A imagem de *S* não pode ser vista por *O* quando *O* e *S* estão posicionados como na figura.

Resposta: 4. A imagem de um ponto em um espelho está sempre em uma linha reta perpendicular à superfície do espelho. Além disso, ela também está afastada atrás do espelho tanto quanto o ponto está à frente dele.

6. Uma pessoa em O observa duas linhas próximas através de um pedaço de plástico inclinado. Para o observador, as linhas parecem estar (escolha todas as opções que se apliquem)

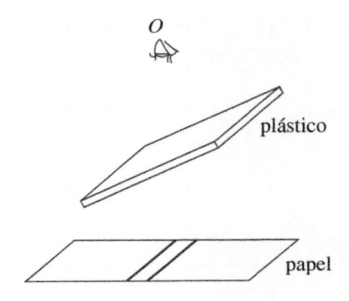

A. deslocadas à direita.

B. deslocadas à esquerda.

C. mais espaçadas.

D. menos espaçadas.

E. exatamente como seriam vistas sem o plástico.

Resposta: B. A refração através do plástico desvia os feixes luminosos para a esquerda. Como os feixes de ambas as linhas são desviados igualmente, o espaçamento entre as duas linhas permanece o mesmo.

7. Um peixe nada abaixo da superfície da água em P. Um observador em O vê o peixe

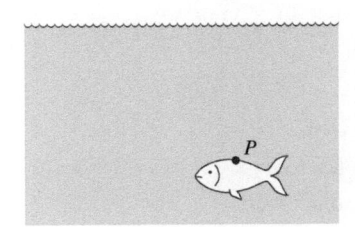

1. em uma profundidade maior do que ele realmente está.
2. na mesma profundidade.
3. em uma profundidade menor do que ele realmente está.

Resposta: 3. Os raios que emergem da superfície da água convergem em um ponto acima do peixe. Veja a figura abaixo.

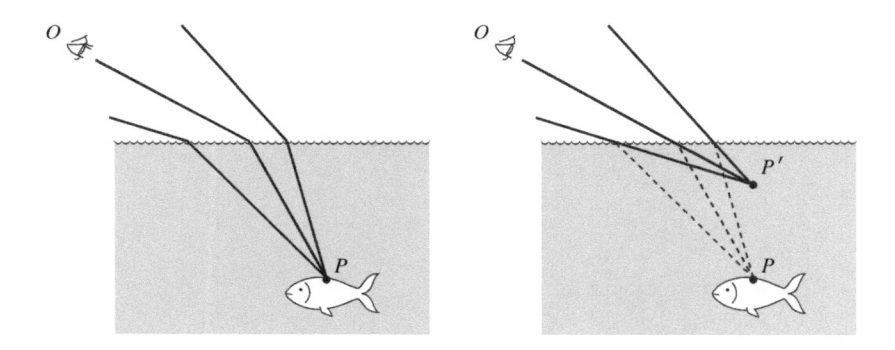

8. Um peixe nada abaixo da superfície da água. Suponha que um observador esteja olhando o peixe a partir do ponto O' – diretamente acima do peixe. O observador verá o peixe

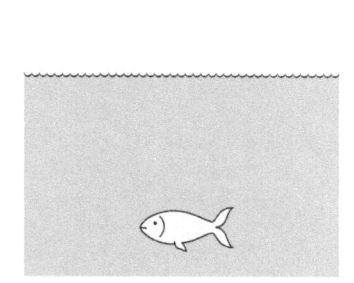

1. em uma profundidade maior do que ele realmente está.
2. na mesma profundidade.
3. em uma profundidade menor do que ele realmente está.

Resposta: 3. Os raios que emergem da superfície da água convergem em um ponto acima do peixe.

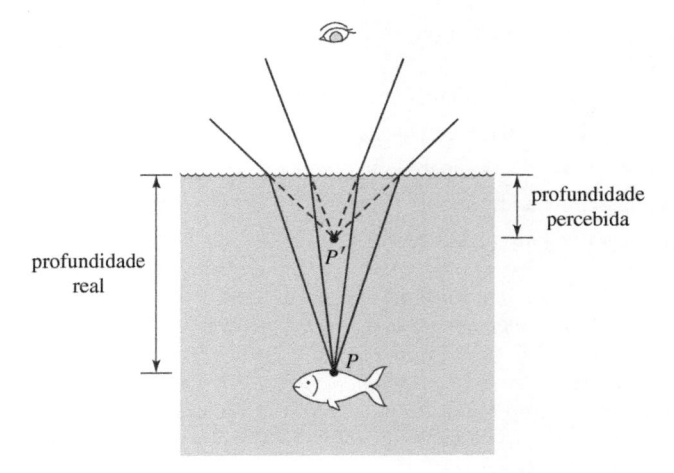

9. Um feixe paralelo de luz é enviado através de um aquário. Se uma lente convexa de vidro for colocada debaixo da água, o foco do feixe estará

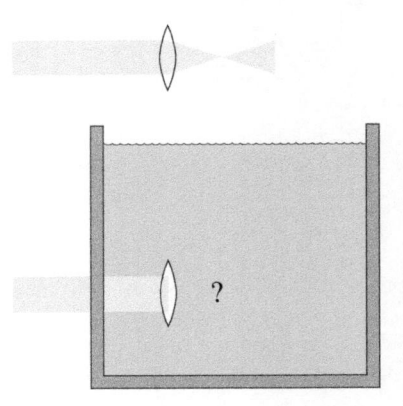

1. mais próximo da lente do que
2. na mesma posição que
3. mais distante da lente do que

se estiver fora da água.

Resposta: 3. O índice de refração da água está entre o do ar e o do vidro. Assim, os raios de luz sofrem menos refração indo da água para o vidro do que indo do ar para o vidro. Como resultado, uma lente convexa foca os raios de luz com menos convergência debaixo da água.

10. Uma lente é usada para projetar uma imagem em uma tela. Se o lado direito da lente for coberto,

1. o lado esquerdo da imagem desaparecerá.
2. o lado direito da imagem desaparecerá.
3. a imagem inteira desaparecerá.
4. a imagem ficará borrada.
5. a imagem ficará mais escura.

Resposta: 5. Qualquer parte descoberta da lente forma uma imagem completa. Entretanto, como apenas metade da luz está atravessando a lente, a imagem ficará mais escura.

11. A lente de um retroprojetor forma a imagem P' de um ponto P que pertence a uma transparência de retroprojeção. Se a tela for movida aproximando-se do retroprojetor, a lente deverá ser

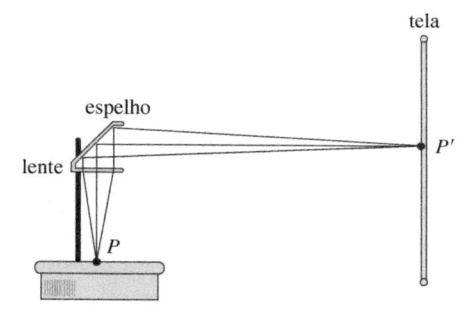

1. movida para cima
2. mantida no lugar
3. movida para baixo

para manter a imagem da tela em foco.

Resposta: 1. Se a tela for aproximada do retroprojetor, os raios precisarão ser focados com mais convergência. Como o ângulo de refração de um raio de luz que incide em uma lente, próximo de seu eixo principal, é fixo, os raios incidentes deverão ser menos divergentes. Para conseguir isso, a lente deve ser movida para cima.

12. Luz monocromática incide em duas lâminas de vidro para microscópio formando uma cunha muito estreita. A superfície superior da lâmina de cima e a superfície inferior da lâmina de baixo têm uma cobertura especial que as impede de refletir luz. As duas superfícies internas (A e B) tem refletividades diferentes de zero. Se as lâminas forem observadas de cima, veremos

1. I.
2. II.

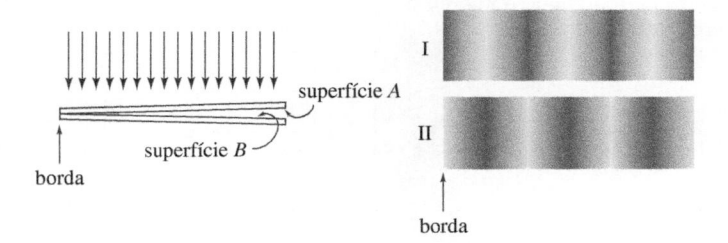

superfície A

superfície B

borda

I

II

borda

Resposta: 1. As duas superfícies internas produzem um padrão de interferência que varia do escuro ao luminoso à medida que a separação entre as duas lâminas aumenta. A luz refletida pela superfície A não sofre inversão de fase, ao passo que a luz refletida pela superfície B sofre uma inversão de fase de 180°. No local onde as superfícies tem separação próxima de zero, nós observamos uma interferência destrutiva total. Próximo do ponto de contato entre as duas lâminas, o padrão resultante da interferência tem uma franja escura.

13. Luz monocromática está incidindo em duas lâminas para microscópio, dispostas na forma de uma cunha muito estreita. A lâmina de cima é feita de vidro *crown* ($n = 1,5$) e a lâmina de baixo é de vidro *flint* ($n = 1,7$). Ambas as lâminas estão imersas em óleo de sassafrás, que tem um índice de refração intermediário entre os das duas lâminas. A superfície superior da lâmina de cima e a superfície inferior da lâmina de baixo têm uma cobertura especial que as impede de refletir luz. As duas superfícies internas (A e B) tem refletividades diferentes de zero. Se as lâminas forem observadas de cima, veremos

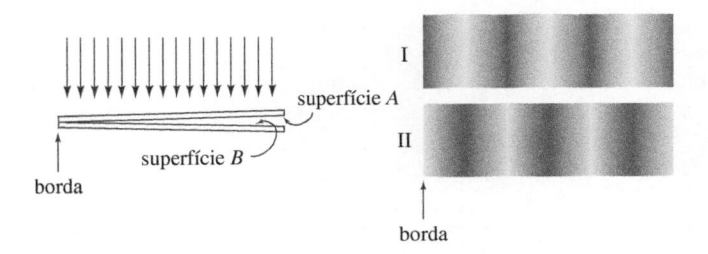

superfície A

superfície B

borda

I

II

borda

Resposta: 2. Há uma inversão de 180° nos raios que são refletidos por ambas as superfícies. As mudanças de fase, para as reflexões vindas das superfícies A e B, ocorrem porque a luz está vindo de uma substância com índice de refração menor. Nesse caso, a interferência será construtiva onde a separação é zero e o padrão de interferência inicia com uma franja brilhante.

14. Considere duas lâminas idênticas de microscópio que estão sendo iluminadas no ar com luz monocromática. A lâmina de baixo sofre uma rotação (no sentido anti-horário em torno do ponto de contato, como pode ser visto na vista lateral abaixo) de modo que o ângulo da cunha fica um pouco menor. O que acontece com as franjas?

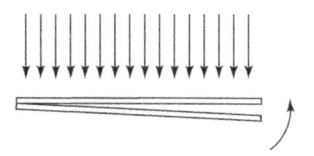

1. Elas se distanciam mais entre si.
2. Elas se aproximam mais entre si.
3. Não se movem.

Resposta: 1. Interferência construtiva total ocorre nos pontos onde a separação entre as lâminas é igual a um múltiplo semi-inteiro do comprimento de onda.[3] Quando o ângulo diminui, esses pontos se afastam mais entre si.

15. Duas lâminas idênticas são iluminadas no ar com luz monocromática. As lâminas são exatamente paralelas e a lâmina de cima desloca-se lentamente para cima. O que você verá se observar as lâminas de cima?
1. Tudo escuro.
2. Tudo luminoso.
3. As franjas se afastando entre si.
4. Sucessivamente tudo escuro e, em seguida, tudo luminoso.
5. Nenhuma acima.

Resposta: 4. A luz refletida pela lâmina de cima interfere com a luz refletida pela lâmina de baixo. Como a separação entre as duas lâminas varia, a interferência alterna-se entre totalmente construtiva e totalmente destrutiva.

16. A difração ocorre quando a luz atravessa
1. um orifício de diâmetro pequeno.
2. uma fenda estreita.
3. uma fenda larga.
4. uma borda acentuada.
5. todas acima.

---

[3] N. de T.: O mesmo que um múltiplo inteiro do comprimento de onda mais meio comprimento de onda.

Resposta: 5. Sempre que um feixe de luz encontra uma borda como obstáculo, ele sofre difração. O grau de difração depende da razão entre o comprimento de onda da luz e o tamanho da abertura através da qual a luz é transmitida.

17. O princípio de Huygens-Fesnel afirma que cada ponto de uma frente de onda em uma fenda ou abertura é equivalente a uma fonte pontual de luz que está emitindo uma onda esférica. Isso é verdadeiro para os pontos do interior da fenda? E se não houver fenda? Na realidade, o princípio de Huygens-Fesnel aplica-se

1. a qualquer ponto pertencente à trajetória de um feixe.

2. a qualquer ponto da trajetória de um feixe onde há matéria presente.

3. apenas a fendas ou aberturas.

Resposta: 1. O princípio considera todos os pontos da trajetória do feixe como sendo fontes luminosas pontuais que estão emitindo ondas esféricas cada uma.

18. Se o princípio de Huygens-Fesnel pode ser aplicado a qualquer ponto da trajetória de um feixe luminoso, por que um feixe de raios laser, sem qualquer fenda, não se espalha em todas as direções?

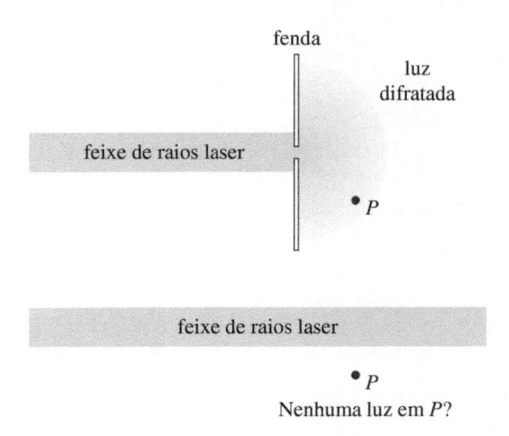

1. Porque todas as ondas sofrem interferência destrutiva quando se espalham.

2. Na realidade, há espalhamento, mas é tão pequeno que normalmente não o observamos.

3. O princípio de Huygens-Fesnel não pode ser aplicado em qualquer lugar, somente em fendas e aberturas.

Resposta: 1. No feixe de raios laser, as ondas luminosas que realmente se espalham sofrem uma interferência destrutiva. Na presença de uma fenda estreita, não há raios suficientes para que ocorra uma interferência destrutiva completa.

19. Imagine segurar um disco circular no caminho de um feixe de luz monocromática. Se ocorrer difração na borda do disco, o centro da sombra do disco será

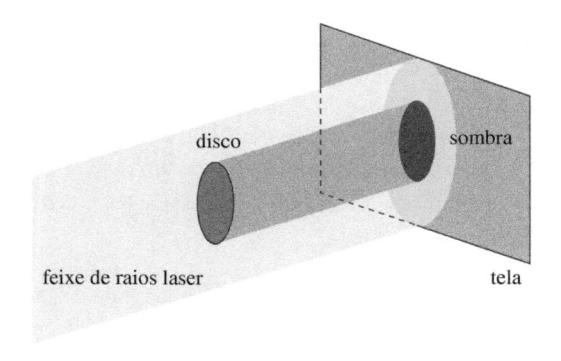

1. um ponto brilhante.
2. mais escuro do que o restante da sombra.
3. brilhante ou escuro, dependendo da distância entre o disco e a tela.
4. tão escuro quanto o resto da sombra, mas menos escuro do que se não houvesse difração.

Resposta: 1. No centro da sombra, todos os raios vindos da borda do disco são somados em fase. O ponto brilhante resultante é denominado mancha de Poisson.

20. O padrão observado na tela é devido a uma fenda estreita que é

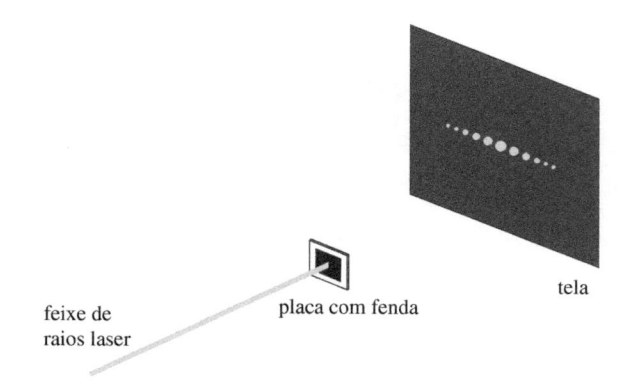

1. horizontal.
2. vertical.

Resposta: 2. A difração é mais pronunciada em aberturas estreitas. Consequentemente, a difração ocorre na direção da menor dimensão da fenda.

21. Suponha que cada fenda de um experimento de Young seja coberta com um polarizador de tal forma que a luz polarizada transmitida por cada fenda seja ortogonal à luz transmitida pela outra. Em uma tela atrás das fendas, veremos

    1. o padrão habitual de franjas.
    2. as franjas habituais deslocadas de tal modo que os máximos ocorrem onde antes ocorriam os mínimos.
    3. nada.
    4. uma mancha alongada e iluminada uniformemente.

    Resposta: 4. Devido à polarização ortogonal, os raios luminosos vindos das duas fendas não interferem entre si. Eles se somam. Como cada fenda causa difração, o resultado é uma mancha luminosa alongada sobre a tela.

22. Uma rede de difração é iluminada com luz amarela incidindo perpendicularmente. O padrão observado em uma tela atrás da rede consiste em três pontos amarelos, um a zero graus (diretamente através da rede) e um a cada ±45°. Agora, você acrescenta luz vermelha de igual intensidade, vindo na mesma direção da luz amarela. O novo padrão consiste em

    1. pontos vermelhos a 0° e ±45°.
    2. pontos amarelos a 0° e ±45°.
    3. pontos laranjas a 0° e ±45°.
    4. um ponto laranja a 0°, pontos amarelos a ±45° e pontos vermelhos ligeiramente mais afastados.
    5. um ponto laranja a 0°, pontos amarelos a ±45° e pontos vermelhos ligeiramente mais próximos.

    Resposta: 4. Como sempre há um máximo central para cada comprimento de onda, deve haver um ponto laranja (= vermelho + amarelo) a 0°. A distância entre os picos dos máximos sucessivos varia diretamente com o comprimento de onda. Assim, os pontos vermelhos estarão mais afastados do que os amarelos.

23. Uma onda planar incide em um par de fendas cuja largura e separação são comparáveis ao comprimento de onda da onda incidente. Em uma tela atrás das fendas, é possível observar

    1. dois pontos, um atrás de cada fenda.
    2. apenas um ponto atrás do centro do par de fendas.
    3. muitos pontos distribuídos aleatoriamente.
    4. muitos pontos distribuídos regularmente.

Resposta: 4. O padrão de difração de um par de fendas não é aleatório, mas consiste em muitos pontos de máximos e mínimos de intensidade.

24. Em um experimento de fenda dupla (figura à esquerda), um padrão de interferência é formado sobre uma tela a partir de uma onda planar. Se cobrirmos uma das fendas com uma placa de vidro (figura à direita), as fases das duas ondas emergentes serão diferentes porque o comprimento de onda é menor no vidro do que no ar. Se a diferença de fase for de 180°, como o padrão de interferência mostrado à esquerda será modificado?

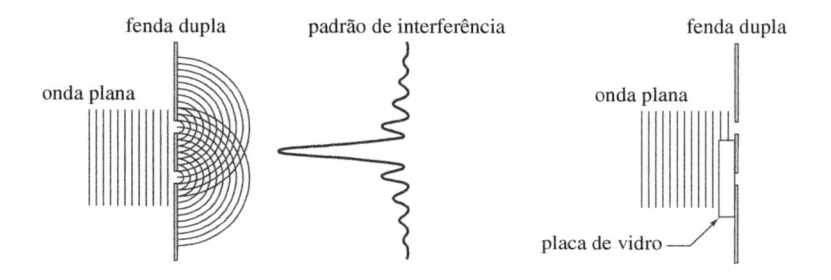

1. O padrão desaparece.
2. Os pontos brilhantes ficam mais próximos entre si.
3. Os ponto brilhantes ficam mais afastados entre si.
4. Não há alterações.
5. Há troca entre os pontos escuros e os brilhantes.

Resposta: 5. O padrão de difração resulta da interferência dos raios que passam pelas duas fendas. Se introduzirmos um deslocamento de fase de 180° na luz oriunda de uma das fendas, os pontos de interferência construtiva serão transformados em pontos de interferência destrutiva e vice-versa.

25. Para um dado diâmetro de lente, qual luz dará a melhor resolução em um microscópio?
1. Vermelha.
2. Amarela.
3. Verde.
4. Azul.
5. Todas dão a mesma resolução.

Resposta: 4. A difração é proporcional ao valor da abertura dividido pelo comprimento de onda da lente. Se a abertura, dada pelo diâmetro da lente, for fixa, então a resolução será inversamente proporcional ao comprimento de onda. Assim, a melhor resolução será dada pela luz azul porque tem o menor comprimento de onda.

26. Luz azul de comprimento de onda λ passa através de uma única fenda de largura a e forma um padrão de difração em uma tela. Se a luz azul for substituída por luz vermelha de comprimento de onda 2λ, o padrão de difração original será reproduzido se a largura da fenda for alterada para

1. $a/4$.
2. $a/2$.
3. Não há necessidade de alteração.
4. $2a$.
5. $4a$.
6. Não há largura que possa ser usada para reproduzir o padrão original.

Resposta: 4. As posições dos máximos e mínimos dependem da razão entre a largura da fenda e o comprimento de onda. Para reproduzir o padrão original, quando o comprimento de onda é dobrado, deve-se dobrar a largura da fenda.

27. Uma onda planar incide em uma única fenda e forma um padrão de difração em uma tela. O padrão tem um máximo central, de ordem zero, e uma série de máximos secundários. O máximo de primeira ordem é formado na direção em que a luz que passa pelo terço superior (a) da fenda cancela a luz do terço médio (b). Assim, a intensidade do máximo de primeira ordem é decorrente apenas da luz que passa pelo terço inferior (c) da fenda e é, portanto, aproximadamente 1/9 da intensidade I do máximo central. Qual é a intensidade do máximo de segunda ordem?

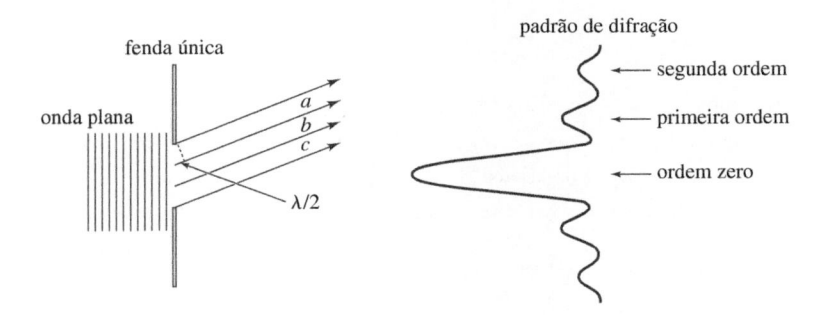

1. $I/4$.
2. $I/9$.
3. $I/16$.
4. $I/25$.

Resposta: 4. O máximo de segunda ordem é formado quando a luz que passa pelo quinto superior da fenda cancela a luz que passa pelo segundo quinto da fenda, assim como acontece com os raios de luz do terceiro e quarto quintos da fenda.

Desse modo, o máximo de segunda ordem é decorrente da luz que passa pelo quinto inferior da fenda. Como a intensidade da luz é proporcional ao quadrado do campo elétrico, a intensidade do máximo de segunda ordem é aproximadamente 1/25 da intensidade da luz incidente.

Eletrostática

1. Um objeto positivamente carregado é colocado próximo de um objeto condutor fixado em um pedestal de vidro isolante (*a*). Depois que o lado oposto do condutor é aterrado por um breve momento (*b*), o condutor se torna negativamente carregado (*c*). Com base nessa informação, concluímos que, no interior do condutor,

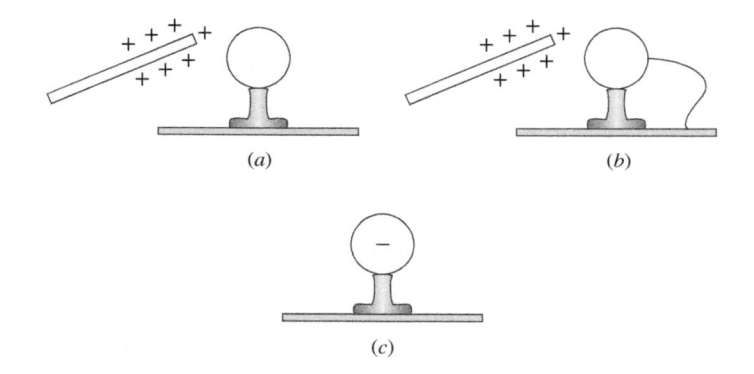

(*a*)　　　　　(*b*)

(*c*)

1. ambas as cargas positivas e negativas se movem livremente.
2. apenas as cargas negativas se movem livremente.
3. apenas as cargas positivas se movem livremente.
4. Na realidade, não podemos concluir nada.

Resposta: 4. O mesmo resultado é obtido independentemente de os portadores de carga serem positivos ou negativos.

2. Três bolinhas de cortiça ou isopor são suspensas com fios delgados. A seguir, vários objetos são atritados entre si (nylon com seda, vidro com poliéster, etc.) e cada uma das bolinhas é eletrizada (carregada) quando são tocadas com esses objetos. Verificamos que as bolinhas 1 e 2 se repelem entre si e o mesmo ocorre com as bolinhas 2 e 3. A partir disso, podemos concluir que

1. 1 e 3 contêm cargas de sinais opostos.
2. 1 e 3 contêm cargas de mesmo sinal.
3. todas as três contêm cargas de mesmo sinal.

4. um dos objetos não contém portadores de carga.

5. precisamos realizar mais experimentos para determinar o sinal das cargas.

Resposta: 3. Cargas de mesmo sinal repelem-se. Portanto, 1 e 2 contêm cargas de mesmo sinal e o mesmo ocorre com 2 e 3.

3. Três bolinhas de cortiça ou isopor são suspensas com fios delgados. Vários objetos são então atritados entre si (nylon com seda, vidro com poliéster, etc.) e cada uma das bolinhas é carregada quando são tocadas com esses objetos. Verificamos que as bolinhas 1 e 2 se atraem entre si e as bolinhas 2 e 3 se repelem. A partir disso, podemos concluir que

1. 1 e 3 contêm cargas de sinais opostos.

2. 1 e 3 contêm cargas de mesmo sinal.

3. todas as três contêm cargas de mesmo sinal.

4. um dos objetos não contém portadores de carga.

5. precisamos realizar mais experimentos para determinar o sinal das cargas.

Resposta: 5. Cargas de sinais opostos se atraem, cargas de mesmo sinal se repelem e qualquer tipo de carga atrai um objeto neutro. Assim, 1 e 2 contêm cargas de sinais opostos ou então um dos dois é neutro e o outro contém carga. Entretanto, como 2 e 3 repelem-se, sabemos que 2 e 3 contêm cargas de mesmo sinal. Portanto, há duas possibilidades: 2 e 3 contêm cargas de mesmo sinal e (*i*) 1 é neutro ou então (*ii*) 1 contém carga de sinal oposto ao de 2 e 3.

4. Um átomo de hidrogênio é composto de um núcleo que contém um único próton em torno do qual orbita um único elétron. A força elétrica entre as duas partículas é $2,3 \times 10^{39}$ maior do que a força gravitacional! Se pudéssemos ajustar a distância entre as duas partículas, poderíamos encontrar uma distância de separação para a qual as forças elétrica e gravitacional seriam iguais?

1. Sim, deveríamos afastar as partículas.

2. Sim, deveríamos aproximar as partículas.

3. Não, para nenhuma distância.

Resposta: 3. Ambas as forças elétrica e gravitacional variam com o quadrado do inverso da distância de separação entre dois corpos. Assim, não há nenhuma distância de separação para a qual as forças elétrica e gravitacional são iguais.

5. Duas esferas uniformemente carregadas são fixadas firmemente em discos de hóquei (*pucks*), ficando eletricamente isoladas deles. Por sua vez, os discos de hóquei repousam sem atrito sobre uma mesa de colchão de ar. A carga da esfera 2 é três vezes a carga da esfera 1. Qual diagrama de forças mostra corretamente o módulo, a direção e o sentido das forças eletrostáticas:

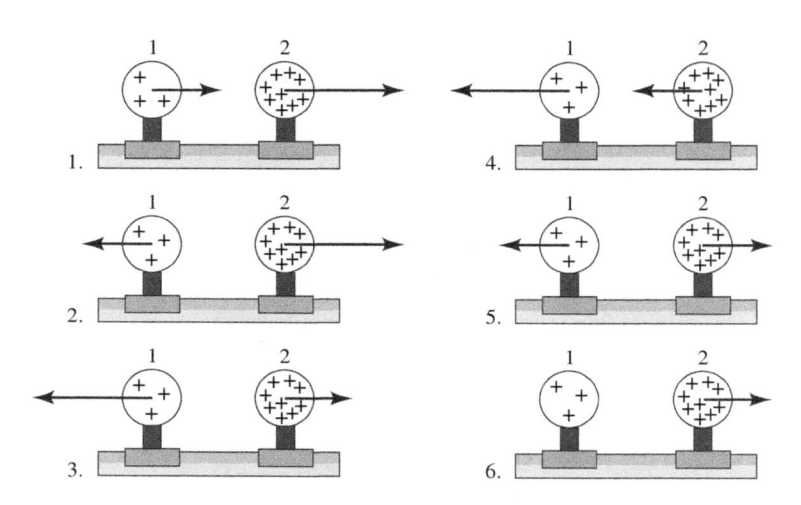

7. Nenhuma acima

Resposta: 5. O módulo da força eletrostática exercida por 2 sobre 1 é igual ao módulo da força eletrostática exercida por 1 sobre 2. Se as cargas forem de mesmo sinal, as forças serão de repulsão e, se as cargas forem de sinais opostos, as forças serão de atração.

6. Considere as quatro configurações de campo mostradas abaixo. Supondo que não haja cargas nas regiões mostradas, qual(is) das configurações representa(m) um campo eletrostático possível?

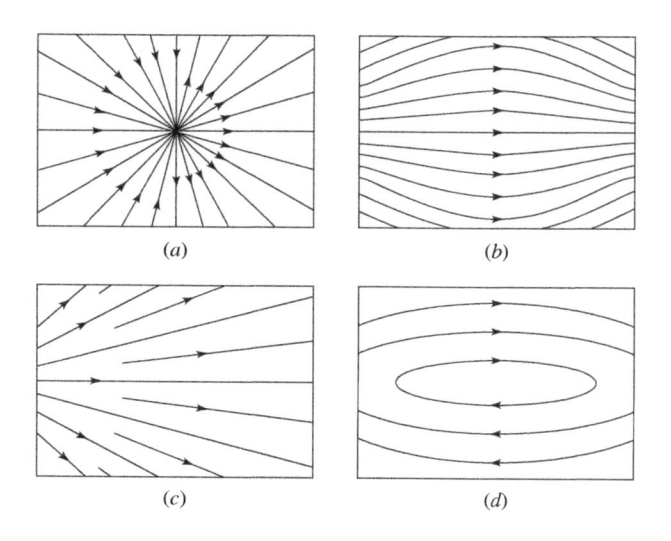

(a)   (b)

(c)   (d)

1. (*a*)
2. (*b*)
3. (*b*) e (*d*)
4. (*a*) e (*c*)
5. (*b*) e (*c*)
6. Alguma outra combinação.
7. Nenhuma acima.

Resposta: 2. A configuração (*a*) pode ser eliminada, pois as linhas de campo não podem simultaneamente originar-se e convergir para o mesmo ponto. A configuração (*c*) pode ser eliminada, pois não há cargas na região e, portanto, não há fontes de linhas de campo. Por fim, a configuração (*d*) também pode ser eliminada, pois as linhas de campo eletrostático não se fecham em si mesmas.

7. Um dipolo eletricamente neutro é colocado em um campo externo. Em qual(is) situação(ões), a força resultante no dipolo é zero?

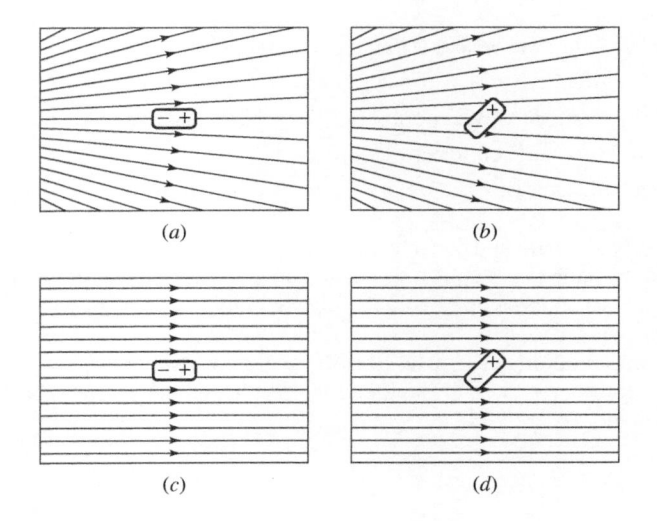

(*a*)   (*b*)

(*c*)   (*d*)

1. (*a*)
2. (*c*)
3. (*b*) e (*d*)
4. (*a*) e (*c*)
5. (*c*) e (*d*)
6. Alguma outra combinação.
7. Nenhuma acima.

Resposta: 5. Um dipolo elétrico em um campo elétrico uniforme experimenta uma força resultante igual a zero. O campo é uniforme em (*c*) e (*d*). Observe que há um torque resultante no caso (*d*).

8. A carga elétrica na placa 1 é $+\sigma$ e na placa 2 é $-\sigma$. A área de ambas as placas é A. O módulo do campo elétrico associado à placa 1 é $\sigma/2A\varepsilon_0$ e as linhas de campo elétrico são como mostrado. Quando as duas placas são posicionadas de forma paralela entre si, o módulo do campo elétrico é

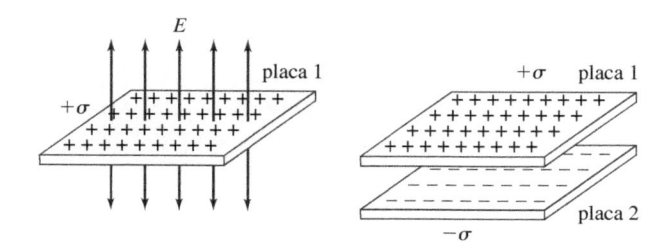

1. $\sigma/A\varepsilon_0$ entre as placas e 0 fora das placas.

2. $\sigma/A\varepsilon_0$ entre, $\pm\sigma/2A\varepsilon_0$ fora.

3. zero, tanto entre como fora.

4. $\pm\sigma/2A\varepsilon_0$, tanto entre como fora.

5. nenhuma acima.

Resposta: 1. O módulo do campo elétrico para a placa 2 também é $\sigma/2A\varepsilon_0$, mas as linhas de campo dessa placa apontam para a placa. Usando o princípio da superposição nas regiões entre e fora das placas, obteremos a resposta 1.

9. Uma peça cilíndrica de material isolante é colocada em um campo elétrico externo, como mostrado. O fluxo elétrico resultante que atravessa a superfície do cilindro é

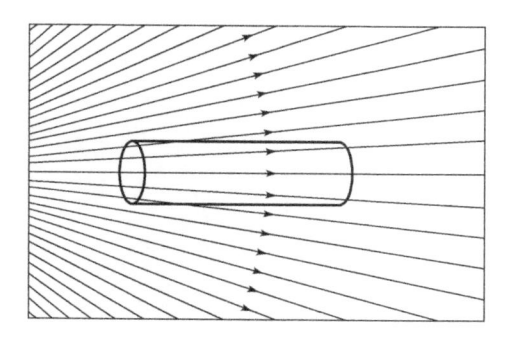

1. positivo.
2. negativo.
3. zero.

Resposta: 3. Como cada linha de campo que entra na superfície também a deixa, não há fluxo resultante.

10. Duas cargas de prova são levadas, uma de cada vez, até as proximidades de uma carga $+Q$. Primeiro, a carga de prova $+q$ é trazida até o ponto A, a uma distância r de $+Q$. A seguir, $+q$ é removida e uma carga de prova $+2q$ é trazida até o ponto B, a uma distância $2r$ de $+Q$. Em comparação com o potencial eletrostático da carga em A, o da carga em B é

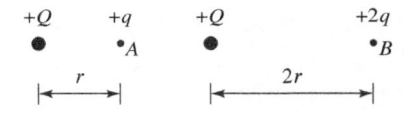

1. maior.
2. menor.
3. o mesmo.

Resposta: 2. O potencial eletrostático em A é Q/r, ao passo que no ponto B é $Q/2r$. Os valores das cargas em A e em B não participam da expressão do potencial eletrostático.

11. Duas cargas de prova são levadas, uma de cada vez, até as proximidades de uma carga $+Q$. Primeiro, a carga de prova $+q$ é trazida até um ponto que está a uma distância r de $+Q$. A seguir, essa carga é removida e uma carga de prova $-q$ é trazida até esse mesmo ponto. A energia potencial eletrostática é maior para qual carga?

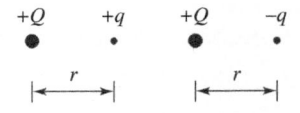

1. $+q$
2. $-q$
3. É a mesma para ambas.

Resposta: 1. A energia potencial eletrostática de uma carga de prova depende de ambas a sua posição e a sua carga. Para a carga $+q$, a energia potencial eletrostática é Qq/r, ao passo que, para a carga $-q$, é $-Qq/r$.

12. Um elétron é empurrado para dentro de um campo elétrico e adquire um potencial elétrico de 1 V. Em vez disso, suponha que dois elétrons sejam empurrados para dentro do mesmo campo elétrico percorrendo a mesma distância. O potencial elétrico dos dois elétrons será

1. 0,25 V.
2. 0,5 V.
3. 1 V.
4. 2 V.
5. 4 V.

Resposta: 3. O potencial elétrico de uma partícula carregada em um campo elétrico depende apenas da posição da partícula, não de sua carga.

13. Uma esfera sólida condutora recebe uma carga diferente de zero. O potencial eletrostático do condutor é

1. maior no centro.
2. maior na superfície.
3. maior em algum local entre o centro e a superfície.
4. constante em todo o volume.

Resposta: 4. Por definição, o campo elétrico no interior de um condutor é zero. O campo elétrico é o gradiente do potencial eletrostático. Assim, o potencial eletrostático dentro do condutor deve ser constante e, por continuidade, deve ser igual ao seu valor na superfície.

14. Considere duas esferas condutoras isoladas, cada uma tendo uma carga líquida Q. As esferas têm raios a e b, sendo que $b > a$. Qual esfera tem o potencial maior?

1. A esfera de raio a.
2. A esfera de raio b.
3. Elas têm o mesmo potencial.

Resposta: 1. O potencial eletrostático de uma esfera condutora varia inversamente com o raio da esfera.

Dielétricos e capacitores
....

1. Considere um capacitor constituído de duas placas metálicas paralelas separadas por uma distância d. A placa superior tem uma densidade de carga superficial $+\sigma$, e a placa inferior $-\sigma$. Uma barra de metal com espessura $l < d$ é inserida entre as placas, sem conexão entre elas. Com a inserção da barra de metal, a diferença de potencial entre as placas externas

1. aumenta.
2. diminui.
3. permanece a mesma.

Resposta: 2. Como a face superior da barra carrega-se negativamente, e a face inferior positivamente, elas são atraídas pelas placas do capacitor. Se desejarmos remover a barra, deveremos fazer trabalho no sistema. Assim, o sistema tem uma energia potencial menor quando a barra está inserida e, portanto, a diferença de potencial entre as placas será menor.

2. Considere dois capacitores, cada um com uma separação *d* entre as placas. Em cada caso, uma barra de metal de espessura *d*/3 é inserida entre as placas. No caso (*a*), a barra não está conectada a nenhuma das placas. No caso (*b*), a barra está conectada à placa superior. A capacitância é mais elevada no

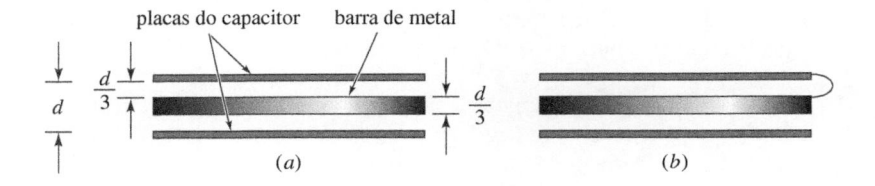

    (*a*)   (*b*)

1. caso (*a*).
2. caso (*b*).
3. As duas capacitâncias são iguais.

Resposta: 2. No caso (*a*), o sistema é equivalente a dois capacitores em série, cada um com uma separação *d*/3 entre as placas. No caso (*b*), o sistema é equivalente a um único capacitor com uma separação *d*/3 entre as placas. Somando as capacitâncias do caso (*a*) e considerando o fato de que a capacitância varia inversamente com a separação entre as placas, concluímos que a capacitância é mais elevada no caso (*b*).

3. Considere um capacitor simples de placas paralelas cujas placas recebem cargas iguais e opostas e estão separadas por uma distância *d*. Suponha que as placas sejam afastadas até que estejam separadas por uma distância $D > d$. A energia eletrostática armazenada no capacitor será

1. superior
2. igual
3. inferior

a que havia antes do afastamento das placas.

Resposta: 1. Como placas carregadas com polaridades opostas se atraem, deverá ser feito trabalho para aumentar a separação entre elas. Assim, a energia eletrostática armazenada no capacitor aumenta quando as placas são afastadas.

4. Um dielétrico é inserido entre as placas de um capacitor. A seguir, o sistema é carregado e o dielétrico é removido. A energia eletrostática armazenada no capacitor é

   1. superior

   2. igual

   3. inferior

   a que haveria se o dielétrico permanecesse no lugar.

   Resposta: 1. O dielétrico fica polarizado quando ele está entre as placas carregadas. A superfície positivamente carregada do dielétrico é atraída pela placa negativamente carregada e a superfície negativamente carregada do dielétrico é atraída pela placa positivamente carregada. Assim, você deve realizar trabalho para remover o dielétrico. Como resultado, a energia eletrostática armazenada no capacitor aumenta quando o dielétrico é removido.

5. Um capacitor de placas paralelas é conectado a uma bateria que mantém uma diferença de potencial constante *V* entre as placas. Enquanto a bateria ainda está conectada, uma barra de vidro é inserida, de modo que o espaço entre as placas fica completamente preenchido. A energia armazenada

   1. aumenta.

   2. diminui.

   3. permanece a mesma.

   Resposta: 1. Quando a barra de vidro está entre as placas, ela se polariza diminuindo a intensidade do campo elétrico. Para que a bateria mantenha uma diferença de potencial constante entre as placas, ela deve fazer trabalho para depositar mais carga nas placas. Assim, trabalho é feito no sistema, e a energia armazenada aumenta.

Circuitos CC

1. Considere dois resistores idênticos conectados em série (um atrás do outro). Se houver corrente elétrica circulando através da combinação, a corrente no segundo resistor será

   1. igual à

   2. metade da

   3. menor (mas não necessariamente metade) do que a

   corrente no primeiro resistor.

Resposta: 1. Não há perda nem ganho de carga quando a corrente passa através do primeiro resistor.

2. No circuito paralelo mostrado abaixo, quando resistores idênticos *R* são acrescentados, a resistência total entre os pontos *P* e *Q*

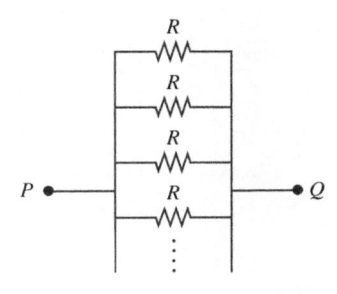

1. aumenta.
2. permanece a mesma.
3. diminui.

Resposta: 3. Como a diferença de potencial é a mesma em todos os resistores, então a corrente que circula em cada resistor é a mesma que passa em um único resistor isolado de resistência *R*. A soma das correntes de todos os resistores em paralelo deve ser igual à corrente que entra no circuito. Assim, a corrente total aumenta à medida que resistores são acrescentados e, portanto, a resistência total diminui.

3. Carga circula através de uma lâmpada de filamento. Suponha que um fio seja conectado à lâmpada como está mostrado abaixo. Quando o fio é ligado

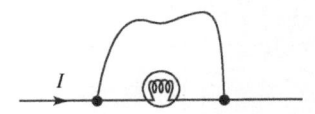

1. toda a carga continuará circulando através da lâmpada.
2. metade da carga circulará através do fio e a outra metade continuará circulando através da lâmpada.
3. toda a carga circulará através do fio.
4. nenhuma acima.

Resposta: 3. Basicamente, o fio tem resistência zero e está em paralelo com a lâmpada de filamento. Portanto, toda a carga circula através do fio.

4. O circuito abaixo consiste em uma única bateria de 12 V e duas lâmpadas de filamento idênticas brilhando com a mesma intensidade. Quando a chave é fechada, o brilho da lâmpada *A*

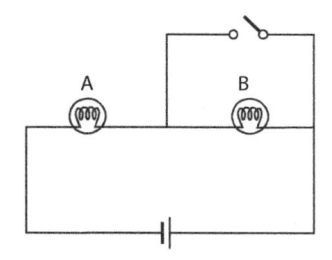

1. aumenta.
2. permanece inalterado.
3. diminui.

Resposta: 1. Quando a chave é fechada, a lâmpada *B* apaga porque toda a corrente passa através do fio que está em paralelo com ela. Assim, a resistência total do circuito diminui e a corrente através da lâmpada *A* aumenta, fazendo com que ela brilhe mais.

5. Se as quatro lâmpadas de filamento da figura forem idênticas, qual circuito produzirá mais luz?

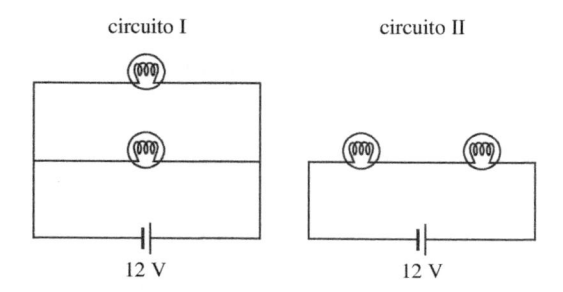

1. I.
2. As duas emitem a mesma quantidade de luz.
3. II.

Resposta: 1. A resistência das duas lâmpadas em paralelo é menor do que a das duas lâmpadas em série. Assim, a corrente através da bateria é maior no circuito

I do que no circuito II. Como a potência dissipada é o produto da corrente vezes a diferença de potencial, concluímos que mais potência é dissipada no circuito I.

6. As lâmpadas de filamento do circuito são idênticas. Quando a chave é fechada,

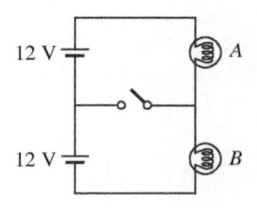

1. ambas se apagam.
2. a intensidade da lâmpada *A* aumenta.
3. a intensidade da lâmpada *A* diminui.
4. a intensidade da lâmpada *B* aumenta.
5. a intensidade da lâmpada *B* diminui.
6. ocorre uma combinação das opções 1–5.
7. nada muda.

Resposta: 7. A diferença de potencial é zero no ramo do circuito que contém a chave. Assim, quando a chave for fechada, não haverá corrente circulando nela e nada acontecerá.

7. As lâmpadas de filamento do circuito são idênticas. Quando a chave é fechada,

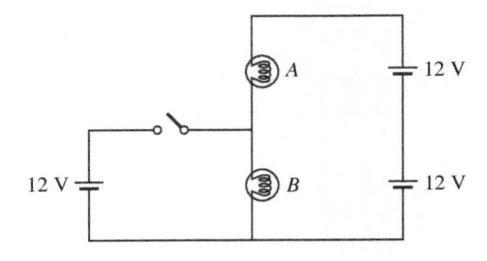

1. ambas se apagam.
2. a intensidade da lâmpada *A* aumenta.
3. a intensidade da lâmpada *A* diminui.
4. a intensidade da lâmpada *B* aumenta.
5. a intensidade da lâmpada *B* diminui.

6. ocorre uma combinação das opções 1–5.

7. nada muda.

Resposta: 7. Como as lâmpadas são idênticas, a diferença de potencial em cada lâmpada é de 12 V. Assim, quando a chave é fechada, nada acontece.

8. Duas lâmpadas de filamento *A* e *B* são conectadas em série a uma fonte de tensão constante. Quando um fio é ligado à lâmpada *B*, como está mostrado, a lâmpada *A*

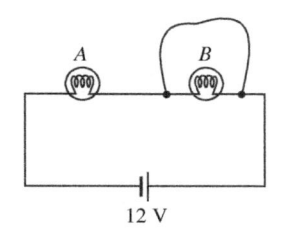

1. brilha mais.

2. brilha como antes.

3. brilha menos.

4. apaga.

Resposta: 1. Quando o fio é ligado à lâmpada *B*, toda a corrente passa através desse fio. A lâmpada *B* é deixada de lado por completo porque o fio tem basicamente resistência zero e está em paralelo com a lâmpada. A resistência total do circuito diminui, a corrente aumenta e, dessa forma, a potência dissipada aumenta. A lâmpada *A* brilha mais.

9. Um circuito simples consiste em um resistor *R*, um capacitor *C* carregado com potencial V_0 e uma chave que inicialmente está aberta, mas em seguida é fechada. Imediatamente após o fechamento da chave, a corrente no circuito é

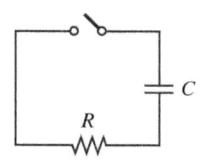

1. V_0/R.

2. zero.

3. Há necessidade de mais informação.

Resposta: 1. Imediatamente após o fechamento da chave, a corrente no circuito é V_0/R. Ela diminui exponencialmente indo desse valor até zero, com uma constante de tempo igual a RC.

10. Todas as três lâmpadas de filamento do circuito têm a mesma resistência. Sabendo que o brilho é proporcional à potência dissipada, o brilho das lâmpadas *B* e *C* juntas, em comparação com o brilho da lâmpada *A*, é

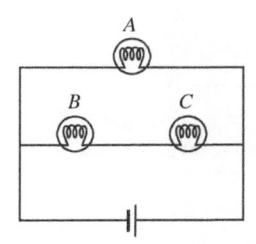

1. o dobro.

2. o mesmo.

3. a metade.

Resposta: 3. A diferença de potencial nas lâmpadas *B* e *C*, dispostas em série, é igual à diferença de potencial na lâmpada *A*. Como a potência dissipada em um resistor de resistência *R* é V^2/R, onde *V* é a diferença de potencial no resistor, a potência dissipada pela combinação em série é a metade da potência dissipada pelo resistor (lâmpada) *A*.

11. Um amperímetro *A* é conectado entre os pontos *a* e *b* no circuito abaixo, onde os quatro resistores são idênticos. A corrente no amperímetro é

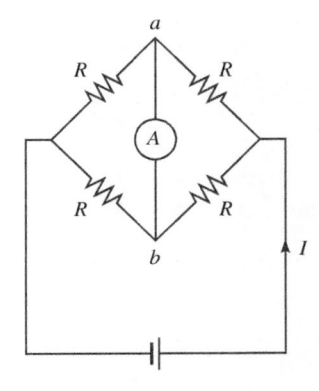

1. $I/2$.
2. $I/4$.
3. zero.
4. Há necessidade de mais informação.

Resposta: 3. Como os resistores são todos idênticos, a diferença de potencial entre a e b é zero. Assim, não há corrente circulando pelo amperímetro.

Magnetismo

1. Em um *chip* de computador, duas trilhas condutoras transportam carga de P para Q e de R para S. Se o sentido da corrente for invertido em ambas as trilhas, a resultante da força magnética da trilha 1 sobre a trilha 2

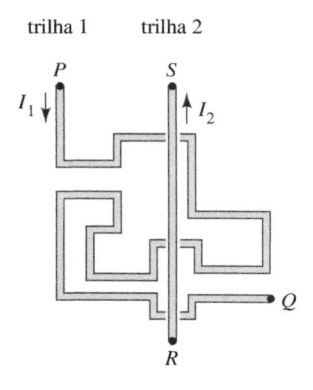

1. permanecerá a mesma.
2. será invertida.
3. mudará em módulo, mas não em sentido.
4. mudará para outra direção.
5. nenhuma acima.

Resposta: 1. Quando a corrente é invertida, a força magnética da trilha 1 sobre a trilha 2 também é invertida, independentemente do formato da trilha. Se também invertermos a corrente da trilha 2, então a força magnética que atua sobre ela, devido à trilha 1, voltará a ser o que era antes da inversão das duas correntes.

2. Uma bateria estabelece uma corrente constante no circuito abaixo. Uma bússola é colocada sucessivamente nos pontos *P*, *Q* e *R*. A deflexão relativa da agulha da bússola, em ordem decrescente, é

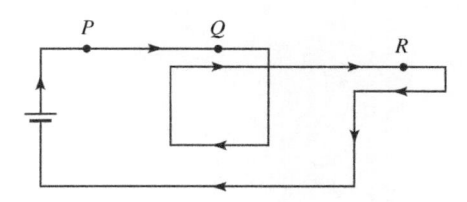

1. *P, Q, R.*
2. *Q, R, P.*
3. *R, Q, P.*
4. *P, R, Q.*
5. *Q, P, R.*

Resposta: 5. Usando o princípio da superposição para a força magnética e somando apenas as forças decorrentes dos fios próximos, encontraremos que a agulha da bússola tem a maior deflexão em *Q* e a menor em *R*.

3. Uma partícula com carga é acelerada até a velocidade *v* quando entra na câmara de um espectrômetro de massa. A velocidade da partícula é perpendicular à direção do campo magnético uniforme *B* da câmara. Após a entrada da partícula no campo magnético, a sua trajetória é

1. uma parábola.
2. um círculo.
3. uma espiral.
4. uma linha reta.

Resposta: 2. A força magnética sobre a partícula é perpendicular a ambos o campo magnético e a velocidade da partícula. Assim, sua trajetória é um círculo.

4. Os raios cósmicos (átomos desprovidos dos elétrons, restando apenas os núcleos) bombardeariam continuamente a superfície da Terra se a maioria deles não sofresse deflexão pelo campo magnético da Terra. Sabendo que a Terra é, com excelente aproximação, um dipolo magnético, a intensidade dos raios cósmicos que bombardeiam a sua superfície é maior

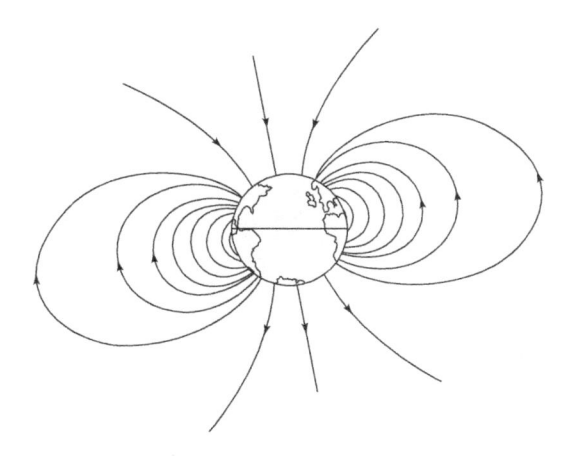

1. nos polos.
2. nas latitudes médias.
3. no equador.

Resposta: 1. Admitindo que as velocidades das partículas dos raios cósmicos apontam radialmente para a Terra, as partículas que sofrem a menor deflexão são as que se dirigem aos polos da Terra, pois é aqui que as linhas do campo magnético mais aproximadamente apontam em direção à Terra no sentido radial.

5. Uma solução de $CuSO_4$ é colocada em um recipiente que aloja eletrodos coaxiais cilíndricos de cobre, como mostrados na figura. Como consequência, campos elétricos e magnéticos são formados. A seguir, grãos de pólen sem carga são acrescentados à solução e passam a ser transportados pelos íons móveis do líquido. Vendo de cima, o pólen circula no sentido horário entre os eletrodos. Os grãos de pólen são transportados pelos íons

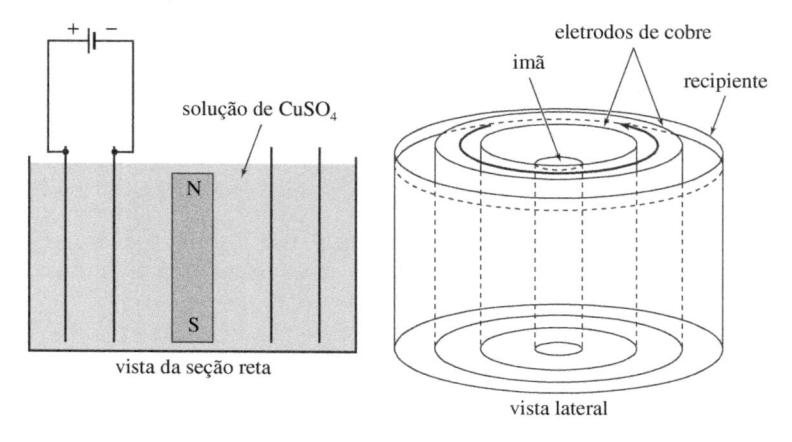

1. positivos.
2. negativos.
3. positivos e negativos.
4. é necessária mais informação.

Resposta: 3. Os íons positivos se movem radialmente para o centro devido ao campo elétrico entre os cilindros. Na presença do campo magnético, a regra da mão direita indica que eles circulam no sentido horário. Os íons negativos se movem radialmente para fora, mas, devido à sua carga negativa, a regra da mão direita indica que eles também circulam no sentido horário.

6. Uma esfera de raio R é colocada próximo de um longo fio retilíneo que conduz uma corrente constante I. O campo magnético gerado pela corrente é B. O fluxo magnético total que passa através da esfera é

   1. $\mu_o I$.
   2. $\mu_o I/(4\pi R^2)$.
   3. $4\pi R^2 \mu_o I$.
   4. zero.
   5. Há necessidade de mais informação.

Resposta: 4. Como as linhas de campo magnético se fecham em si mesmas, o fluxo magnético total que atravessa qualquer superfície fechada é zero.

7. Um laço retangular é colocado em um campo magnético uniforme com o plano do laço perpendicular à direção do campo. No laço, se uma corrente circular no sentido mostrado pelas setas, o campo exercerá sobre o laço

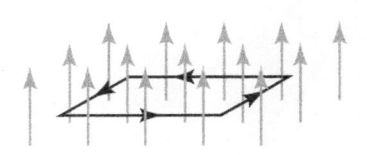

   1. uma força resultante.
   2. um torque resultante.
   3. uma força resultante e um torque resultante.
   4. nem uma força resultante nem um torque resultante.

Resposta: 4. De acordo com a regra da mão direita, todos os quatro lados do laço estão sujeitos a forças dirigidas para fora do laço, sendo que a força em cada lado é cancelada pela força no lado oposto.

8. Um laço retangular é colocado em um campo magnético uniforme com o plano do laço paralelo à direção do campo. No laço, se uma corrente circular no sentido mostrado pelas setas, o campo exercerá sobre o laço:

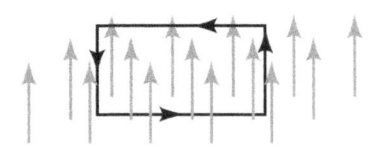

1. uma força líquida.
2. um torque líquido.
3. uma força líquida e um torque líquido.
4. nem uma força líquida nem um torque líquido.

Resposta: 2. De acordo com a regra da mão direita, o lado superior do laço está sujeito a uma força dirigida para dentro da página, e o lado inferior a uma força dirigida para fora da página. Essas duas forças exercem um torque resultante sobre o laço (os efeitos desse torque é fazer o campo magnético do laço tornar-se paralelo ao campo externo). Os lados esquerdo e direito do laço não estão sujeitos a forças.

9. Quando a chave é fechada, a diferença de potencial sobre R é

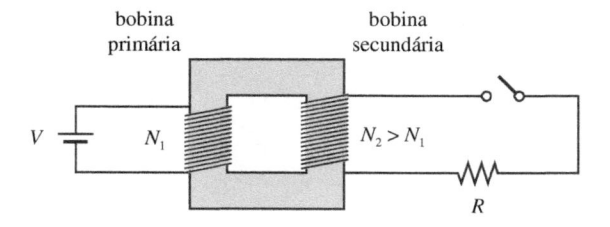

1. VN_2/N_1.
2. VN_1/N_2.
3. V.
4. zero.
5. informação insuficiente.

Resposta: 4. Como a entrada está conectada a uma fonte de tensão constante, nenhuma diferença de potencial é induzida na bobina secundária.

10. A bobina primária de um transformador está conectada a uma bateria, um resistor e uma chave. A bobina secundária está conectada a um amperímetro. Quando a chave é fechada, o amperímetro mostra

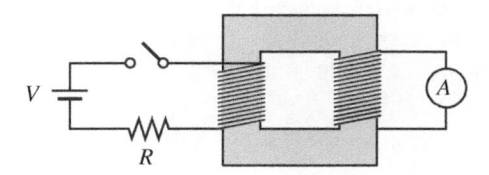

1. corrente zero.
2. uma corrente diferente de zero durante um breve instante.
3. uma corrente constante.

Resposta: 2. Quando a chave é fechada, uma corrente variável no tempo é produzida momentaneamente na bobina primária do transformador. Em seguida, o núcleo de ferro atua como um eletroímã e, por indução eletromagnética, gera uma corrente transitória na bobina secundária.

11. Um fio retilíneo longo conduz uma corrente constante *I*. Um laço retangular condutor está no mesmo plano que o fio, com dois lados paralelos ao fio e dois lados perpendiculares. Suponha que o laço seja empurrado em direção ao fio como está mostrado abaixo. Conhecendo o sentido de *I*, a corrente induzida no laço será

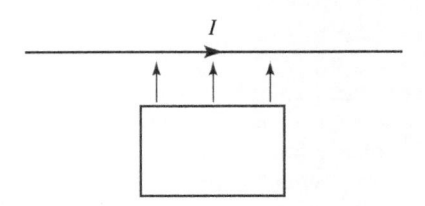

1. no sentido horário.
2. no sentido anti-horário.
3. é necessária mais informação.

Resposta: 2. À medida que o laço é aproximado do fio, o fluxo magnético que passa através do laço aumenta. Para contrabalançar esse aumento na intensidade do campo magnético, uma corrente começa a circular no laço em um sentido tal que é criado, através do laço, um fluxo magnético que se opõe ao aumento da intensidade do campo magnético. Como no local onde o laço está situado o campo magnético do fio aponta para dentro da página, o campo magnético oponente do laço deverá apontar para fora da página. Isso requer uma corrente no sentido anti-horário.

12. Na Figura (*a*), um solenoide produz um campo magnético cuja intensidade está aumentando e cuja orientação é para dentro da página. Uma FEM induzida é estabelecida em um laço condutor que circunda o solenoide. Essa FEM faz as lâmpadas de filamento *A* e *B* brilharem. Na figura (*b*), os pontos *P* e *Q* são colocados em curto-circuito. Após fazer o curto,

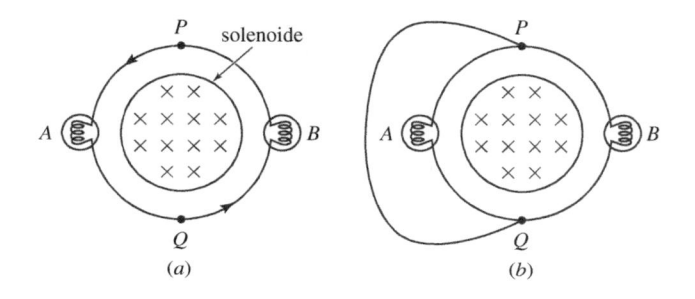

1. a lâmpada *A* apaga; a lâmpada *B* brilha mais intensamente.
2. a lâmpada *B* apaga; a lâmpada *A* brilha mais intensamente.
3. a lâmpada *A* apaga; a lâmpada *B* brilha menos intensamente.
4. a lâmpada *B* apaga; a lâmpada *A* brilha menos intensamente.
5. ambas as lâmpadas apagam.
6. nenhuma acima.

Resposta: 1. Embora pudéssemos esperar que as duas lâmpadas apagassem quando o curto-circuito fosse feito, na realidade somente a lâmpada *A* apaga. Combinado com o laço original, o fio extra entre *P* e *Q* cria um total de três laços (veja a figura seguinte): (*i*) o laço circular original; (*ii*) o laço em linha cheia consistindo no fio extra e na metade direita do laço original; e (*iii*) o laço condutor em forma de lua crescente consistindo no fio extra mais o fio em linha tracejada conectado à lâmpada *A*. Como não há variação de fluxo através do laço (*iii*), a lâmpada *A* não acenderá. O laço (*ii*), entretanto, circunda um fluxo magnético variável e, consequentemente, a lâmpada *B* acenderá. O laço (*i*) também circunda um fluxo magnético variável, mas é mais "fácil" para os elétrons circularem em torno do laço (*ii*) porque o fio extra tem resistência zero, ao passo que o fio tracejado contendo a lâmpada *A* tem resistência finita. Como agora a resistência total no circuito é menor do que era antes do acréscimo do fio, a lâmpada *B* brilha com mais intensidade.

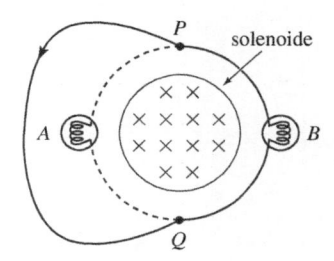

13. Quando a chave é fechada, a corrente que flui no circuito aproxima-se exponencialmente do valor $I = \mathscr{E}/R$. Se repetirmos esse experimento utilizando um indutor que tenha o dobro de espiras por unidade de comprimento, o tempo que a corrente levará para alcançar o valor $I/2$

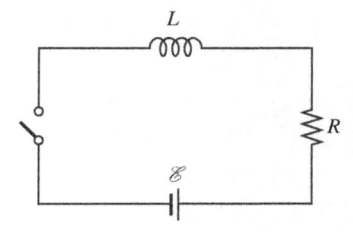

1. aumentará.
2. diminuirá.
3. será o mesmo.

Resposta: 1. À medida que o número de espiras aumenta, o indutor gera um campo magnético maior para uma determinada corrente. Portanto, uma variação na corrente irá gerar uma variação maior de fluxo e, consequentemente, a força contraeletromotriz eleva-se quando o número de espiras é aumentado. Como resultado, a corrente crescerá mais lentamente do que antes. Matematicamente, a constante de tempo do aumento exponencial de corrente é L/R. Quando o número de espiras por unidade de comprimento aumenta, L aumenta e a constante de tempo também. Portanto, levará mais tempo para a corrente alcançar o valor $I/2$.

Circuitos CA

1. Um capacitor é conectado a uma fonte variável de FEM. Dado o comportamento de $\mathscr{E}$, mostrado a seguir, a corrente nos fios varia de acordo com:

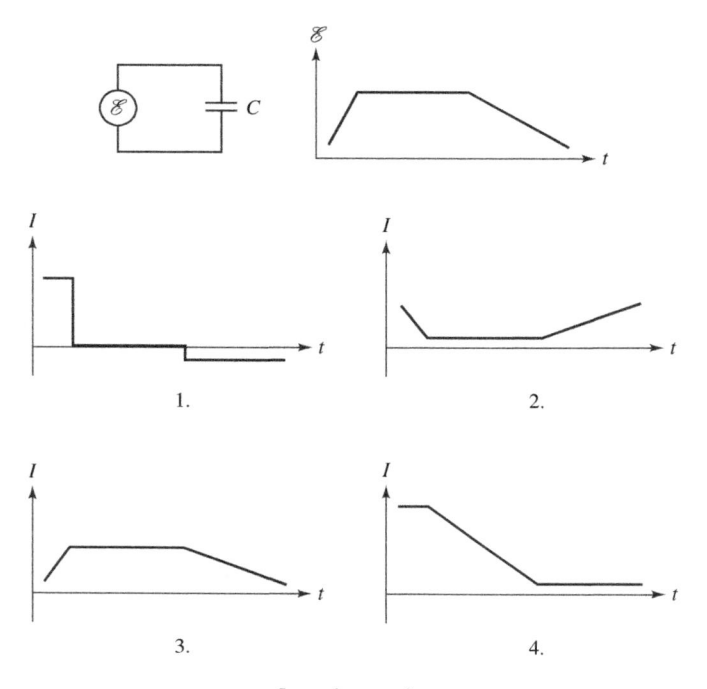

5. nenhuma acima

Resposta: 1. A carga no capacitor é proporcional à diferença de potencial aplicada ao capacitor. Quando a diferença de potencial aumenta linearmente, a carga cresce linearmente e, portanto, deve haver uma corrente constante (carga por unidade de tempo) circulando nos fios. De modo similar, quando a diferença de potencial é constante, a carga é constante e, consequentemente, a corrente é zero. Finalmente, quando a diferença de potencial diminui, a carga também deve diminuir e, portanto, deverá haver carga circulando de volta no sentido oposto. Matematicamente, a corrente é proporcional à derivada da FEM em relação ao tempo.

2. Um capacitor é conectado a uma fonte variável de FEM. O trabalho feito pela fonte durante os intervalos de tempo *a*, *b* e *c* é

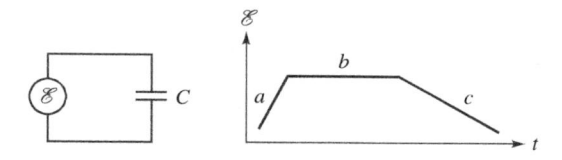

1. positivo, negativo e zero, respectivamente.
2. negativo, positivo e zero, respectivamente.
3. sempre positivo.
4. positivo, zero e negativo, respectivamente.
5. sempre negativo.
6. zero, positivo e zero, respectivamente.
7. zero, negativo e zero, respectivamente.

Resposta: 4. Durante o intervalo de tempo *a*, quando a FEM aumenta, a carga no capacitor cresce e, portanto, a quantidade de energia armazenada no capacitor aumenta. Para armazenar energia, um trabalho positivo deve ser feito. Durante o intervalo *b*, quando a FEM é constante, não há trabalho sendo realizado porque a energia armazenada no capacitor é constante. Durante *c*, a carga no capacitor, diminui e, consequentemente, a energia deve fluir para fora do capacitor, retornando à fonte.

3. Para o instante de tempo $t = 0$, os diagramas fasoriais abaixo representam três FEMs senoidais com diferentes amplitudes e frequências. Quando *t* aumenta, cada fasor gira no sentido anti-horário definindo completamente a oscilação senoidal. No instante de tempo mostrado e em ordem decrescente, os valores de $\mathscr{E}$, associados aos fasores dados pelos diagramas, são

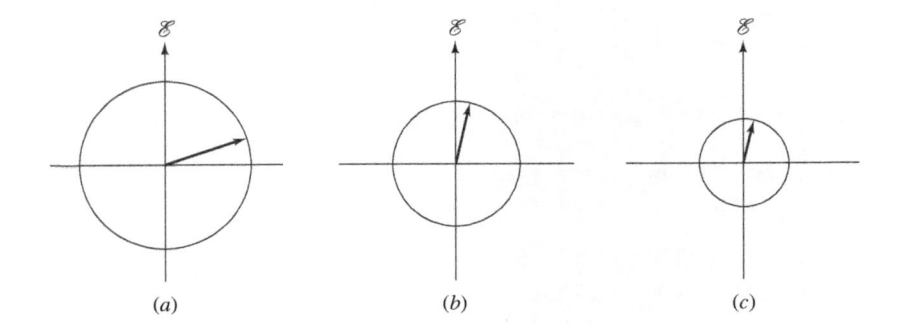

(a)   (b)   (c)

1. (a), (b) e (c).
2. (a), (c) e (b).
3. (b), (c) e (a).
4. (c), (a) e (b).
5. Nenhuma acima.
6. Há necessidade de mais informação.

Resposta: 3. O valor instantâneo de $\mathscr{E}$ é dado pela projeção do fasor sobre o eixo vertical.

4. Considere os pares de fasores abaixo, cada fasor mostrado em $t = 0$. Todos se caracterizam por uma frequência comum de oscilação ω. Se as oscilações forem somadas, a amplitude máxima de oscilação será dada pelo par

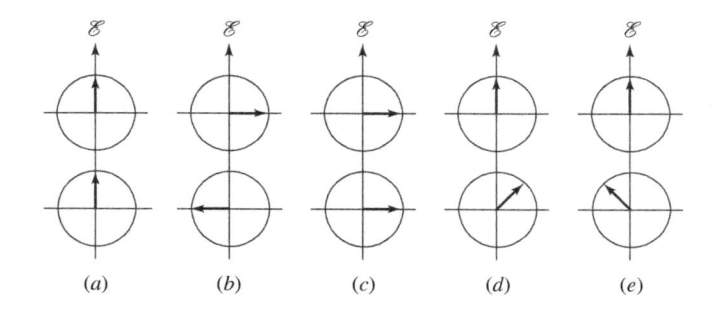

(a)   (b)   (c)   (d)   (e)

1. (a).
2. (b).
3. (c).
4. (d).
5. (e).
6. (a), (b) e (c).
7. (a) e (c).
8. (b) e (c).
9. É necessária mais informação.

Resposta: 7. Como os pares (a) e (c) estão em fase, a amplitude de suas somas é igual à soma de suas amplitudes individuais.

5. Considere a FEM senoidal mostrada abaixo. Qual(is) dos diagramas fasoriais corresponde(m) a essa oscilação?

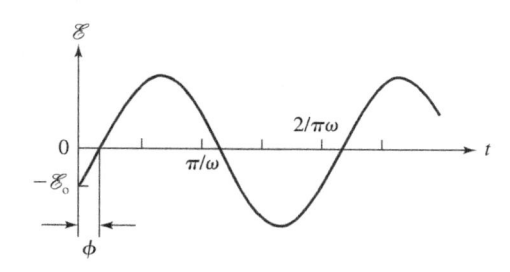

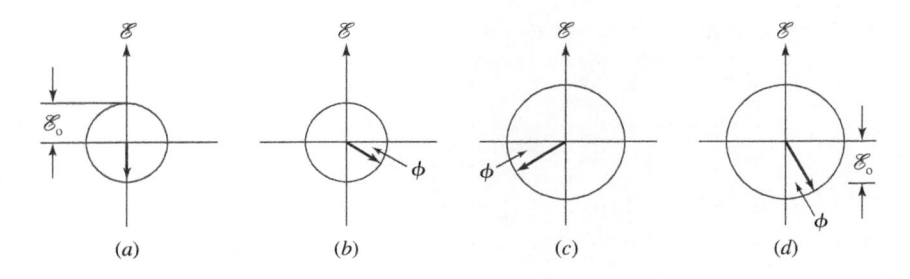

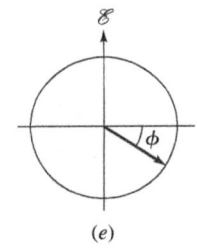 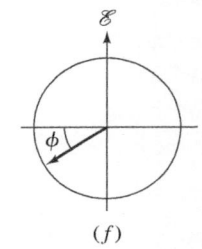 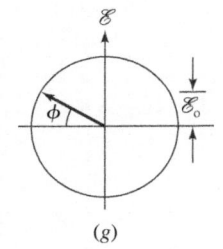

1. Todas menos (*b*) e (*c*).
2. Todas.
3. (*e*), (*f*) e (*g*).
4. (*d*).
5. (*e*).
6. Todas menos (*a*) e (*d*).
7. (*d*) e (*e*).
8. Nenhuma.

Resposta: **5.** O fasor, girando no sentido anti-horário, define a oscilação senoidal. Apenas o fasor em (*e*) tem um valor inicial de $-\mathscr{E}_0$ e uma fase inicial de $-\phi$.

6. Considere um indutor conectado a uma fonte de FEM variável. Se o gráfico abaixo representar a corrente que circula no indutor, o trabalho feito pela fonte será

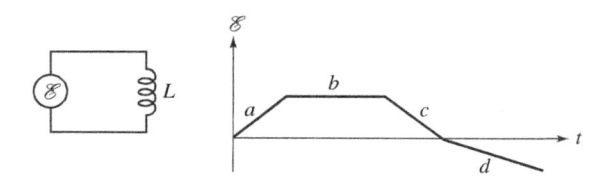

1. positivo durante os intervalos de tempo *a*, *b* e *c*.
2. zero durante *b*, positivo durante *d*.
3. positivo durante *a*, negativo durante *d*.
4. positivo durante *b*, negativo durante *d*.
5. positivo durante *a*, zero durante *b*, negativo durante *c* e *d*.
6. nenhuma acima.

Resposta: 2. Durante *a*, quando a FEM aumenta, o campo magnético dentro do indutor cresce e, assim, a fonte deve fazer trabalho positivo. Durante *b*, o campo magnético no condutor é constante e não há trabalho sendo feito. Durante *c*, o campo diminui e, como consequência, a energia deve fluir do indutor de volta à fonte e, portanto, será feito um trabalho negativo. Durante *d*, entretanto, o campo cresce novamente (mas em sentido oposto) e, portanto, deve ser feito um trabalho positivo. Matematicamente, o trabalho feito pela fonte é proporcional à corrente vezes a sua taxa de variação no tempo.

7. A lâmpada de filamento tem uma resistência *R* e a FEM atua no circuito com uma frequência ω. A lâmpada brilha com mais intensidade em

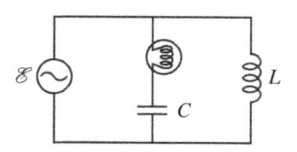

1. frequências muito baixas.
2. frequências muito altas.
3. na frequência $\omega = 1/\sqrt{LC}$.

Resposta: 2. Em frequências muito altas, o capacitor tem basicamente impedância zero, e o indutor impedância infinita. Desse modo, a corrente através da lâmpada é máxima.

8. Para o circuito em série *RLC* mostrado abaixo, qual(is) dessas afirmações é(são) verdadeira(s)?

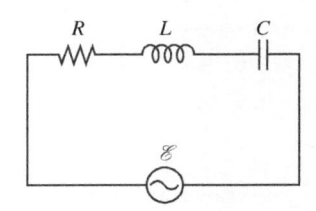

(*i*)   A energia potencial oscila entre *C* e *L*.

(*ii*)   A fonte não realiza trabalho líquido: a energia perdida em *R* é compensada pela energia armazenada em *C* e *L*.

(*iii*) A corrente em *C* está defasada de 90° em relação à corrente em *L*.

(*iv*)   A corrente em *C* está defasada de 180° em relação à corrente em *L*.

(*v*)   Toda a energia é dissipada em *R*.

1. Todas elas.
2. Nenhuma delas.
3. (*v*)
4. (*ii*)
5. (*i*), (*iv*) e (*v*)
6. (*i*) e (*v*)
7. Nenhuma das opções acima.

Resposta: 6. Apenas as afirmações (*i*) e (*v*) estão corretas. Como o capacitor e o indutor não são fontes de energia, a energia dissipada no resistor não pode ser compensada e, portanto, a afirmação (*ii*) está incorreta. Além disso, como a corrente que flui no circuito está em fase, as afirmações (*iii*) e (*iv*) estão incorretas.

Eletrodinâmica

1. Quando o capacitor mostrado abaixo é carregado com uma corrente constante *I*, verificamos que no ponto *P* há

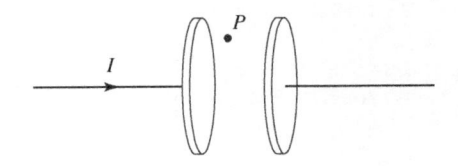

1. um campo elétrico constante.
2. um campo elétrico variável.
3. um campo magnético constante.
4. um campo magnético variável.
5. um campo elétrico variável e um campo magnético.
6. um campo magnético variável e um campo elétrico.
7. nenhuma acima.

Resposta: 5. Quando a carga no capacitor aumenta, o campo elétrico cresce. O campo elétrico variável, por sua vez, gera um campo magnético.

2. Em um capacitor que está sendo carregado, a corrente total de deslocamento entre as placas é igual à corrente de condução total I nos fios. Os capacitores no diagrama têm placas circulares de raio R. Em (*a*), os pontos A e B estão a uma distância $d > R$ da linha reta que passa pelos centros das placas. Nesse caso, o campo magnético em A, devido à corrente de condução, é o mesmo que em B, devido à corrente de deslocamento. Em (*b*), os pontos P e Q estão a uma distância $r < R$ da linha central. Em comparação com o campo magnético em P, o campo em Q é

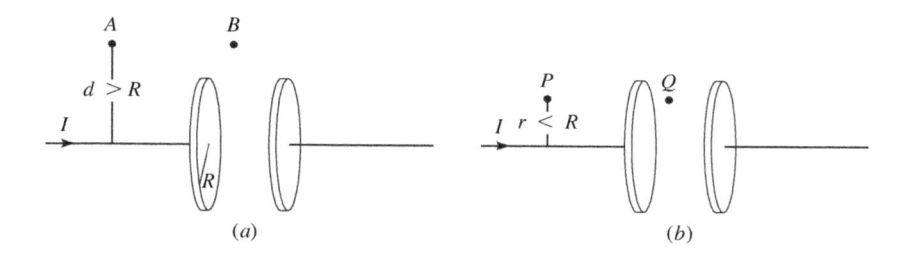

1. maior.
2. menor.
3. o mesmo.
4. é necessária mais informação.

Resposta: 2. O campo magnético em P é proporcional à corrente total de condução, como pode ser verificado desenhando um laço amperiano de raio r em P. Em Q, entretanto, apenas a fração r^2/R^2 do fluxo elétrico variável e, portanto, da corrente de deslocamento, contribui ao campo magnético. Assim, o campo magnético em Q será menor do que em A.

3. Uma onda eletromagnética planar está se propagando no espaço. Seu vetor de campo elétrico é dado por $\mathbf{E} = E_0 \cos(kz - \omega t)\hat{\mathbf{x}}$. Seu vetor de campo magnético é dado por

1. $\mathbf{B} = B_0 \cos(kz - \omega t)\hat{\mathbf{y}}$.
2. $\mathbf{B} = B_0 \cos(ky - \omega t)\hat{\mathbf{z}}$.
3. $\mathbf{B} = B_0 \cos(ky - \omega t)\hat{\mathbf{x}}$.
4. $\mathbf{B} = B_0 \cos(kz - \omega t)\hat{\mathbf{z}}$.

Resposta: 1. Da expressão do vetor campo elétrico, vemos que a onda está se propagando na direção z com o campo elétrico alinhado segundo o eixo x. Nas ondas eletromagnéticas em propagação, os campos elétrico e magnético são ortogonais.

4. Em um ponto fixo P, os vetores de campos elétrico e magnético oscilam com frequência angular ω. Com qual frequência angular o vetor de Poynting oscila nesse ponto?.

   1. 2ω.
   2. ω.
   3. $\omega/2$.
   4. 4ω.

Resposta: 1. O vetor de Poynting é proporcional ao produto vetorial dos vetores de campos elétrico e magnético. Como ambos os campos oscilam senoidalmente com frequência ω, identidades trigonométricas mostram que seu produto é uma função senoidal de frequência 2ω.

5. Qual das opções abaixo fornece a maior densidade de energia média na distância especificada e, consequentemente, produz a melhor iluminação ao menos qualitativamente?

   1. Uma fonte de 50 W a uma distância R.
   2. Uma fonte de 100 W a uma distância $2R$.
   3. Uma fonte de 200 W a uma distância $4R$.

Resposta: 1. A densidade de energia no ponto especificado é proporcional à potência dividida pela área da superfície da esfera que está sendo especificada.

Física moderna

1. A melhor cor para pintar um irradiador, no que tange à eficiência de aquecimento, é uma cor

   1. preta.
   2. branca.
   3. metálica.
   4. alguma outra cor.

5. Na realidade não importa.

Resposta: 1. O melhor absorvedor também é o melhor irradiador.

2. Um feixe de luz ultravioleta incide na bola metálica de um eletroscópio. Qual(is) afirmação(ões) é(são) verdadeira(s)?

1. Se inicialmente o eletroscópio estava carregado positivamente, ele será descarregado.

2. Se inicialmente o eletroscópio estava carregado negativamente, ele será descarregado.

3. Ambas acima.

4. Nenhuma acima.

Resposta: 2. Quando a luz ultravioleta atinge o eletroscópio, fotoelétrons são emitidos do metal. Assim, se a princípio um eletroscópio estiver carregado negativamente, ele será descarregado. Se a princípio o eletroscópio estiver carregado positivamente, qualquer elétron que for emitido será imediatamente atraído de volta ao eletroscópio. O mesmo acontecerá se a princípio o eletroscópio estiver neutro, pois cada fotoelétron emitido deixa uma carga positiva para trás no eletroscópio.

3. Um feixe de luz ultravioleta incide na bola metálica de um eletroscópio que inicialmente não está carregado. O eletroscópio adquire carga?

1. Sim, ele adquire uma carga positiva.

2. Sim, ele adquire uma carga negativa.

3. Não, ele não adquire carga.

Resposta: 3. Cada elétron que deixa o eletroscópio por fotoemissão é imediatamente atraído de volta ao eletroscópio devido à atração eletrostática.

4. Uma lâmpada de arco de xenônio é coberta com um filtro de interferência que transmite luz somente com 400 nm de comprimento de onda. Quando a luz transmitida atinge a superfície de um metal, elétrons são emitidos do metal. Se a intensidade da luz que incide sobre a superfície for dobrada,

1. mais elétrons serão emitidos em um dado intervalo de tempo.

2. os elétrons emitidos serão mais energéticos.

3. ambas acima.

4. nenhuma acima.

Resposta: 1. O aumento da intensidade da fonte luminosa fará crescer o número de fotoelétrons emitidos por unidade de tempo. Como a frequência (e consequentemente a energia dos fótons) da iluminação extra é igual à da original, a energia dos elétrons emitidos se mantém a mesma.

5. Uma lâmpada de arco de xenônio é coberta com um filtro de interferência que transmite somente luz com 400 nm de comprimento de onda. Quando a luz transmitida atinge uma superfície de metal, elétrons são emitidos do metal. A seguir, o filtro de interferência é substituído por outro que transmite luz com 300 nm e a lâmpada é ajustada para que a intensidade da luz que atinge a superfície tenha o mesmo valor de quando a luz tinha 400 nm. Com essa luz de 300 nm,

1. mais elétrons são emitidos em um dado intervalo de tempo.

2. os elétrons emitidos são mais energéticos.

3. ambas são verdadeiras.

4. ambas são falsas.

Resposta: 2. O menor comprimento de onda da luz significa que os fótons são mais energéticos. Consequentemente, os elétrons ejetados têm mais energia.

6. Em um interferômetro de Michelson, um feixe luminoso é dividido em duas partes de mesma intensidade e, após, as duas partes são recombinadas interferindo uma com a outra. Quando um único fóton é enviado através do interferômetro, a chapa fotográfica mostra

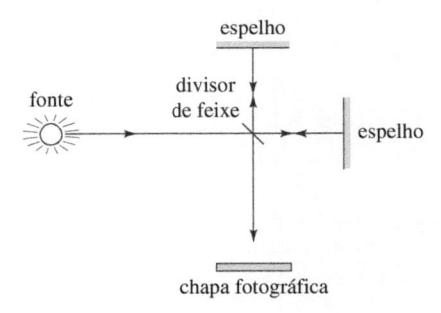

1. um único ponto em algum lugar da chapa porque, no divisor de feixe, o fóton escolhe uma das duas trajetórias e, em seguida, retorna atingindo a chapa.

2. um único ponto, com mais probabilidade de cair em algumas regiões do que em outras, devido à interferência entre as duas trajetórias.

3. um padrão de interferência, pois o interferômetro divide o fóton em duas ondas que subsequentemente interferem entre si na chapa.

Resposta: 2. Fótons isolados, que passam pelo divisor de feixe, atingem aleatoriamente a chapa e produzem um espalhamento de pontos individuais. Entretanto, surgirá um padrão de interferência quando fótons suficientes tiverem atingido a chapa. Os fótons ficam registrados na chapa como pontos isolados, mas a probabilidade de um fóton atingir um ponto em particular é governada pelo padrão de interferência.

7. Fótons isolados, um a um, são dirigidos para um sistema de fenda dupla. Os impactos dos fótons, que passam pela fenda dupla dirigindo-se a um detector colocado atrás das fendas, formam um padrão de distribuição que é idêntico a um padrão de interferência. Agora, repetiremos esse experimento, mas bloquearemos a fenda 1 durante a primeira metade do experimento e a fenda 2 durante a segunda metade. A distribuição dos impactos no segundo experimento será

   1. a mesma do primeiro experimento.
   2. a soma das distribuições obtidas separadamente para cada fenda.
   3. nenhuma acima.

   Resposta: 2. Quando uma fenda é coberta, o padrão dos impactos dos fótons produz uma distribuição característica de interferência de fenda única. Quando o segunda fenda é coberta, os impactos dos fótons novamente distribuem-se como um padrão de fenda única. O resultado final é a soma dos dois.

8. Thompson observou que os raios catódicos podem passar sem sofrer deflexão através de campos elétrico e magnético cruzados. Sendo assim, qual das seguintes grandezas deve ser comum às partículas que constituem esses raios?

   1. Massa.
   2. Tamanho.
   3. Magnitude da carga.
   4. Sinal da carga.
   5. Sinal e magnitude da carga.
   6. Velocidade.

   Resposta: 6. Se as partículas não sofrerem deflexão, a força resultante sobre as partículas deverá ser zero e, consequentemente, as forças elétrica e magnética serão iguais e opostas. A força elétrica e a força magnética são independentes da massa e do tamanho das partículas. Entretanto, elas são proporcionais à carga q das partículas, sendo que a força magnética também é proporcional à velocidade v das partículas. Portanto, se alterarmos a massa, tamanho ou carga das partículas, o equilíbrio entre as forças elétrica e magnética não será afetado. Entretanto, se mudarmos a velocidade, a força magnética será alterada, mas não a força elétrica.

9. Um feixe de partículas carregadas passa sem sofrer deflexão através de um campo elétrico e um magnético, ambos cruzados entre si. Quando o campo elétrico é desativado, o feixe se divide em diversos feixes. Essa divisão se deve às partículas do feixe que têm diferentes

   1. massas.
   2. velocidades.
   3. cargas.
   4. nenhuma acima.

Resposta: 1 e 3. A deflexão das partículas é proporcional à força, que atua sobre elas, dividida por suas massas. Quando o campo elétrico é desligado, a única força que atua sobre as partículas é a força magnética, que depende da carga e da velocidade das partículas. Como as partículas passam sem sofrer deflexão através do campo cruzado, sabemos que todas têm a mesma velocidade. Portanto, a deflexão dependerá da massa e da carga das partículas.

10. Os raios catódicos são feixes de elétrons, mas os elétrons não sofrem deflexão pela gravidade porque

   1. o efeito da gravidade sobre os elétrons é desprezível.

   2. os elétrons se deslocam tão rapidamente que não há tempo para cair.

   3. o ar tem resistência.

   4. os elétrons são partículas quânticas, não clássicas.

   5. a carga elétrica impede que os elétrons sintam a gravidade.

   6. Outra.

   Resposta: 2. Os elétrons viajam tão rapidamente na direção horizontal que, durante esse deslocamento horizontal, a distância percorrida na queda devido à gravidade é desprezível.

11. O espectro de emissão do hidrogênio pode ser obtido analisando a luz do gás hidrogênio que foi aquecido até temperaturas muito elevadas (o aquecimento povoa muitos dos estados excitados do hidrogênio). O espectro de absorção pode ser obtido passando, através do gás hidrogênio, a luz produzida por uma fonte incandescente de largo espectro. Se o espectro de absorção for obtido na temperatura ambiente, quando todos os átomos estão no estado fundamental, o espectro de absorção

   1. será idêntico ao espectro de emissão.

   2. conterá algumas (mas não todas as) linhas que aparecem no espectro de emissão.

   3. conterá todas as linhas do espectro de emissão e mais algumas linhas adicionais.

   4. não se assemelhará ao espectro de emissão.

   Resposta: 2. Quando a radiação passa através de um gás à temperatura ambiente, os elétrons são excitados, indo do estado fundamental para o estado excitado. Cada linha do espectro de absorção representa uma dessas transições entre o estado fundamental e um estado excitado. Quando os átomos de hidrogênio são aquecidos até altas temperaturas, ocorrem transições entre os estados de maior excitação e os estados de menor excitação, acima do estado fundamental. Portanto, além de todas as transições do espectro de absorção, envolvendo os estados excitados e o fundamental, o espectro de emissão contém outras linhas que correspondem a transições entre os estados de alta excitação e os estados de baixa excitação.

12
Questões conceituais de exame

→

Nas páginas seguintes, encontram-se questões conceituais do tipo que eu venho usando em meus exames desde 1991. Normalmente, essas questões conceituais constituem metade do exame, e a outra metade envolve problemas computacionais mais tradicionais. Ambos os tipos contribuem com o mesmo número de pontos à nota do exame.

Muitas dessas questões conceituais são dissertativas, e o esquema de avaliação mais conveniente é um que espelha a prática de revisão de artigos científicos utilizada por revistas e jornais profissionais: cada problema vale no máximo três pontos. O conceito final é obtido seguindo as seguintes diretivas:

Avaliação da revisão	Pontos	Avaliação da resposta
publicar como está	3	perfeita ou quase perfeita
publicar após revisão mínima	2	pequenos erros que requerem revisão
necessita ampla revisão	1	erros substanciais
rejeitar	0	de relevância pequena ou nenhuma para a questão

Inicialmente, pode parecer que esse esquema produz uma perda de precisão na avaliação. Entretanto, mesmo que um exame contenha apenas cinco problemas, a precisão global da avaliação será melhor do que 7% (o que, acredito, está acima do que é possível na prática). Como a maioria de meus exames contém no mínimo sete problemas, a situação é até melhor. Nesse esquema de avaliação, as maiores vantagens consistem em levar a uma consistência maior de avaliação e a um número menor de estudantes discutindo a sua nota – a diferença entre 1 e 2, por exemplo, fica muito mais clara do que entre 6 e 7, em uma escala de dez pontos. Quando uma questão contém múltiplas partes, o esquema é aplicado à questão *no todo* e não às partes individuais. Após corrigir cada parte, anotar os erros e classificá-los como pequenos ou substanciais, eu me pergunto "Eu aceitaria esse artigo para publicação?" e, baseado na resposta, eu atribuo uma nota global à questão.

Cinemática

1. A partir do repouso, duas pedras são soltas de uma certa altura, uma atrás da outra. (*a*) a diferença de suas velocidades aumentará, diminuirá ou permanecerá a mesma? (*b*) a distância de separação entre elas aumentará, diminuirá ou permanecerá a mesma? (*c*) o intervalo de tempo medido entre os instantes em que cada uma atinge o solo será menor, igual ou maior do que o intervalo medido entre os instantes em que cada uma foi solta?

2. Quando um ônibus espacial está queimando o seu combustível após o lançamento, ele se torna cada vez mais leve, e sua aceleração cada vez mais elevada. Entre o momento do lançamento e quando ele já consumiu quase todo o combustível, a sua velocidade média é maior, igual ou menor do que a metade de sua velocidade final?

3. Você está em um elevador que sobe com velocidade constante. Repentinamente, você deixa cair seu chaveiro. A queda ocorre de tal forma que, quando o chaveiro bate no chão do elevador, ele está na mesma altura em relação ao solo do que estava quando se soltou da mão. As chaves batem no chão sem voltar a subir. Faça um gráfico simples mostrando qualitativamente a altura acima do solo de ambos o chaveiro e o elevador em função do tempo, iniciando alguns momentos antes de o chaveiro ser solto até bater no chão do elevador.

4. (*a*) os astronautas, flutuando em órbita, capazes de determinar quais são os objetos de dentro da nave que seriam leves ou pesados caso estivessem na Terra, ainda que dentro da nave os objetos não tenham peso? Explique. (*b*) um astronauta no espaço poderia usar um martelo "sem peso" para colocar um prego em um pedaço de madeira? Explique.

5. Um cruzador lança simultaneamente dois projéteis sobre dois navios inimigos, um próximo (*a*) e outro distante (*b*). Os projéteis são lançados com ângulos diferentes e seguem as trajetórias parabólicas mostradas abaixo. Qual dos dois navios inimigos será atingido primeiro? Explique.

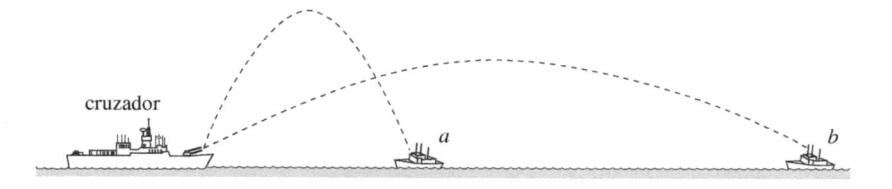

6. Cite um exemplo de corpo que está sendo acelerado enquanto se desloca com velocidade constante. É possível que um corpo esteja acelerando ao mesmo tempo que se desloca com velocidade constante? Explique.

Leis de Newton

1. Você está andando de bicicleta em uma estrada rural plana. Indique o sentido e a magnitude relativa das forças de atrito nos pneus dianteiro e traseiro nas seguintes situações: (*a*) você está acelerando; (*b*) você está pedalando com ritmo constante; (*c*) você está freando. Ambos o freio e o pedal atuam sobre a roda traseira. Não há frenagem na roda dianteira.

2. Identifique todos os pares de ação e reação que existem no caso de um cavalo puxando uma carroça. Considere a Terra em sua análise, mas ignore a resistência do ar. Assegure-se de que seu diagrama deixa claro qual força atua em qual objeto.

3. Qual é a menor força com que você pode elevar no ar um objeto sobre a Terra?

4. (*a*) um carro está parado em um estacionamento horizontal. A força da gravidade atua para baixo, e uma outra força normal, igual e oposta, atua para cima. Enuncie a lei de acordo com a qual essas forças são iguais e opostas. (*b*) quando o carro acelera para frente, que força é responsável por essa aceleração? Expresse claramente qual corpo exerce essa força e sobre que outro corpo essa força está atuando.

5. Um cavalo está puxando uma carroça com velocidade constante em uma estrada horizontal plana. Desenhe um diagrama de corpo livre com todas as forças que atuam sobre o cavalo e um outro diagrama com todas as forças que atuam sobre a carroça. No desenho, indique a magnitude relativa das forças e identifique os pares de ação e reação (terceira lei). Identifique também quais são as forças de mesma magnitude que não formam pares de ação e reação (terceira lei).

6. Uma jogadora de basquete está pulando verticalmente para fazer um arremesso para a cesta. Suas pernas estão flexionadas e empurrando o chão de modo que seu corpo está sendo acelerado para cima. (*a*) desenhe diagramas de corpo livre para o corpo da jogadora e para a Terra. Mostre as magnitudes relativas das várias forças e descreva cada uma em palavras (isto é, de contato, gravitacional, etc.) e indique qual objeto exerce qual força e sobre qual outro objeto. Identifique os pares de ação e reação. (*b*) repita esse exercício para o instante imediatamente após a jogadora deixar de estar em contato com o chão. (*c*) por fim, considere igualmente o instante em que a jogadora está no topo do salto.

7. Um trem de brinquedo viaja passando por um laço vertical, como mostrado abaixo. (*a*) há uma força normal sendo exercida pelos trilhos sobre o trem no instante em que ele está no topo do laço vertical? (*b*) por que em certas montanhas russas as pessoas sentem ausência de peso quando passam pelo topo?

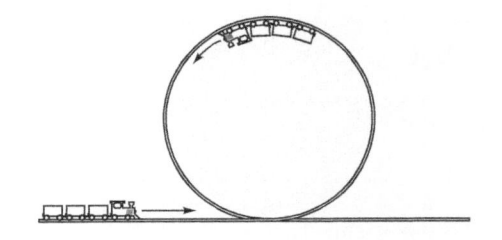

8. Um macaco sobe por uma corda que passa por uma roldana. O peso do macaco é equilibrado pela massa m de um bloco que está suspenso na outra extremidade da corda. Ambos o macaco e o bloco estão imóveis. Para chegar até o bloco, o macaco sobe uma distância L (medida ao longo da corda). (*a*) o bloco se move como resultado da subida do macaco? (*b*) se sim, em qual sentido e de quanto?

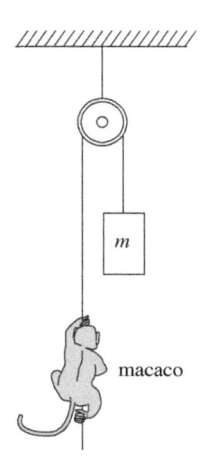

9. Uma criança está sentada em um pedestal que repousa sobre a plataforma de um carrossel. Ela está segurando um fio no qual há um peso pendurado. Desenhe diagramas de corpo livre para a criança, o peso, o fio, o pedestal e a plataforma. Quando você desenhar os diagramas, indique as magnitudes das forças pelos tamanhos relativos das setas. Descreva cada força e indique os pares de ação e reação (terceira lei).

10. Uma levantadora de pesos e um haltere estão ambos em repouso sobre uma balança grande. A levantadora de peso começa a erguer o haltere, terminando por mantê-lo imóvel acima de sua cabeça. A leitura da balança difere da soma combinada dos pesos dos dois corpos em algum momento durante o levantamento do haltere? Explique.

11. Pelo lado esquerdo, uma força horizontal está empurrando dois blocos dispostos sobre uma mesa sem atrito, como mostrado abaixo.

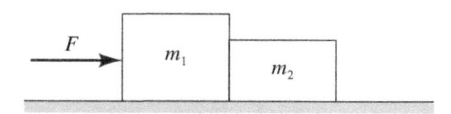

(*a*) Desenhe um diagrama de corpo livre para cada um dos blocos. (*b*) Expresse, em termos das grandezas dadas na figura, a força de contato entre os dois blocos. (*c*) Qual é a aceleração dos blocos?

Suponha agora que, em vez de uma força atuando no bloco esquerdo, uma força de mesma magnitude, mas de sentido oposto, seja aplicada ao bloco da direita.

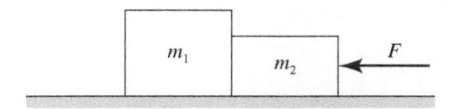

(*d*) Neste caso, qual é a força de contato entre os dois blocos. (*e*) Qual é a aceleração dos blocos? (*f*) As suas respostas das partes de *b* até *e* fazem sentido? Verifique.

12. Duas equipes, A e B, estão competindo em um cabo de guerra. A equipe A é mais forte, mas nenhuma das equipes está se movendo devido ao atrito. Desenhe os diagramas de corpo livre para a equipe A, a equipe B e a corda.

13. A mola na configuração (*a*) é esticada 0,10 m. Quanto a mesma mola será esticada na configuração (*b*)?

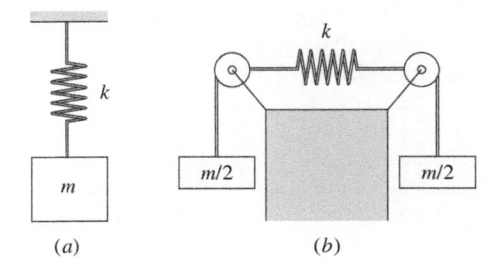

(*a*)   (*b*)

14. Na situação abaixo, uma pessoa puxa uma mola presa ao bloco A, que, por sua vez, está preso a um bloco B, mais pesado, por meio de uma segunda mola. (*a*) qual bloco tem a maior aceleração? (*b*) como a força da mola 1 sobre o bloco A pode ser comparada com a força da mola 2 sobre o bloco B? Explique suas respostas.

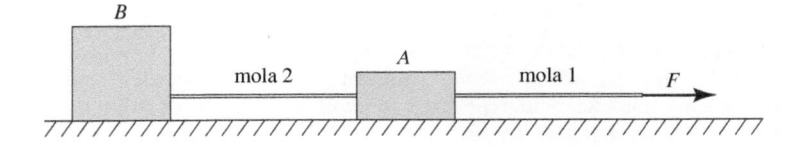

15. Para o pêndulo em oscilação mostrado abaixo, (*a*) faça um diagrama indicando a aceleração do peso nas posições P (o final da oscilação) e Q (a parte inferior da oscilação) e (*b*) desenhe diagramas de forças para o peso quando ele está nas posições P e Q. Em cada diagrama, mostre a força líquida (resultante) que atua sobre o peso, se houver.

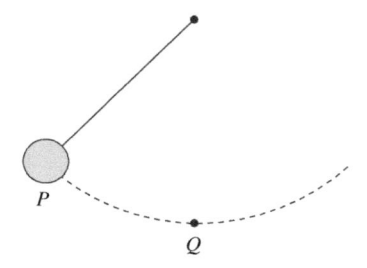

16. Um pêndulo pesado está oscilando para trás e para frente quando repentinamente o fio que suporta o peso se rompe. Desprezando a massa do fio e o atrito do ar, descreva o movimento subsequente do peso se a ruptura ocorrer quando o peso está (*a*) no ponto mais baixo e (*b*) no ponto mais alto.

17. Um bloco é colocado sobre uma placa plana retangular que pode girar em torno de um de seus lados. O lado oposto da placa está livre e é erguido muito lentamente, como mostrado abaixo. No início, quando a placa está sendo erguida, o atrito entre o bloco e a placa impede que o bloco deslize. Ao atingir um determinado ângulo, entretanto, o bloco começa a deslizar descendo pela placa inclinada. (*a*) se a placa for mantida nesse ângulo, qual será a aceleração do bloco? Zero, constante ou nenhuma das duas? Por quê? (*b*) se a condição $\mu_k < \mu_s$ (coeficiente de atrito cinético menor do que o coeficiente de atrito estático) não fosse verdadeira, o que aconteceria ao bloco?

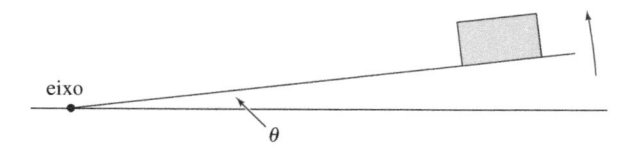

Trabalho e energia

1. Duas pessoas empurram em sentidos opostos um bloco que está sobre uma superfície sem atrito (as solas de seus sapatos estão coladas à superfície sem atrito). Se o bloco, originalmente em repouso no ponto P, mover-se para a direita sem sofrer rotação e parar no ponto Q, descreva qualitativamente qual será o trabalho realizado pela pessoa 1 sobre o bloco em relação ao trabalho realizado pela pessoa 2.

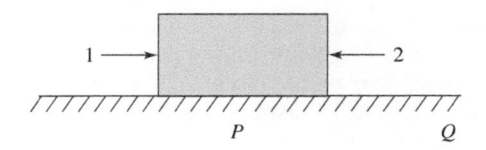

$1 \longrightarrow$ [bloco] $\longleftarrow 2$

P Q

2. (*a*) quando a energia cinética de um objeto está aumentando, a sua energia potencial deve estar necessariamente diminuindo? Explique. (*b*) se o motor de propulsão de um foguete aplicar um empuxo constante (uma força sobre o foguete), ele entregará mais potência à medida que o foguete aumenta de velocidade? Explique.

3. Uma bolinha de gude é deixada cair do topo de um arranha-céu. O trabalho feito pela força gravitacional da Terra sobre a bolinha é igual, menor ou maior do que o trabalho feito pela força gravitacional da bolinha sobre a Terra? Explique.

4. Sabendo que a força gravitacional sobre um corpo é proporcional à massa do corpo, por que um corpo pesado não cai mais rapidamente do que um corpo leve?

5. Atuando sobre um objeto, é possível haver uma força líquida (resultante) diferente de zero que não faça trabalho sobre o objeto? Dê um exemplo disso para um objeto que está se deslocando (*a*) em linha reta e (*b*) ao longo de uma trajetória curva. Explique.

6. Suponha que você esteja no telhado de um prédio e lance uma bola para baixo em direção ao chão com velocidade inicial v. A seguir, você lança para cima uma bola idêntica com a mesma velocidade inicial v. Após subir, essa bola também cai até o chão. Como as velocidades das bolas, no momento em que cada uma atinge o chão, podem ser comparadas? Use a conservação da energia mecânica no seu raciocínio.

Momento e colisões

1. Forças constantes idênticas empurram continuamente duas massas idênticas A e B desde uma linha de partida até uma linha de chegada. Se, inicialmente, A estiver em repouso e B estiver se movendo para a direita, qual massa terá a maior variação de momento?

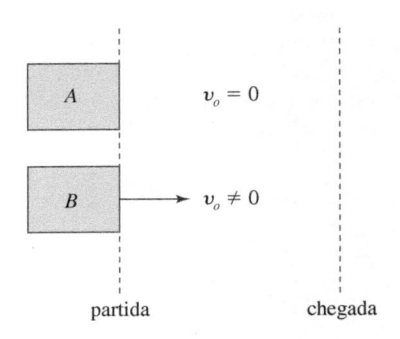

A $v_o = 0$

B $\longrightarrow$ $v_o \neq 0$

partida   chegada

2. Um objeto em movimento colide com outro objeto inicialmente em repouso. É possível: (*a*) que ambos os objetos fiquem em repouso após a colisão?; (*b*) que um deles fique em repouso após a colisão?; (*c*) que haja uma colisão em que toda a energia cinética seja perdida? Explique cada resposta. Para os casos em que sua resposta foi afirmativa, dê um exemplo.

3. Em uma feira, jogando boliche, você se prepara para bater em um pino gigante lançando uma bola sobre ele. Você pode escolher entre duas bolas, uma que colide elasticamente e outra que colide inelasticamente. Qual você escolhe e por quê?

4. Suponha que você esteja envolvido em um acidente com automóvel. (*a*) se tudo for igual exceto as massas, você se dará melhor em um carro de maior massa ou em um mais leve? Por quê? (*b*) é melhor estar em um carro que fica todo amassado com o impacto ou em um que não se deforma? Por quê?

5. Uma bola grande muito elástica é solta de uma altura *h* em direção ao solo. A bola bate e retorna com aproximadamente a mesma velocidade. (*a*) o momento da bola é conservado em todas as partes desse processo? (*b*) se considerarmos a bola e a Terra como sendo o nosso sistema, durante quais partes do processo o momento será conservado? (*c*) responda a (*a*) e (*b*) no caso de uma bola feita de massa de vidraceiro que fica grudada no solo quando cai.

6. Suponha que uma bola de golfe seja arremessada contra uma bola pesada de boliche, inicialmente em repouso, e retorne elasticamente após se chocar com ela. Depois da colisão, qual bola tem o maior momento? Qual tem a maior energia cinética? Por quê?

Rotações

1. Suponha que você esteja parado no centro de um carrossel em repouso. Você está segurando uma roda de bicicleta sobre sua cabeça de modo que o eixo de rotação está apontando para cima. Quando observada de cima do eixo, pode-se ver que a roda está girando no sentido anti-horário. (*a*) suponha agora que você mova a roda de modo que seu eixo fique horizontal. O que acontecerá com você? (*b*) em seguida, o que acontecerá se você apontar o eixo de rotação para baixo de modo que a roda gire no sentido horário quando vista de cima?

2. A figura abaixo mostra as trajetórias percorridas por diversas partículas. Em (*a*)–(*d*), as partículas se movem com velocidade constante e, em (*e*), o movimento é para trás e para frente. Em relação à origem O, diga qual é o sentido e direção de cada vetor de momento angular (ou, se for o caso, indique se o momento angular é zero). Em cada caso, o momento angular independe do tempo?

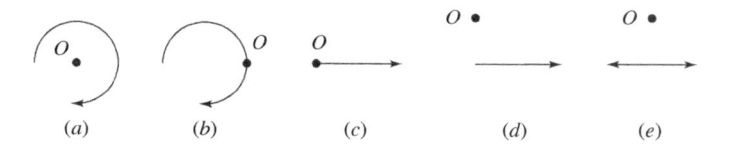

(*a*)   (*b*)   (*c*)   (*d*)   (*e*)

3. Uma bola, inicialmente em repouso, rola sem escorregamento para baixo sobre um plano inclinado, como na figura abaixo. (*a*) faça um diagrama da bola rolando no plano inclinado e mostre todas as forças que atuam sobre a bola. Descreva cada força em palavras. (*b*) qual força descrita na parte (a) faz a bola rolar criando um torque em torno de seu centro?

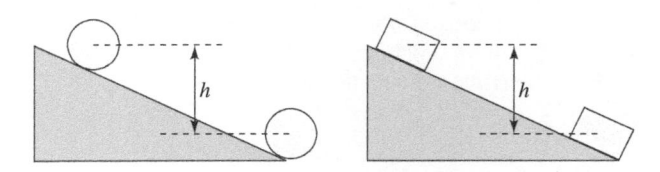

Agora, considere que um bloco está deslizando para baixo sobre o mesmo plano inclinado. A distância vertical percorrida pelo bloco e a bola até chegar embaixo é a mesma. (*c*) qual dos dois chega embaixo com mais energia cinética total? Por quê? (*d*) qual chega embaixo com mais momento linear? Por quê?

Oscilações, ondas e som

1. Suponha que você esteja em repouso em relação a uma fonte sonora e um vento forte esteja soprando em sua direção. Descreva o efeito, se houver, do vento sobre (*a*) a frequência observada, (*b*) o comprimento de onda observado e (*c*) a velocidade da onda.

2. É possível mover uma fonte sonora, em relação a um observador parado, de modo que não haja variação na frequência do som? Se sim, dê um exemplo.

3. Uma mola pendurada verticalmente, com uma massa *m* suspensa nela, sofre uma elongação Δl. Se for esticada um pouco mais e então solta, a massa oscilará com um período medido *T*. Discuta como você poderia utilizar essa montagem para determinar o valor de *g*.

Estática dos fluidos

1. Considere dois navios idênticos, um carregado com cortiça (que flutua) e o outro vazio. Qual navio desloca mais água?

2. Um pedaço de cortiça flutua em um balde de água que está no chão de um elevador. Se o elevador acelerar para cima, como irá variar a profundidade de flutuação da cortiça?

3. Use o princípio que está por trás da equação de Bernoulli para explicar os seguintes fenômenos: (*a*) a fumaça que sobe mais rapidamente em uma chaminé quando há uma brisa soprando e (*b*) quando um trem em alta velocidade passa por um trem parado, os dois tendem a serem arrastados juntos.

Eletrostática

1. Na figura abaixo, dois condutores sem carga, com massas e formatos iguais, estão suspensos de um teto por fios isolantes. Os condutores recebem cargas $q_1 = q$ e $q_2 = 3q$. (a) após receber a carga, quais dos ângulos θ_1 e θ_2, que os fios fazem com a vertical, é maior? Ou são iguais?

   Agora, os dois condutores são aproximados até se tocarem. (b) qual dos dois novos ângulos θ_1' e θ_2' é o maior? Ou são iguais? (c) como os ângulos θ_1' e θ_2' comparam-se com os ângulos anteriores θ_1 e θ_2?

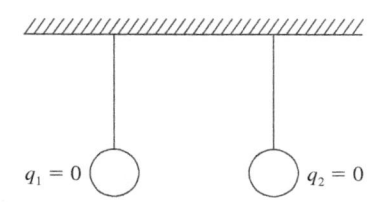

2. Na figura seguinte, a linha tracejada representa uma superfície gaussiana envolvendo parte de uma distribuição de quatro cargas positivas. (a) quais cargas contribuem para o campo elétrico em P? (b) o valor do fluxo que cruza a superfície, calculado usando apenas o campo elétrico produzido pelas cargas $q1$ e $q2$, é maior, igual ou menor do que o valor obtido usando o campo elétrico devido a todas as quatro cargas?

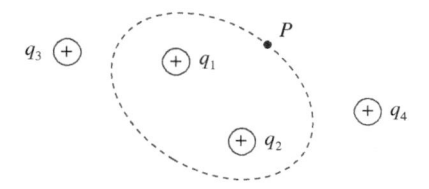

3. A figura seguinte mostra três cargas e uma superfície gaussiana. (a) quais cargas contribuem para o fluxo líquido através da superfície gaussiana? (b) quais cargas contribuem para o campo em um dado ponto da superfície? (c) compare suas respostas para (a) e (b) e explique porque elas são iguais ou diferentes.

   Suponha que a carga líquida envolta por uma superfície seja zero. (d) pode-se concluir que o campo é zero em todos os pontos da superfície? (e) o inverso é verdadeiro, isto é, se o campo for zero em todos os pontos da superfície, a carga líquida envolta será zero?

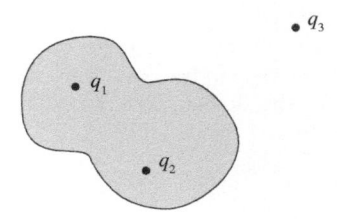

4. Suponha que duas esferas de raios diferentes r_1 e $r_2 > r_1$, condutoras e carregadas, sejam conectadas por um fio condutor. Qual esfera terá a maior densidade de carga?

5. Se o campo elétrico E for igual a zero em um dado ponto, a diferença de potencial V também deverá ser zero naquele ponto? Dê um exemplo para provar sua resposta.

6. Um balão esférico de borracha tem uma carga uniformemente distribuída sobre sua superfície. Quando o balão é enchido de ar, como o campo elétrico E irá variar (a) fora do balão em um ponto bem distante da superfície; (b) na superfície externa do balão; (c) no interior do balão? Assuma que o balão permaneça esférico durante o enchimento de ar.

7. (a) na figura abaixo, uma carga pontual $+q$ é colocada a meio caminho entre duas cargas pontuais idênticas $+q$. A carga q está em equilíbrio? Se sim, o equilíbrio é estável ou instável? (b) responda a essas duas questões para o caso em que $+q$ é trocada por $-q$, mas $+q$ permanece positiva.

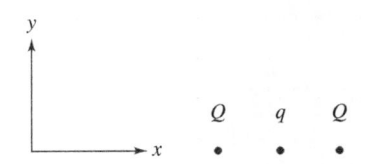

8. Um bastão carregado é colocado próximo de uma esfera sem carga e não condutora, suspensa por um fio isolante, como mostrado abaixo. Não há nada encostando na esfera. (a) o bastão e a esfera exercem forças entre si? Se sim, faça um diagrama mostrando a direção e o sentido das forças. (b) a sua resposta à parte (a) mudaria se a esfera fosse feita de material condutor? (c) qual é a carga total na esfera depois que o bastão é colocado próximo dela? (d) as suas respostas a (a) e (c) violam a lei de Coulomb? Explique.

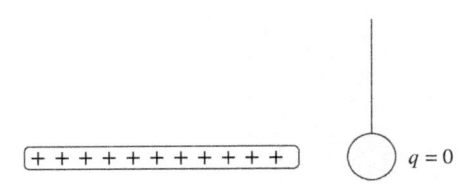

9. O bastão A é um isolador positivamente carregado. A bolinha C e um segundo bastão B estão em contato entre si e são feitos de material condutor. O bastão B está fixo e C está suspenso por um fio e livre para oscilar. Descreva brevemente o que acontece quando A é trazido para próximo de B.

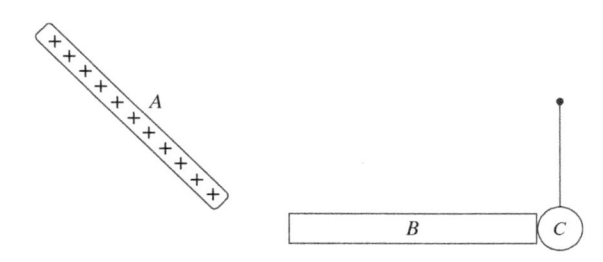

10. Duas cargas idênticas $+q$ estão separadas por uma distância L. É possível colocar uma terceira carga q' em algum lugar, de tal forma que nenhuma das cargas experimente alguma força? Se sim, onde e qual será o valor de q'? Se não, por que não?

11. Uma carga pontual Q está no centro de uma casca esférica condutora. Há uma carga pontual q fora da casca. (a) a carga q experimenta uma força? (b) a carga Q experimenta uma força? (c) há alguma diferença nas forças experimentadas pelas cargas. Faça uma reconciliação de sua resposta com a terceira lei de Newton.

12. Uma semiesfera oca isolante é colocada em um campo de intensidade de campo E. Qual é a razão entre o fluxo através da superfície semiesférica A e o fluxo através da seção reta aberta B da semiesfera?

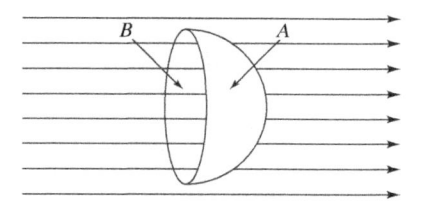

13. Na figura abaixo, A é uma esfera metálica sólida, e B uma casca metálica concêntrica. Suponha que A esteja carregada positivamente e B esteja aterrada. (a) faça uma comparação qualitativa da magnitude e distribuição de cargas em A e B. (b) há campo elétrico: (i) fora de B, (ii) entre A e B, (iii) no interior de A? Explique.

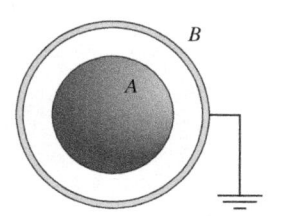

14. Suponha que uma carga pontual positiva q esteja localizada no centro de uma casca metálica esférica. Que cargas aparecerão na: (*a*) superfície externa e (*b*) superfície interna da esfera? (*c*) suponha que você traga um objeto metálico (descarregado) até próximo da esfera. As suas respostas às partes (*a*) e (*b*) acima irão se modificar? A forma de distribuição das cargas na esfera irá se alterar?

15. Considere o campo elétrico no interior de um balão de borracha (isolante) carregado. O valor de E será necessariamente zero no interior do balão se ele for (*a*) esférico ou (*b*) em formato de salsicha? Assuma que a carga está distribuída uniformemente sobre a superfície para cada um dos formatos. (*c*) se fosse possível, como a situação mudaria no caso da superfície externa do balão receber uma camada espessa de tinta condutora?

16. Uma carga positiva se desloca no sentido de um campo elétrico uniforme. A sua energia potencial cresce ou decresce? O potencial elétrico cresce ou decresce?

17. Se o potencial elétrico em algum ponto for zero, poderemos concluir que não há cargas na vizinhança daquele ponto?

Circuitos CC

1. Suponha que um resistor e um capacitor sejam conectados em série a uma bateria. O valor do resistor afetará a quantidade de carga que é armazenada no capacitor? Se sim, explique por quê. Se não, qual será o efeito do resistor?

2. Duas lâmpadas de filamento operam ambas com 110 V, mas uma delas tem uma especificação de potência de 40 W, ao passo que a outra tem uma especificação de 75 W. (*a*) qual lâmpada tem a maior resistência? (*b*) qual conduz a maior corrente?

3. O seguinte circuito tem três lâmpadas de filamento idênticas conectadas a uma bateria ideal. (*a*) como os brilhos das três lâmpadas podem ser comparados entre si? (*b*) qual delas consome a maior corrente? (*c*) o que acontece com os brilhos de A e B quando C é desenroscada do seu soquete? (*d*) o que acontece com os brilhos de B e C quando a é desenroscada do seu soquete?

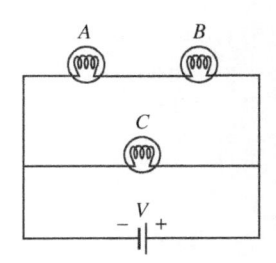

4. No seguinte circuito, você medirá a diferença de potencial e a corrente no resistor R. (*a*) mostre como você deve conectar o voltímetro e o amperímetro no circuito.

(*b*) um voltímetro e um amperímetro ideais devem ter que valores de resistência para fazer medições exatas?

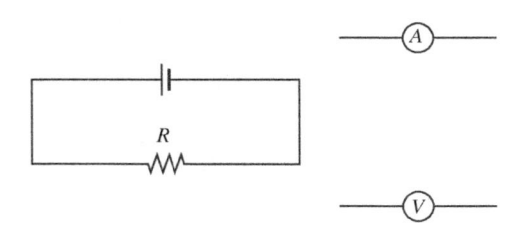

5. (*a*) quando resistores são conectados em paralelo, qual(is) das seguintes grandezas é(são) igual(is) para todos: corrente, potência, diferença de potencial? (*b*) quando resistores são conectados em série, qual(is) das seguintes grandezas é(são) igual(is) para todos: corrente, potência, diferença de potencial?

6. Suponha que a lâmpada de filamento *A* no circuito abaixo seja desenroscada de seu soquete. (*a*) como os brilhos das demais três lâmpadas variam? (*b*) como esses brilhos podem ser comparados entre si?

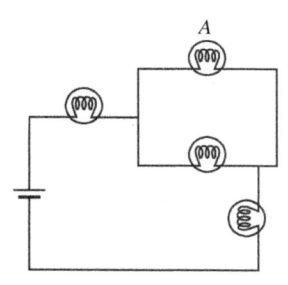

7. Imagine que algum nó de corrente em um certo circuito não obedeça à primeira lei de Kirchhoff. Por exemplo, as correntes que chegam e deixam o nó diferem em uma quantidade positiva. O que acontece com o potencial naquele nó?

8. Quando um circuito *RC* é conectado a uma bateria, o circuito consome corrente até que o capacitor esteja completamente carregado. A quantidade de energia armazenada no capacitor é maior, igual ou menor do que a energia entregue ao circuito pela bateria? Explique.

Magnetismo

1. Um campo elétrico ou magnético, cada um constante no espaço e no tempo, pode ser usado para obter as ações descritas a seguir? Explique suas respostas indican-

do se sua resposta é válida para qualquer orientação do(s) campo(s). Alguma outra condição deve ser satisfeita? (*a*) mover uma partícula carregada em um círculo; (b) exercer uma força em um pedaço de dielétrico; (c) aumentar a velocidade de uma partícula carregada; (d) acelerar uma partícula carregada em movimento; e (e) exercer uma força em um elétron inicialmente em repouso.

2. Uma bússola é colocada em um campo magnético uniforme. Qual é a força líquida (resultante) que atua sobre a agulha da bússola?

3. Dois fios, fixos e muito longos, cruzam-se perpendicularmente. Eles não se tocam, mas estão muito próximos entre si, como mostrado. Correntes iguais circulam nos fios nos sentidos mostrados. Indique o lugar dos pontos onde o campo magnético líquido é zero.

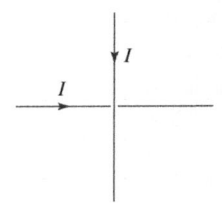

4. Uma partícula carregada, tendo uma certa energia cinética, entra em um campo magnético estático. Se, enquanto ela estiver no interior do campo, não houver outras forças atuando sobre a partícula, ela terá a mesma energia cinética ao sair do campo? Por quê?

5. Uma barra metálica se desloca para a direita em um campo magnético uniforme que aponta para fora da página, como mostrado. (*a*) o campo elétrico dentro da barra é zero? Explique.

6. Na figura seguinte, a barra se move para a direita com uma velocidade *v* em um campo magnético uniforme que aponta para fora da página. (*a*) a corrente induzida circula no sentido horário ou anti-horário? (*b*) se a barra se mover para a esquerda, o sentido da corrente será invertido?

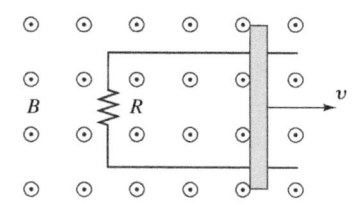

7. Uma fila muito longa de cargas positivas move-se no sentido de seu eixo mais comprido. (*a*) um campo elétrico é produzido? (*b*) e um campo magnético? (*c*) se esses campos existirem, faça um esquema de sua(s) direção(ões) e sentido(s). (*d*) suponha que, em vez da fila de cargas positivas, um fio metálico, neutro e fino, (constituído de elétrons livres e íons positivos estáticos) esteja se movendo. Responda às mesmas questões anteriores para esse caso.

8. Na figura seguinte, uma espira fechada move-se com velocidade constante paralelamente a um fio longo e retilíneo, no qual circula uma corrente. Há uma corrente na espira? Se sim, essa corrente estará circulando em sentido horário ou anti-horário?

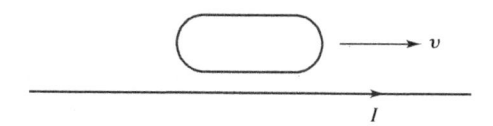

9. A lâmina quadrada condutora mostrada abaixo move-se com velocidade uniforme v através de um campo magnético uniforme B que é perpendicular à lâmina. (*a*) que acontece às cargas livres no interior da lâmina quando ela começa a se mover? O que acontece a essas cargas enquanto a lâmina está se movendo com velocidade uniforme? (*b*) as suas respostas a (*a*) dependem de se há cargas livres positivas ou negativas (ou ambas) na lâmina? (*c*) desenhe as linhas equipotenciais da lâmina quando ela está em movimento.

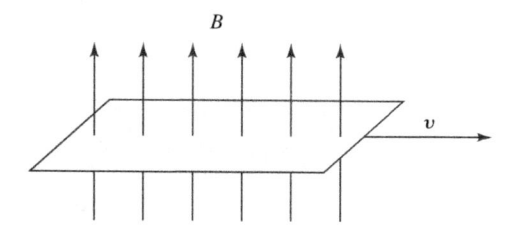

10. Partículas carregadas, movendo-se através de uma câmara de bolhas, deixam trilhas consistindo em pequenas bolhas de gás de hidrogênio. Essas bolhas tornam

visíveis as trajetórias das partículas. Na figura seguinte, o campo magnético está orientado para dentro da página e as trilhas estão no plano da página, no sentido indicado pelas setas. (*a*) quais das trilhas correspondem a partículas carregadas positivamente? (*b*) se todas as três partículas tiverem a mesma massa e cargas de mesmo valor, qual delas se moverá mais rapidamente? (*c*) se todas as três partículas moverem-se com a mesma velocidade e tiverem cargas de mesmo valor, qual delas terá massa maior?

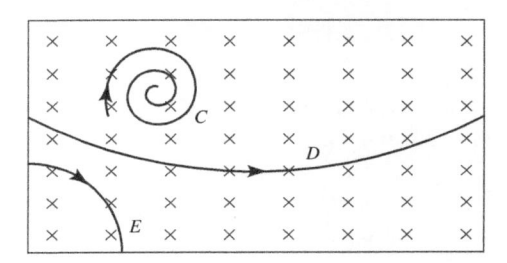

11. (*a*) é possível que uma partícula carregada mova-se através de um campo magnético sem experimentar uma força? (*b*) é possível que uma partícula esteja em repouso na presença simultânea de um campo magnético e um elétrico? (*c*) é possível que uma partícula como essa mova-se através dos campos sem experimentar uma força? (*d*) qual é a força líquida em um dipolo magnético que esteja em um campo magnético uniforme?

Indução e leis de Maxwell

1. Na figura seguinte, uma bobina conectada a uma bateria e a uma chave está acima de um anel metálico delgado. Quando a chave é aberta, o anel é repelido ou atraído pela bobina?

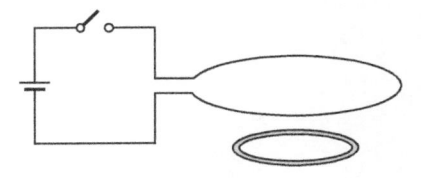

2. A figura seguinte mostra os dois modos possíveis de ligar em série dois indutores idênticos. Em qual caso a indutância total do sistema é maior, isto é, em qual caso a fcem (força contraeletromotriz) da conexão em série é maior? Leve em consideração a fem (força eletromotriz) induzida em cada bobina pelo campo magnético da outra.

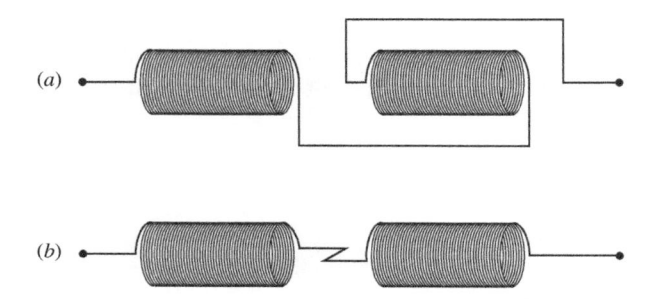

3. Duas bobinas idênticas são enroladas em torno de um núcleo comum de ferro, como na seguinte figura.

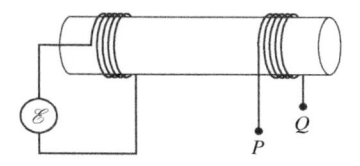

Uma fem senoidal da forma $\mathscr{E} = \mathscr{E}_0 \text{ sen } \omega t$ é aplicada à bobina da esquerda enquanto o circuito da direita é deixado aberto (isto é, os pontos P e Q não estão conectados). (a) a fem induzida na bobina direita (entre os pontos P e Q) está em fase, 90° adiantada, 90° atrasada ou 180° fora de fase em relação à fem aplicada $\mathscr{E}$? Explique. (b) a fem induzida na bobina direita induz uma fem na bobina esquerda? O que acontecerá se um resistor for usado para conectar os pontos P e Q? Explique.

4. (a) um anel de latão é colocado em cima de uma bobina de fio condutor. Se uma chave, conectada a uma fonte de corrente contínua, for fechada e cargas começarem a circular na bobina, o anel saltará para cima. Explique. (b) a seguir, o anel é colocado em cima da bobina novamente e a chave é aberta. A corrente da bobina extingue-se rapidamente. O que acontecerá com o anel agora? Explique.

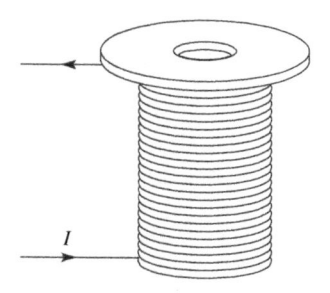

5. Escreva a equação de Maxwell mais diretamente associada a cada uma das seguintes afirmações e dê uma breve razão para cada resposta. Assegure-se de definir as grandezas usadas em cada equação. (*a*) uma fem alternada é induzida em uma bobina que gira em um campo magnético uniforme. (*b*) as linhas do campo magnético circundam uma corrente constante. (*c*) o campo elétrico estático no interior de um condutor é zero.

Circuitos CA

1. Você recebe uma pequena caixa equipada com dois terminais elétricos. Ao aplicar uma corrente alternada aos dois terminais, você verifica que a diferença de potencial instantânea observada entre os terminais está em fase com a corrente instantânea que circula através da caixa. (*a*) o que você pode concluir a respeito da resistência e/ou das reatâncias capacitiva e indutiva da caixa? (*b*) se você baixar a frequência, a diferença de potencial e a corrente permanecerão em fase?

2. Para poder utilizar utensílios eletrodomésticos comuns usando o acendedor de cigarro de um automóvel, você pode comprar um dispositivo que converte os 12 V CC (corrente contínua) da bateria do carro em 127 V CA (corrente alternada). Uma parte do circuito desse dispositivo transforma a tensão contínua da bateria em alternada, e uma outra parte usa um transformador para elevar a tensão. Faz diferença a ordem em que essas duas operações são executadas?

3. A mesma tensão CA é aplicada a um resistor e um capacitor. A seguir, faz-se uma medida e verifica-se que a mesma corrente eficaz (rms) circula neles. Os dois dissipam a mesma quantidade de energia? Explique.

4. Em um circuito RLC em série, a corrente está atrasada em relação à tensão aplicada. A tensão de pico é maior sobre o capacitor ou sobre o indutor?

5. As luminárias com luz fluorescente utilizam um indutor, denominado reator, para limitar a corrente que circula na lâmpada. Por que é utilizado um indutor e não um resistor?

6. Uma lâmpada de filamento, projetada para operar com 127 V (tensão eficaz), é conectada em série com um indutor, um capacitor e uma fonte ca de 127 V (tensão eficaz). (*a*) essa lâmpada pode produzir o mesmo brilho que outra lâmpada idêntica conectada diretamente à fonte de tensão? (*b*) essa lâmpada pode produzir mais brilho que outra lâmpada idêntica conectada diretamente à fonte de tensão?

7. Um circuito, constituído de uma bobina, um resistor e uma bateria, entrou em regime permanente, com a corrente tendo se tornado constante. (*a*) a bobina tem indutância? (*b*) a bobina afeta o valor da corrente no circuito?

8. Uma lâmpada de filamento e um indutor são conectados em paralelo a uma fonte alternada de fem. (*a*) como o brilho da lâmpada varia quando a frequência da fonte CA é aumentada a partir de zero? (*b*) se o indutor for substituído por um capacitor, como sua resposta será modificada?

9. Usualmente, a soma das tensões de pico de cada elemento de um circuito RLC em série é maior do que a tensão de pico aplicada ao circuito. Por quê? Isso viola a lei das tensões de Kirchhoff?
10. A tensão CA aplicada a um circuito sempre está em fase com a corrente que circula em um resistor desse circuito?
11. Se um capacitor for conectado a uma fonte alternada senoidal de fem, a corrente de deslocamento entre as placas do capacitor estará adiantada ou atrasada em relação à fem?
12. A figura seguinte mostra um diagrama fasorial de um circuito RLC em série. (*a*) identifique cada um dos três componentes 1, 2 e 3 (por exemplo, 1 = r, 2 = l, 3 = c). (*b*) a frequência de acionamento do circuito está acima ou abaixo da ressonância?

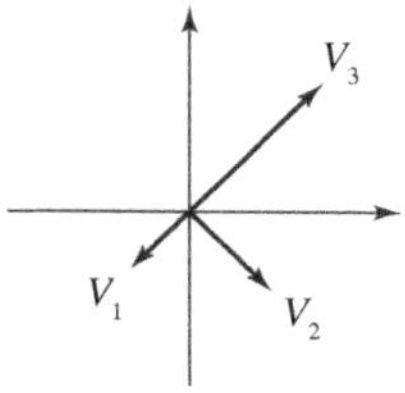

13. Transformadores elevadores de tensão são usados para aumentar as diferenças de potencial. Diferença de potencial, entretanto, representa energia por unidade de carga e, assim, um transformador aumenta a energia por unidade de carga. Como isso é possível sem violar a lei da conservação da energia?

Óptica

1. Uma lente convergente delgada é usada para formar uma imagem real de um objeto próximo. Se aproximarmos mais o objeto da lente, uma nova imagem real será observada. A nova imagem difere da anterior (*a*) na distância até a lente e (*b*) no tamanho? Se sim, descreva como.
2. Em uma câmera, se alterarmos a distância de separação entre a lente e o filme, poderemos colocar em foco objetos que estão a distâncias diferentes. Suponha que d0 seja a distância entre a lente e o filme necessária para fazer uma foto em foco de um objeto distante, como a lua. Para obter uma foto em foco de um objeto próximo, essa distância entre a lente e o filme deverá ser maior, igual ou menor do que d0? Explique suas respostas.
3. (*a*) quando a luz passa de um meio para outro, ela sempre sofre desvio em direção à normal? (*b*) quando a luz cruza a superfície de separação entre dois meios, a sua frequência sofre alteração? (*c*) e seu comprimento de onda? (*d*) e sua velocidade? Explique suas respostas.

Física moderna

....

1. Muitas casas têm telhados de asfalto preto. Do ponto de vista da economia de energia, esse acabamento para o telhado será melhor (*a*) em um dia quente de verão ou (*b*) em uma noite fria de inverno? Se a resposta for negativa em ambos os casos, que tipo de telhado será melhor?

2. Para que um átomo emita luz, ele deve ser ionizado primeiro? Explique.

3. Os espectros de emissão e absorção obtidos do mesmo gás à temperatura ambiente contêm o mesmo número de linhas? Explique.

4. Um fóton – qualquer fóton – pode ser absorvido por um elétron livre? (Sugestão: considere a conservação de momento e a de energia.)

5. Se, a partir do repouso, um elétron e um próton forem acelerados, passando pela mesma diferença de potencial, qual terá o maior comprimento de onda?

6. Um elétron de um átomo de hidrogênio está em seu estado fundamental ($n = 1$). (*a*) se incidir uma radiação com frequência maior do que $(E_3 - E_1)/h$, mas menor do que $(E_4 - E_1)/h$, o que acontecerá? (*b*) se, em vez disso, for utilizado um feixe de elétrons com energia cinética maior do que $(E_3 - E_1)$, mas menor do que $(E_4 - E_1)$, o que acontecerá?

7. Um feixe de prótons em um "microscópio protônico" exibiria mais ou menos difração do que um feixe de elétrons com a mesma velocidade em um microscópio eletrônico? Explique.

8. Mil prótons, distribuídos uniformemente com comprimentos de onda entre 1100 e 1600 nm, exercem pressão sobre a superfície com a qual colidem. Suponha que seja utilizado um prisma para remover todos os fótons com comprimentos de onda inferiores a 1350 nm. A pressão de radiação ficará reduzida a (*a*) mais do que a metade, (*b*) a metade ou (*c*) menos do que a metade? Explique.

Índice